小学6年 国語
ハイクラステスト

はじめに

この『**国語 ハイクラステスト**』は、教科書の内容を十分に理解したうえで、よりハイレベルな学力を目指す小学生のみなさんのために編集したものです。

本書は、『**国語 標準問題集**』よりもさらに精選されたハイレベルな問題を集めるとともに、教科書で取り上げられている、いわゆる〝**発展的《はってん》な学習内容**〟もふくまれており、「中学入試準備問題集」としても活用していただけます。

また、解答編には、くわしく親切な「**考え方**」や「**注意**」をもうけて、学習しやすいものにしています。

目次

本書に関する最新情報は，当社ホームページにある本書の「サポート情報」をご覧ください。（開設していない場合もございます。）

〔　月　日〕

1 漢字の読み書き ①

学習内容とねらい

漢字の読み書きは入試においては得点の基礎《きそ》となるものです。まちがえた字はくり返し書いて覚え、熟語《じゅくご》の意味も調べていっしょに覚えてしまいましょう。

標準クラス

1 次の――線のかたかなは漢字に直し、漢字は読み方を書きなさい。

① 冷水をアびる。（　　）
② 結果はヨクジツに連らくします。（　　）
③ 書類をユウソウする。（　　）
④ バクマツの歴史を学ぶ。（　　）
⑤ クウフクをがまんする。（　　）
⑥ ケイトウ立てて説明する。（　　）
⑦ 小鳥をカゴから放つ。（　　）
⑧ 大規模《だいきぼ》な訓練を行う。（　　）
⑨ 城下《じょうか》町の町並み。（　　）
⑩ 汽笛を鳴らす。（　　）
⑪ 分別のある人。（　　）
⑫ 板の節穴をふさぐ。（　　）

〈和洋九段女子中―改〉

2 次の――線のかたかなは漢字に直し、漢字は読み方を書きなさい。

① 家と学校とのオウフク。（　　）
② ジンコウエイセイが見える。（　　）
③ ドウソウカイを開く。（　　）
④ 思わぬイタデを負った。（　　）
⑤ ランザツな部屋。（　　）
⑥ セイセキが上がる。（　　）
⑦ スイソクが当たる。（　　）
⑧ 天井《てんじょう》から水がタれる。（　　）
⑨ 細工をほどこす。（　　）
⑩ 幼子をだいた女性。（　　）
⑪ 価格が下落する。（　　）
⑫ 命に軽重はない。（　　）
⑬ 元来の姿《すがた》。（　　）
⑭ 退くことをきらう。（　　）
⑮ 裏話を明かす。（　　）

〈聖セシリア女子中―改〉

3 次の熟語《じゅくご》は、音読みと訓読みの両方があります。例にならって、（　）に読み方を書きなさい。

例 年月 （音）…（ネンゲツ） （訓）…（としつき）　風車 （音）…（フウシャ） （訓）…（かざぐるま）

① 宝物 （音）…（　　　） （訓）…（たからもの）

② 河岸 （音）…（カガン） （訓）…（　　　）

③ 音色 （音）…（オンショク） （訓）…（　　　）

④ 国境 （音）…（コッキョウ） （訓）…（　　　）

⑤ 目下 （音）…（　　　） （訓）…（めした）

⑥ 黄金 （音）…（オウゴン） （訓）…（　　　）

〔立正大付属立正中―改〕

4 次の各組の――線の読み方が他と異《こと》なるものを一つずつ選び、記号で答えなさい。

① ア 銀行　イ 修行　ウ 行動　エ 素行　（　　）

② ア 作業　イ 工作　ウ 作戦　エ 農作　（　　）

③ ア 手段　イ 手紙　ウ 手動　エ 入手　（　　）

④ ア 大型　イ 大手　ウ 大関　エ 大使　（　　）

〔富士見丘中（横浜）―改〕

5 例にならって、次の漢字に送りがなをつけて、それぞれの文を完成しなさい。

例 着 ア 服を（着る）。 イ 席に（着く）。

① 負 ア 熱意に（　　）。 イ 責任を（　　）。

② 生 ア 特技を（　　）。 イ 歯が（　　）。

③ 治 ア 反乱《はんらん》を（　　）。 イ 病気を（　　）。

④ 絶 ア 人通りが（　　）。 イ 連絡《れんらく》を（　　）。

⑤ 直 ア きげんが（　　）。 イ （　　）集合せよ。

⑥ 過 ア 車が通り（　　）。 イ むかしの（　　）をみとめる。

⑦ 消 ア ロウソクの火が（　　）。 イ ロウソクの火を（　　）。

〔山脇学園中〕

6 次の中で、送りがながあやまっているものを一つ選び、正しく直して書きなさい。

敬う　営む　率る　著す　（　　　）

ハイクラス

時間 30分　合格点 75点　得点　　点

（　月　日）

1 次の――線の漢字の読み方を書きなさい。（8点・一つ一点）

① 校庭で点呼をとる。（　）
② 願いが成就する。（　）
③ 友人の安否を気づかう。（　）
④ 名画を模写する。（　）
⑤ 少しの間、拝借します。（　）
⑥ この会には著名人が多く集まる。（　）
⑦ 境内は子どもの遊び場だった。（　）
⑧ 問題の解決に光明が見えた。（　）

2 次の――線のかたかなを漢字に直しなさい。（8点・一つ一点）

① 市民の意見をハンエイする。（　）
② もっとカンタンな方法もある。（　）
③ 道路のカクチョウ計画を立てる。（　）
④ 火災ケイホウが鳴っていた。（　）
⑤ コウソウビルの立ち並《なら》ぶ街。（　）
⑥ 法律《ほうりつ》をセンモンに研究する。（　）
⑦ 私《わたし》のフタンを軽くしてください。（　）
⑧ 熱心にハタラく青年がいる。（　）

〔聖学院中〕

3 次の文には一か所、漢字のあやまりがあります。それぞれ正しく直して書きなさい。（18点・一つ2点）

① 機械体操《たいそう》の練習に日夜はげむ。（　→　）
② 幸福を追究する権利《けんり》はだれにでもある。（　→　）
③ ぼくは君の意見に異義《いぎ》がある。（　→　）
④ 姉は、大会に向けて練習に勢を出している。（　→　）
⑤ 人工衛生が地球の上空を回っている。（　→　）
⑥ 家から目的地までの距離《きょり》を図る。（　→　）
⑦ 朝から仕事を初めたが、意外に時間がかかった。（　→　）
⑧ 若《わか》いのに技術も知識も群をぬいていて関心させられた。（　→　）
⑨ 所要があり、今日の会議には参加できない。（　→　）

〔佼成学園中―改〕

4 次の漢字の読み方を書きなさい。（24点・一つ2点）

① 過言　② 形相　③ 由来　④ 台頭
⑤ 発作　⑥ 強情　⑦ 悪寒　⑧ 養生
⑨ 素足　⑩ 会得　⑪ 拾得物　⑫ 早合点

①（　　）②（　　）③（　　）
④（　　）⑤（　　）⑥（　　）
⑦（　　）⑧（　　）⑨（　　）
⑩（　　）⑪（　　）⑫（　　）

5 次の言葉の送りがなが正しければ○を、あやまっていれば正しく直して書きなさい。（16点・一つ2点）

① 逆う（　　）② 厳か（　　）
③ 省みる（　　）④ 帯る（　　）
⑤ 健やか（　　）⑥ 導びく（　　）
⑦ 混じる（　　）⑧ 断わる（　　）

6 次の各組の――線の読み方が他と異《こと》なるものを一つずつ選び、記号で答えなさい。（8点・一つ2点）

① ア 元素　イ 復元　ウ 元祖　エ 単元（　　）
② ア 字引　イ 引責　ウ 引力　エ 引退（　　）
③ ア 石油　イ 油絵　ウ 油性　エ 油田（　　）
④ ア 天窓　イ 窓口　ウ 車窓　エ 窓側（　　）

〈昭和女子大附属昭和中―改〉

7 次の①～⑥の漢字の読み方を書きなさい。また、その漢字を上下どちらかに使って、文中の□にふさわしい熟語《じゅくご》を書きなさい。（18点・一問3点）

例 配る ―（くば）る
明日は遠足だが、予報では雨の□はないようだ。（　心配　）

① 修める ―（　　）める
悪化した隣《となり》の国との関係を□する。（　　）

② 群がる ―（　　）がる
尾瀬沼《おぜぬま》にはミズバショウが□している。（　　）

③ 挙げる ―（　　）げる
日本チームは、二大会連続優勝《ゆうしょう》の□を成しとげた。（　　）

④ 経る ―（　　）る
成田《なりた》からパリを□してロンドンに行く。（　　）

⑤ 在る ―（　　）る
彼《かれ》の歌唱力は、年を取った今もなお□だ。（　　）

⑥ 省く ―（　　）く
同じ言葉は、何度も言わずに□する。（　　）

〈雙葉中―改〉

2 漢字の読み書き ②

〔　月　日〕

標準クラス

1 次の漢字の総画数を漢数字で答えなさい。

① 遠　② 考　③ 級　④ 処　⑤ 群

①（　　）画　②（　　）画　③（　　）画
④（　　）画　⑤（　　）画

2 次の漢字の赤く書いた画は何画目に書きますか。漢数字で答えなさい。

① 皮　② 再　③ 乗　④ 非
⑤ 片　⑥ 区　⑦ 州　⑧ 世

①（　　）画　②（　　）画　③（　　）画
④（　　）画　⑤（　　）画　⑥（　　）画
⑦（　　）画　⑧（　　）画

学習内容とねらい

同音・同訓の漢字の使い分けは、入試でよく問われます。それぞれの漢字の意味の違《ちが》いを考えましょう。また、漢字の部首や筆順も正しく覚えましょう。

3 次の漢字の部首名を書きなさい。〔横浜中―改〕

① 招　② 情　③ 国　④ 空　⑤ 延

①（　　）　②（　　）　③（　　）
④（　　）　⑤（　　）

4 次の漢字と部首を組み合わせてできる漢字を書きなさい。

① 毎＋きへん（　　）
② 平＋ごんべん（　　）
③ 付＋まだれ（　　）
④ ヒ＋おいかんむり(おいがしら)（　　）
⑤ 貝＋のぶん(ぼくにょう)（　　）

5 次の漢字に共通してつけられる部首の形と部首名を書きなさい。

		部首の形	部首名
①	示・由・玉・寸	（　　）	（　　）
②	永・立・台・皮	（　　）	（　　）
③	刀・反・米・告	（　　）	（　　）
④	早・何・者・楽	（　　）	（　　）

6 次の――線のかたかなを漢字に直しなさい。

① ㋐ 問題の解決にツトめる。（　　）
　 ㋑ 会議の議長をツトめる。（　　）

② ㋐ 王様が国をオサめる。（　　）
　 ㋑ まじめに働いて税金をオサめる。（　　）

③ ㋐ 美しいもようの着物をオる。（　　）
　 ㋑ 千代紙でたくさんの鶴《つる》をオる。（　　）

〔星野学園中―改〕

7 次の各組の文の中で、――線の漢字の使われ方があやまっているものをそれぞれ一つ選び、記号で答えなさい。

① ア 板書をノートに写す。
　 イ 顔を鏡に写す。
　 ウ 記念にカメラで写す。
　 エ 下絵をスケッチブックに写す。
（　　）

② ア 雨が降《ふ》ったので傘《かさ》を差す。
　 イ 顔に赤みが差す。
　 ウ コンパスが北を差す。
　 エ 景気にかげりが差す。
（　　）

③ ア 傷口《きずぐち》のガーゼを変える。
　 イ 気分を変える。
　 ウ 約束の時間を変える。
　 エ ベッドの位置を変える。
（　　）

〔法政大第二中〕

8 次の――線のかたかなを漢字に直しなさい。

① ㋐ 人質が全員カイホウされる。（　　）
　 ㋑ 病気がカイホウに向かう。（　　）

② ㋐ 申し込《こ》みキカンが終わる。（　　）
　 ㋑ 交通キカンに遅《おく》れが出る。（　　）

③ ㋐ 不思議なゲンショウが起こる。（　　）
　 ㋑ 農村部の人口がゲンショウする。（　　）

9 次の――線のかたかなを漢字に直したものとして最も適切なものを次から一つずつ選び、記号で答えなさい。

① 新年度の人事イドウ。
　 ア 移動　イ 異動　ウ 移道　エ 異同（　　）

② 国内の問題について海外からカンショウを受ける。
　 ア 緩衝　イ 鑑賞　ウ 感傷　エ 干渉（　　）

③ 新しい法律がシコウされる。
　 ア 試行　イ 志向　ウ 施行　エ 思考（　　）

④ 青少年をタイショウにした映画が公開される。
　 ア 対象　イ 対照　ウ 対称　エ 対償（　　）

⑤ キセイ品の服を買う。
　 ア 規制　イ 帰省　ウ 既製　エ 寄生（　　）

〔大妻多摩中〕

ハイクラス

（　月　日）

時間 30分　合格点 75点　得点　点

1 次の各組の漢字を、総画数の少ない順に並《なら》べなさい。（15点・一つ3点）

① 似・成・垂・幼（　→　→　→　）
② 孫・眼・建・痛（　→　→　→　）
③ 俵・乳・断・奏（　→　→　→　）
④ 愛・察・策・推（　→　→　→　）
⑤ 導・蒸・最・際（　→　→　→　）

2 次の漢字の筆順が正しい方を選び、記号に○をつけなさい。（12点・一つ3点）

① 層　② 勤　③ 衆　④ 飛

（埼玉平成中―改）

3 例にならい、次の［　］内の漢字を二つ以上組み合わせて、五つの漢字を作りなさい。ただし、［　］内のすべての漢字を必ず一回ずつ用いること。（10点・一つ2点）

例 九＋木＋隹→雑

［ 金　口　寺　千　言　月
日　力　竹　広　午 ］

（　）（　）（　）（　）（　）

（普連土学園中）

4 次の上の文の――線の漢字が、下の文の――線の漢字になるためには、どのような部首が加わることが必要ですか。あとから一つずつ選び、記号で答えなさい。（18点・一つ3点）

① 所得のシンコクをする。→ 古代のセイシンにふれる。
② 先生方のキョカを得る。→ カコウに農地が広がる。
③ チュウコの家屋を買う。→ コイの犯行と認められる。
④ ガイコウに力をいれる。→ 温泉《おんせん》のコウノウを調べる。
⑤ 昔のジインを見学する。→ 努力がジゾクしない。
⑥ キョウコな壁《かべ》をやぶる。→ ベッコに取り上げる。

①（　）②（　）③（　）④（　）
⑤（　）⑥（　）

ア 亻　**イ** 扌　**ウ** 礻　**エ** 氵
オ 攵　**カ** 力

〈湘南学園中〉

5

次の——線の部分を正しい漢字に直しなさい。（15点・一つ3点）

① 試験の本番に望む。（　　む）
② 早く病気を直す。（　　す）
③ お墓にお花を備える。（　　える）
④ 出版社に努める。（　　める）
⑤ 新入社員を取る。（　　る）

〈山脇学園中〉

6

次の——線の漢字と同じ漢字をふくむものをそれぞれ選び、記号で答えなさい。（12点・一つ3点）

① 意見をソンチョウする。
ア 日程をチョウセイする。
イ 話がチョウフクする。
ウ 大地震《じしん》のゼンチョウ。
エ 山にトウチョウする。
（　　）

② 絶好のキカイをのがす。
ア 首相とカイダンする。
イ 組織をカイカクする。
ウ 問題のセイカイ。
エ 病気がゼンカイする。
（　　）

③ ケイキが悪化する。
ア ケイセイが不利になる。
イ 都市のケイカン。
ウ 車のモケイを作る。
エ 円のチョッケイ。
（　　）

④ 鬼《おに》をタイジする。
ア 事態にタイオウする。
イ タイボウの新作。
ウ 食欲がゲンタイする。
エ 選手のコウタイ。
（　　）

〈桐光学園中〉

7

次の各組の文は、同じ音を持つ別の熟語《じゅくご》の説明です。それぞれ漢字で書きなさい。（18点・一つ3点）

① ㋐ 病原体が体内に入りこむこと。（　　）
㋑ 道路、鉄道などで、大もとになる重要な道すじ。（　　）

② ㋐ 範囲《はんい》または勢力をひろげて大きくすること。（　　）
㋑ 詩や文章などにあらわれた気品。（　　）

③ ㋐ 考えをめぐらし、組み立てること。（　　）
㋑ 建物の階がいく重にもかさなっていること。（　　）

〈慶應義塾普通部〉

3 熟語《じゅくご》の問題

〔　月　日〕

学習内容とねらい

熟語の組み立てや、類義語・対義語などをあつかいます。熟語を構成する漢字のそれぞれの意味を考えながら解きましょう。

標準クラス

1 次の言葉を打ち消すとき、（　）にあてはまる漢字をあとから選び、それぞれ記号で答えなさい。

①（　）公式　②（　）関心

③（　）開発　④（　）自然

ア 未　**イ** 無　**ウ** 非　**エ** 不

〈高輪中―改〉

2 次の熟語《じゅくご》の組み立てとしてあてはまるものをあとから選び、それぞれ記号で答えなさい。

① 収支《しゅうし》（　）　② 計測（　）

③ 山頂《さんちょう》（　）　④ 就職《しゅうしょく》（　）

⑤ 未熟《みじゅく》（　）

ア 下の漢字から上の漢字に返って読むと意味が通じるもの。

イ 反対の意味の漢字を組み合わせたもの。

ウ 上の漢字が下の漢字を修飾《しゅうしょく》しているもの。

エ 似た意味の漢字を組み合わせたもの。

オ 上の漢字が下の漢字の意味を打ち消しているもの。

〈戸板中―改〉

3 次の言葉について、ほぼ同じ意味になる二字熟語をあとの□内の漢字を組み合わせて答えなさい。

① 円満（　）

② 消息（　）

③ 同意（　）

④ 独裁《どくさい》（　）

⑤ 先人（　）

信　厚　達　賛　温
先　制　音　専　成

4 次の□に適切な漢字一字を入れ、反対の意味になるように二字熟語をそれぞれ完成させなさい。

① □守 ↔ 革《かく》□

② □合 ↔ 解□

③ 生□ ↔ □費

④ □体 ↔ 抽《ちゅう》□

⑤ □大 ↔ 縮《しゅく》□

5 次の（　）に――線と反対の意味の二字熟語を書きなさい。ただし、あとの［　］内の漢字を組み合わせて答えること。

① 彼《かれ》は自分勝手で利己《りこ》的な考え方をする人だ。
・損得を越《こ》え、（　　　）的に行動する。

② 動物にも自然のままに生きる権利《けんり》がある。
・納税《のうぜい》は国民の（　　　）である。

③ 好評につき、キャンペーンを継続《けいぞく》します。
・A氏の新作は（　　　）ばかり聞く。

④ 来月から課長の職に就任《しゅうにん》することになった。
・任期を満了《まんりょう》しないまま、首相が（　　　）した。

⑤ 理想を語るだけでは何も変わらない。
・君のアイディアはあまり（　　　）的ではない。

悪　利　現　務　他
義　任　評　辞　実

6 次の□に漢字一字を入れると、三つの熟語ができます。それぞれの□にあてはまる漢字をあとから選び、記号で答えなさい。（同じ漢字は一回しか使えません。）

① 生　□　字　気　（　　　）

② 適　□　宿　戦　（　　　）

③ 時　□　復　道　（　　　）

④ 支　□　火　灯　（　　　）

ア 出　イ 内　ウ 活　エ 応　オ 点
カ 本　キ 合　ク 空　ケ 消　コ 報

〔芝浦工業大柏中〕

7 次の言葉をヒントにして、［AB］にあてはまる二字の熟語を完成させなさい。

① 学校の情報を広く［AB］する。
ヒント（A：おおやけ　B：ひらく）　（　　　）

② 今夜は流星群の［AB］をする予定だ。
ヒント（A：みる　B：はかる）　（　　　）

③ 国が最低限の生活を［AB］する。
ヒント（A：たもつ　B：差しつかえる）　（　　　）

④ 明け方にセミの［AB］が始まる。
ヒント（A：はね　B：変わる）　（　　　）

⑤ ［AB］の心に訴《うった》えかける名演説だ。
ヒント（A：きく　B：おおぜいの人）　（　　　）

⑥ データの［AB］サービスを行う。
ヒント（A：帰る　B：古い）　（　　　）

〔那須高原海城中〕

ハイクラス①

時間 30分　合格点 75点　得点 点

（ 月 日）

1 次の熟語《じゅくご》と同じ組み立てになっている熟語をそれぞれ一つ選び、記号で答えなさい。（12点・一つ3点）

① 道路　ア 強弱　イ 残雪　ウ 鋼鉄《こうてつ》　エ 読書　オ 国有　（　　）

② 縦横《じゅうおう》　ア 閉会《へいかい》　イ 往復　ウ 入試　エ 日照　オ 早春　（　　）

③ 国旗　ア 納税　イ 暗黒　ウ 門前　エ 年長　オ 緑化　（　　）

④ 帰国　ア 修学　イ 善行《ぜんこう》　ウ 公立　エ 永久　オ 続々　（　　）

〔明治大付属中野中〕

発展

2 次の言葉について、同じ意味の二字熟語をあとの[　]内の漢字を組み合わせて作り、それを使って短文を書きなさい。（20点・一つ4点）

① 性格　② 規則　③ 興味

④ 意見　⑤ 尺度《しゃくど》

関　分　律　指　所　心　規　性　標　見

①（　　）

②（　　）

③（　　）

④（　　）

⑤（　　）

3 次の各組の熟語の中で、対義語の関係になる組み合わせを一組選び、それぞれ記号で答えなさい。（12点・一つ3点）

① ア 厳寒《げんかん》　イ 悪寒　ウ 猛火《もうか》　エ 猛暑　オ 避暑《ひしょ》　（　と　）

② ア 永遠　イ 遠方　ウ 敬遠《けいえん》　エ 接近　オ 近隣《きんりん》　（　と　）

③ ア 記述　イ 黙秘《もくひ》　ウ 黙礼　エ 提供《ていきょう》　オ 供述　（　と　）

④ ア 念頭　イ 末代　ウ 末尾《まつび》　エ 頭首　オ 冒頭《ぼうとう》　（　と　）

〔藤嶺学園藤沢中〕

4 上段《じょうだん》の（　）にあてはまる二字熟語の漢字の順番を変えると、下段の（　）にあてはまります。上段の熟語を答えなさい。（15点・一つ3点）

例 （ 火花 ）が散る。　　打ち上げ（花火）。

① キビキビした（　　）。　　機械が（　　）する。

② 入場（　　）。　　出発（　　）。

③ 相談（　　）。　　（　　）占《うらな》い。

④ 台風が（　　）する。　　（　　）競技。

⑤ ドラマに（　　）する。　　ドラマを（　　）する。

〈慶應義塾湘南藤沢中〉

5 次のそれぞれの熟語の組み合わせの中で、意味上の関係が他と異《こと》なるものを一つ選び、記号で答えなさい。（9点・一つ3点）

① ア 用意と準備　イ 戸外と屋外　ウ 収入《しゅうにゅう》と所得　エ 好調と順調　オ 長所と欠点　（　　）

② ア 絶対と相対　イ 単純《たんじゅん》と複雑　ウ 延長《えんちょう》と省略　エ 正常と異常《いじょう》　オ 可決と否決《ひけつ》　（　　）

③ ア 統一と分裂《ぶんれつ》　イ 秘密《ひみつ》と公開　ウ 予算と決算　エ 平常と日常　オ 混乱《こんらん》と秩序《ちつじょ》　（　　）

〈玉川学園中―改〉

6 次の意味になるように、あとの□内の漢字を組み合わせて熟語を作りなさい。（12点・一つ3点）

① ひろげて大きくすること。（　　）

② 事がらの重要さ。価値《かち》。（　　）

③ その人独自の見方・考え・判断。（　　）

④ 一定の時間にできる仕事の割合《わりあい》。（　　）

張　納　義　率　拡　意　主　能　経　得　観　験

〈和洋九段女子中〉

7 次の□に漢字を入れると四つの熟語ができます。それぞれの□にあてはまる漢字を書きなさい。（熟語は矢印の方向に読みます。）（20点・一つ4点）

① 躍↓□、精→□→化、□↓展

② 政↓□、読→□→過、□↓由

③ 鋭↓□、砂→□→害、□↓殖

④ 虚↓□、如→□→験、□↓施

⑤ 民↓□、朗→□→道、□↓告

① □　② □　③ □　④ □　⑤ □

〈大宮開成中〉

ハイクラス②

時間 30分　合格点 75点　得点 点　（ 月 日）

1 次の熟語《じゅくご》と同じ組み立ての熟語をあとから選び、それぞれ記号で答えなさい。（15点・一つ3点）

① 問題（ ）　② 回転（ ）
③ 功罪（ ）　④ 短大（ ）
⑤ 人造（ ）

ア 電化　**イ** 日照　**ウ** 採否《さいひ》　**エ** 優良《ゆうりょう》
オ 断念　**カ** 労災　**キ** 背景《はいけい》

2 次の（ ）に――線と反対の意味の二字熟語を書きなさい。（20点・一つ4点）

① A君の研究発表は内容がとぼしいように思う。見たところ、（ ）だけは整っている。
② 電車で眠《ねむ》ってしまい、気づくと終点だった。高校生を（ ）に、ブームは広まっていった。
③ 慢性《まんせい》的に体の疲《つか》れを感じる。（ ）腸炎《ちょうえん》で入院する。
④ 難《むずか》しそうに見えて、この問題は実は単純《たんじゅん》だ。（ ）な計算はコンピューターに任せる。
⑤ 人類は有史以来、戦争をくり返してきた。（ ）は人類全ての願いである。

3 次の例を参考にしてA・Bに漢字をあてはめて熟語を作りなさい。ただし、A・Bにあてはまる漢字は反対語であることとする。（20点・一つ5点）

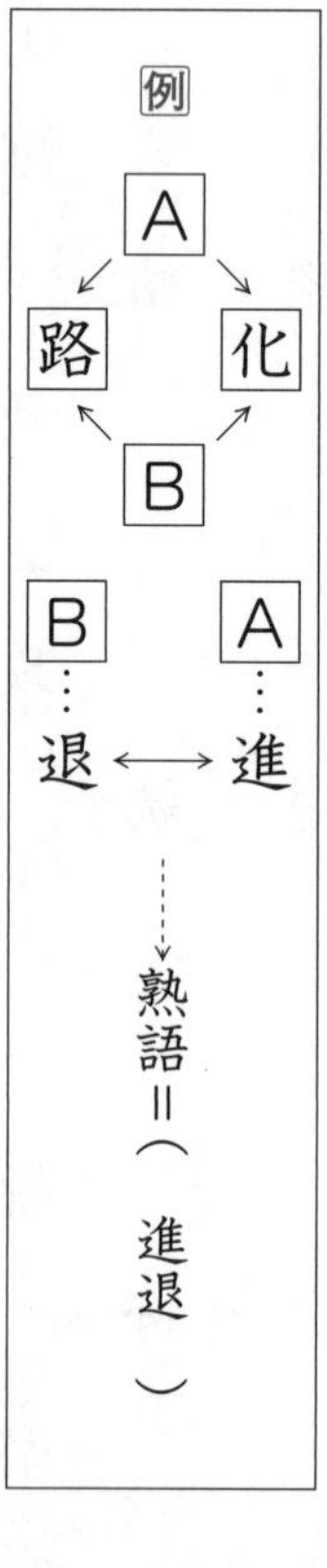

①
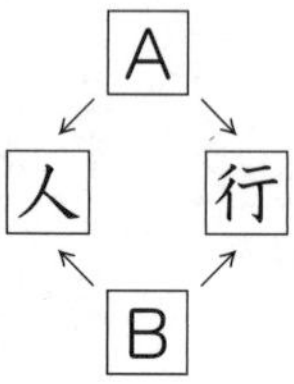

熟語＝（ ）

②
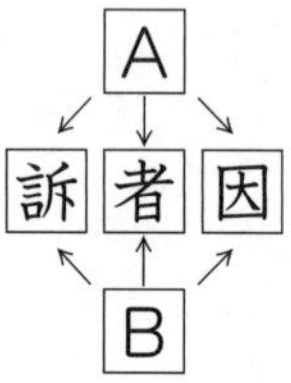

熟語＝（ ）

③
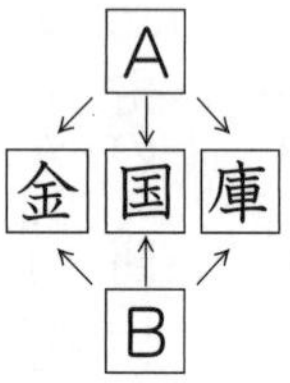

熟語＝（ ）

④
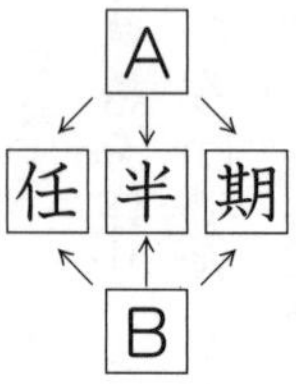

熟語＝（ ）

〔城西川越中〕

4 次の□にあてはまる言葉をそれぞれ選び、記号で答えなさい。（18点・一つ3点）

① この料理は、私《わたし》の□の作です。
ア 満足　イ 会心　（　　）

② 事故が起こった□を調べる。
ア 理由　イ 原因　（　　）

③ この作品を選んだ□を説明する。
ア 理由　イ 原因　（　　）

④ 里山の□を守る取り組みに参加する。
ア 自然　イ 天然　（　　）

⑤ これは、つってきたばかりの□の魚だ。
ア 自然　イ 天然　（　　）

⑥ □速度を守って、安全に運転する。
ア 制約　イ 制限　（　　）

5 次の各組の漢字を例にならって組み合わせ、二字の熟語でしりとりを作りなさい。（すべての漢字を使うこと。）（12点・一つ4点）

例 〔状 番 出 号 支 令 態〕
（支出→出番→番号→号令→令状→状態）

① 〔前 会 所 名 場 有 大〕
（　→　→　→　→　→　）

② 〔力 品 勢 物 姿 作 体〕
（　→　→　→　→　→　）

③ 〔問 器 屋 見 意 用 学〕
（　→　→　→　→　→　）

（和洋九段女子中）

6 次の□に漢字を入れると四つの熟語ができます。それぞれの□にあてはまる漢字を書きなさい。（熟語は矢印の方向に読みます。）（15点・一つ3点）

①
号
↑
外 ← □ → 犬
↓
頭

②
波
↓
戦 → □ ← 混
↑
動

③
備
↑
置 ← □ → 営
↓
定

④
英
↓
周 → □ ← 察
↑
機

⑤
理
↑
役 ← □ → 金
↓
行

① □
② □
③ □
④ □
⑤ □

（鎌倉学園中）

4 三字・四字熟語《じゅくご》

（　月　日）

学習内容とねらい

三字・四字熟語は、穴《あな》うめ式の出題がよく見られますが、漢字だけでなく、意味もあわせて覚えて実際に使えるようにしましょう。

標準クラス

1 次の□に漢字を一字入れ、三字熟語《じゅくご》を完成させなさい。

① 衣食□　② 間□髪《ぱつ》　③ □竹梅

④ □竜門《りゅうもん》　⑤ □不尽《ふじん》　⑥ 青□才

⑦ 長丁□　⑧ 絵□事　⑨ □月花

2 次の□に漢字を一字入れ、四字熟語を完成させなさい。

① 奇想□外　② 一□両断

③ □断大敵　④ 意□消沈《しょうちん》

⑤ □尾一貫《びいっかん》　⑥ 意味深□

3 次の□に漢字を一字ずつ入れ、四字熟語を完成させなさい。また、それぞれの意味をあとから選び、記号で答えなさい。

① 異口□□　意味（　　）

② □□千秋　意味（　　）

③ □□月歩　意味（　　）

④ □□東風　意味（　　）

⑤ 単刀□□　意味（　　）

ア 絶えず進歩していること。

イ 人の意見を心にとめず聞き流すこと。

ウ いきなり本題に入ること。

エ 非常に待ち遠しいこと。

オ 多くの人が口をそろえて同じことを言うこと。

カ たやすく他人の意見に賛成すること。

〈甲南中—改〉

4 次の□に漢数字を一字入れ、四字熟語を完成させなさい。

① □東三文　② □両役者

③ 四□時中　④ □衣帯水

⑤ 岡目《おかめ》□目　⑥ □角四面

5 次の意味に合う四字熟語を完成させなさい。

① 足りないところや、かけたところのないこと。

② それにふさわしいものを、そのふさわしい位置に置くこと。

③ 転げ回って苦しむこと。

④ 一つの行動から二つの利益を得ること。

⑤ 何かに心を奪《うば》われて、我《われ》を忘《わす》れること。

① □□無欠　② 適□適□

③ □転□倒《とう》　④ 一□二□

⑤ 無我《むが》□□

〔清風中―改〕

6 次の三字熟語の意味をあとから選び、記号で答えなさい。

① 先入観（　）　② 有頂天《うちょうてん》（　）

③ 風物詩（　）　④ 紙一重（　）

⑤ 破天荒《はてんこう》（　）　⑥ 突破口《とっぱこう》（　）

ア これまでになかったことをすること。

イ その季節らしさを感じさせるもの。

ウ 大変得意になっている様子。

エ 困難《こんなん》や障害《しょうがい》を乗りこえる手がかり。

オ 前からもっている固定した観念。

カ きわめてわずかなちがい。

7 次の文の□にあてはまる言葉を漢字で書きなさい。

① 国じゅうの老若□□がこぞってこのドラマを見ている。

② 彼《かれ》は大器□成で、大人になったら立派《りっぱ》な人になりそうだ。

③ これは□□東西、例のない不思議な話だ。

④ 一度、□□暗鬼《あんき》におちいると、だれの言葉も信じられなくなる。

〔栄東中―改〕

ハイクラス①

時間 30分　合格点 75点　得点 点　（　月　日）

1 次の熟語《じゅくご》を組み合わせて、あとの①～⑥の組み立てにあてはまる四字熟語を作り、記号で答えなさい。（24点・一つ4点）

ア 我田《がでん》　**イ** 風月　**ウ** 利害　**エ** 雨読
オ 得失　**カ** 無辺　**キ** 晴耕　**ク** 転倒《てんとう》
ケ 花鳥　**コ** 広大　**サ** 本末　**シ** 引水

① 似た意味の二字熟語を重ねたもの（　と　）
② 反対の意味の二字熟語を重ねたもの（　と　）
③ 上の二字熟語が主語で、下の二字熟語が述語になっているもの。（　と　）
④ 上の二字熟語が下の二字熟語を修飾《しゅうしょく》するもの（　と　）
⑤ それぞれが反対の意味を持つ二字熟語を重ねたもの。（　と　）
⑥ 四字が対等の関係で並《なら》んでいるもの（　と　）

2 次の（　）にあてはまる四字熟語をあとから選び、記号で答えなさい。（20点・一つ4点）

① 学問は（　）にはできない。
② 事件が（　）に解決した。
③ （　）の大事件にうろたえる。
④ 試合に勝ち、（　）と帰宅《きたく》する。
⑤ 彼《かれ》に言っても（　）だ。

ア 意気揚々《ようよう》　**イ** 自画自賛　**ウ** 一朝一夕
エ 馬耳東風　**オ** 一心同体　**カ** 急転直下
キ 空前絶後　**ク** 森羅万象《しんらばんしょう》

3 次のひらがなを漢字に直し、四字熟語を作りなさい。また、（　）にその四字熟語があてはまる文として最も適切なものをあとから選び、記号で答えなさい。（28点・一問4点）

① いきとうごう（　）（　）
② おんしんふつう（　）（　）
③ てんぺんちい（　）（　）

④ へいしんていとう　（　　　）（　　　）

⑤ しんきいってん　（　　　）（　　　）

⑥ りろせいぜん　（　　　）（　　　）

⑦ はくがくたさい　（　　　）（　　　）

ア ずっと（　　）になっていた友人から、とつぜん、手紙がとどいた。

イ 前置きは、ぬきにして、（　　）に言ったほうがわかりやすいだろう。

ウ 残念ながら一回戦で敗れたが、（　　）、敗者復活戦にのぞみ入賞を果たした。

エ いつもながら、彼《かれ》の（　　）とした話しぶりには、感心させられてしまう。

オ 話しているうちに、出身地が同じであることが分かり、すっかり（　　）した。

カ 事故の原因が判明し、責任者は（　　）してあやまった。

キ 日本は豊かな自然にめぐまれているが、（　　）に見まわれることが多い。

ク だれがどんなに難しい質問をしても、（　　）な彼はすべて答えてしまう。

〈駒場東邦中―改〉

---

4 次の（　）には三字熟語が入ります。あとの□内から適切なものを選び、漢字に直して書きなさい。（20点・一つ4点）

① 作業の効率を上げる（　　）な道具を発明する。

② 彼の（　　）な態度に腹《はら》を立てる。

③ 夏休みは受験の（　　）である。

④ あまりの（　　）あふれる映像《えいぞう》に衝撃《しょうげき》を受ける。

⑤ 本文から（　　）なくぬきだしなさい。

テンノウザン	タカビシャ	カッキテキ
カフソク	リンジョウカン	

5 次の言葉がそれぞれ下の意味になるように、□にあてはまる漢字を書きなさい。（8点・一つ4点）

① 小手□…ちょっとした技能や才能。

② 試□石…物の値打ちや力を試すもとになる物事。

〈國學院大久我山中〉

ハイクラス②

時間 30分　合格点 75点　得点 点
（　月　日）

1 次の意味になる四字熟語《じゅくご》をあとの[　]内から選び、□にあてはまる漢字一字ずつを答えなさい。（24点・一つ3点）

① 元気を失っている状態。　□□
② 重要な仕上げを行うこと。　□□
③ その場に応じた適切な行動が取れること。　□□
④ ぬきん出て力が強いこと。　□□
⑤ 外見と中身が一致《いっち》していないこと。　□□
⑥ きちんとしていてふるまいが正しい様子。　□□
⑦ 一つのことに集中して、他のことには気を取られないこと。　□□
⑧ 一生に一度の出会いのこと。　□□

□□応変　□竜《りょう》□睛《せい》　□□不乱
□□狗肉《くにく》　□行□正　□□一会
一騎《いっき》□□　□気□沈《ちん》

2 次の□に漢字を一字入れ、それぞれの文にあてはまる四字熟語を完成させなさい。（18点・一つ3点）

① 彼《かれ》の肩書《かたが》きは料理長と華々《はなばな》しいが、特別な権限《けんげん》があるわけではない。　□名□実
② 負ける瀬戸際《せとぎわ》にあったチームが、彼のホームランで活気を取りもどした。　起□回□
③ B氏は、世の中の裏《うら》も表も知りぬいた策士《さくし》である。　□千□千
④ 私《わたし》は次に何をすべきか分からず、混乱《こんらん》してしまった。　五□霧《む》□
⑤ 博士は世界的な数学者でありながら、サッカーの技術はプロ級で、一流のシェフでもある。　□学□才
⑥ 歴史を学んで得た教訓を、未来へ生かしていくべきである。　温□知□

3 次の——線の四字熟語には、それぞれ一字ずつ漢字のあやまりがあります。あやまっている漢字をぬきだし、正しい漢字に直しなさい。（15点・一つ3点）

① 公平無志の態度で臨《のぞ》む。（　→　）

② 彼とは意心伝心で通ずる。（　→　）

③ あの人の話は、半真半《はん》疑《ぎ》で聞くことが多い。（　→　）

④ テストの結果が良かったので、自我《じが》自賛してしまった。（　→　）

⑤ 受賞者の選考を光明正大に行う。（　→　）

〈かえつ有明中—改〉

4 次の——線の四字熟語の使い方がふさわしいものを次の中から一つ選び、記号で答えなさい。（3点）

ア 係の仕事に一意専心に取り組む。

イ 身長が一日千秋の勢いで伸《の》びている。

ウ 春分の日は一朝一夕が同じ長さだ。

エ 試験は一石二鳥の選択《せんたく》問題が出題された。

オ 試合は接戦で一触即発《いっしょくそくはつ》の結果となった。

（　）

〈日本大第二中〉

5 次の㋐・㋑の□には、それぞれ共通した漢字一字があてはまります。その漢字を書きなさい。（20点・一つ4点）

① ㋐ □一的 ㋑ □期的 □

② ㋐ 過□足 ㋑ □作法 □

③ ㋐ 感□量 ㋑ □造作 □

④ ㋐ 集□成 ㋑ □黒柱 □

⑤ ㋐ 過□数 ㋑ □人前 □

〈横浜英和女学院中〉

6 次のそれぞれの意味にあてはまる三字熟語を、あとの□内の漢字から選んで作りなさい。（20点・一つ4点）

① わき目もふらずに急ぎ走るさま。（　）

② ライバル。（　）

③ 失敗の許されない最も大事な場面。（　）

④ あることをしながら、自分のしていることに気づかないこと。（　）

⑤ 専門家《せんもんか》ではない者。（　）

漢	一	識	門	手	無	場	散
目	正	意	敵	念	好	外	

〈日本大第二中〉

チャレンジテスト①・1

時間 40分　合格点 70点　得点　　点

〔　　月　　日〕

1 次の――線のかたかなは漢字に直し、漢字は読み方を書きなさい。(18点・一つ2点)

① 被害《ひがい》があった地域《ちいき》のアンピが心配だ。（　　　）

② 古い校舎のカイシュウ工事が始まった。（　　　）

③ 学年集会でトウロン会を開く。（　　　）

④ 細かな部分の話はハブいて全体像を明らかにする。（　　　）

⑤ 子どもが健やかに育つには環境《かんきょう》も大切だ。（　　　）

⑥ 的にめがけて投げるが、すべて外れた。（　　　）

⑦ 熱が高いので解熱薬をのむ。（　　　）

⑧ せっかく釣《つ》りに行ったのに釣れたのは雑魚ばかりだ。（　　　）

⑨ これからの社会の担い手として期待されている。（　　　）

〔青稜中―改〕

2 次の各組の（　　）には、同じ読み方の二字熟語《じゅくご》があてはまります。あとの□内の読み方を参考に、それぞれ最も適切なものを書きなさい。(36点・一つ3点)

①
- ㋐ 裁判官《さいばんかん》は、常に（　　　）でなければならない。
- ㋑ 彼《かれ》は大きな仕事をして（　　　）に名を残した。
- ㋒ 全体の（　　　）を考えて文章を書くことが大切だ。

②
- ㋐ 温暖《おんだん》な（　　　）の土地。
- ㋑ 今回の旅行についての（　　　）文を書く。
- ㋒ 新庁舎《ちょうしゃ》の（　　　）式が行われる。

③
- ㋐ 新しい機械を導入し、（　　　）性の向上をはかる。
- ㋑ 降《お》りるときに運賃《うんちん》を（　　　）する。
- ㋒ 今度の試合に勝つ（　　　）はありますか。

④
- ㋐ ふるさとに（　　　）する。
- ㋑ 試合を前に、選手たちの（　　　）があがっている。
- ㋒ 大変な人出で、交通（　　　）がかけられた。

キコウ　キショウ　キセイ　コウセイ　セイサン

〔灘中〕

3 次の条件にあてはまる漢字を書きなさい。（8点・一つ2点）

例 「したごころ」に「ノウ」と書き、「タイ」と読む。（　態　）

① 「まだれ」に「くるま」と書き、「コ」と読む。（　　）

② 「おおざと」に「クン」と書き、「グン」と読む。（　　）

③ 「うしへん」に「てら」と書き、「トク」と読む。（　　）

④ 「おおがい」に「キャク」と書き、「ガク」と読む。（　　）

〈青稜中〉

4 次の中で、送りがながすべて正しい組み合わせを選び、記号で答えなさい。（4点）

ア 著しい　表す　失う　承わる
イ 美しい　治す　向う　交わる
ウ 楽しい　費す　補う　究める
エ 苦しい　志す　商う　起きる

（　　）

5 次の熟語と組み立てが同じ熟語をあとから一つずつ選び、記号で答えなさい。（8点・一つ2点）

① 行政（　　）　② 激流《げきりゅう》（　　）
③ 分別（　　）　④ 問答（　　）

ア 正誤《せいご》　イ 過失　ウ 半熟《はんじゅく》
エ 未納《みのう》　オ 頭痛《ずつう》　カ 閉店《へいてん》

〈日本大藤沢中—改〉

6 次の□に適切な漢字一字を入れ、反対の意味になるように二字熟語をそれぞれ完成させなさい。（12点・一つ3点）

① 非番 ↔ □番
② 尊重《そんちょう》 ↔ 無□
③ 増産 ↔ □産
④ 例外 ↔ □則

〈女子聖学院中〉

7 次の各組の□にはそれぞれ同じ漢字が入ります。□にあてはまる漢字一字を書きなさい。（9点・一つ3点）

① □然　□使　晴□
② 動□　□質　□語
③ 読□　□道　図□

① □　② □　③ □

8 次の四字熟語の□にあてはまる漢字を書いたとき、その一字の画数の一番多いものを選び、記号で答えなさい。（5点）

ア 異《い》□同音　イ 温□知新　ウ 一□一短
エ □心伝心　オ 大□晩成《ばんせい》

（　　）

〈日本大第二中〉

チャレンジテスト①・②

時間 40分　合格点 70点　得点 点

（　月　日）

1 次の漢字を「漢和辞典」で調べるとき、何という部首で引きますか。その部首名をひらがなで答えなさい。また、部首をのぞいた部分の画数を算用数字で答えなさい。（12点・一つ2点）

	部首名	画数
① 情	（　　）	（　　画）
② 料	（　　）	（　　画）
③ 雑	（　　）	（　　画）

〈昭和女子大附属昭和中—改〉

2 次の——線のかたかなは漢字に直し、漢字は読み方を書きなさい。（16点・一つ2点）

① 鳥が笛の音にコオウする。（　　）
② ナイカク総理大臣に就任《しゅうにん》する。（　　）
③ シンタイを決する時が来た。（　　）
④ 会場でマイゴになった。（　　）
⑤ あれこれ画策する。（　　）
⑥ 古いしきたりに風穴を開ける。（　　）
⑦ 油断は禁物だ。（　　）
⑧ 秋の気配が感じられる。（　　）

〈東京家政学院中—改〉

3 次の言葉を、正しく送りがなをつけて漢字に直しなさい。（12点・一つ2点）

① いさぎよい（　　）　② かえりみる（　　）
③ ひややか（　　）　④ うしなう（　　）
⑤ あかるい（　　）　⑥ みじかい（　　）

4 次の——線のかたかなにふさわしい漢字と同じ漢字を用いるものをあとから選び、それぞれ記号で答えなさい。（12点・一つ3点）

① ラジオ体ソウに参加する。（　　）
② ビルの高ソウ階に住む。（　　）
③ ソウ作ダンスを発表する。（　　）
④ 最新のソウ置を備える。（　　）

ア 独ソウ的な考え方だ。　イ ピアノの演ソウをする。
ウ 同ソウ会を開く。　エ 機械のソウ作を覚える。
オ 包ソウ紙をはがす。　カ 古代の地ソウを調べる。

〈女子聖学院中〉

5 次のように熟語《じゅくご》を使ってしりとりを作りました。（①）〜（⑤）にあてはまる漢字を書きなさい。（15点・一つ3点）

読書→書（①）→（①）単→単調→調（②）→（②）列

↓列車↓車(③)↓(③)手↓手順↓順(④)↓(④)号
↓号令↓令(⑤)↓(⑤)態↓態度

①(　　　) ②(　　　) ③(　　　) ④(　　　) ⑤(　　　)

〔那須高原海城中―改〕

6 次の□内の言葉の中から、対義語を二組探《さが》し、それぞれ漢字で書きなさい。(6点・一つ3点)

おんだん　かいさん　かんたん　かんりゅう
おうとう　ふくざつ　かんれい　ちゅうしょう

(　　　と　　　)
(　　　と　　　)

7 次の□内の言葉の中から、類義語を二組探し、それぞれ漢字で書きなさい。(6点・一つ3点)

ほうこう　ほうほう　こうふん　じゅんび
しゅだん　けいふく　かんしん　そんちょう

(　　　と　　　)
(　　　と　　　)

8 次の中で、熟語の性質の異《こと》なるものを一つ選び、記号で答えなさい。(3点)

ア 入試　イ 高校　ウ 会議　エ 国連　(　　　)

〔國學院大久我山中〕

9 次の□に漢字を入れると四つの熟語ができます。それぞれの□にあてはまる漢字を書きなさい。(熟語は矢印の方向に読みます。)(9点・一つ3点)

① 実↓　表→□→金　↓場

② 可↓　対→□→議　↓算

③ 世↓　人→□→手　↓談

① □
② □
③ □

〔灘中〕

10 次の各組の□には漢数字が入ります。それぞれその数字が小さいものから順に並《なら》べ、記号で答えなさい。(9点・一つ3点)

① ア □方美人　イ 再三再□　ウ □位《み》一体
エ □死一生　オ □差万別
(　　→　　→　　→　　→　　)

② ア □変万化　イ □部始終　ウ □発百中
エ 三拝□拝　オ □六時中
(　　→　　→　　→　　→　　)

③ ア 朝三暮《ぼ》□　イ 心機□転　ウ 三々□々
エ 千客□来　オ 一日□秋
(　　→　　→　　→　　→　　)

〔昭和女子大附属昭和中〕

（　月　日）

5 ことわざ・慣用句

学習内容とねらい

ことわざ・慣用句は、暗記項目《こうもく》として重要なだけでなく、文章の意味を正確に読み取る基本にもなります。意味を理解し、正しく使えるようにしましょう。

標準クラス

1 次のことわざの□にあてはまる漢数字一字を書きなさい。

① □死に一生を得る　② □の足を踏《ふ》む

③ 早起きは□文の徳　④ 親の□光

〔灘中〕

2 次のことわざの□にあてはまる言葉を漢字二字で書きなさい。

① 仏の顔も□□

② 一寸《いっすん》の虫にも□□の魂《たましい》

③ □□の道も一歩から

④ □□休す

〔星野学園中〕

3 次の意味に合う慣用句を、あとの〈A群〉と〈B群〉の言葉を使って完成させます。それぞれの組み合わせを、記号で答えなさい。

① あとで言いのがれできないように確かめること。　A（　）B（　）

② いいかげんなことを言ってごまかすこと。　A（　）B（　）

③ 時間を無駄《むだ》に使って仕事をなまけること。　A（　）B（　）

④ 本性をかくしておとなしそうにしていること。　A（　）B（　）

⑤ 自分の力が相手におよばないのを認《みと》めること。　A（　）B（　）

〈A群〉

ア 音を　イ さじを　ウ しのぎを　エ ねこを

オ 油を　カ くぎを　キ かぶとを　ク お茶を

〈B群〉

ア あげる　イ 売る　ウ さす　エ 投げる

オ にごす　カ ぬぐ　キ けずる　ク かぶる

4 次の（　　）にあてはまる最も適切な慣用句をあとから選び、記号で答えなさい。

① 落書きをしたのはおまえだなどと（　　　　）ことまで言われたのでは、黙《だま》っていられません。

② 今回の受賞は（　　　　）光栄で、これからいっそう努力を重ねていきたいと思います。

③ 君が優秀《ゆうしゅう》な研究発表をしてくれたので、君を推薦《すいせん》した私《わたし》も（　　）よ。

④ 知らないうちに自分に多額の生命保険がかけられていたと知って、私は（　　　）思いがした。

⑤ ぼくは一人暮《ぐ》らしで（　　　）から、長期の出張も気になりません。

ア 身に余る　　イ 身が軽い
ウ 身につまされる　　エ 肩身《かたみ》が広い
オ 身の毛がよだつ　　カ 身に覚えがない
キ 身の置き所がない

5 次の□に漢字一字を入れてことわざを完成させなさい。また、それぞれの意味をあとから選び、記号で答えなさい。

① □に短したすきに長し　　意味（　　）

② 白羽の□が立つ　　意味（　　）

③ □の上にも三年　　意味（　　）

④ 弘法《こうぼう》も□のあやまり　　意味（　　）

ア 多くの中から特に選び出される。
イ どんなに学芸にすぐれた人でも、ときには失敗する。
ウ 身のためになる忠告《ちゅうこく》は聞きづらい。
エ 同類の者がすることはよく分かる。
オ 長い間しんぼうすればむくいがある。
カ 物事が中途半端《ちゅうとはんぱ》で役に立たない。

6 次と似た意味になるように、□に人間の体の一部を表す漢字を書きなさい。

① 話の腰《こし》を折る　―　□をはさむ

② 逃《に》げ腰になる　―　浮《う》き□立つ

③ 名が通る　―　□が売れる

④ お手上げ　―　□をかかえる

⑤ 陰口《かげぐち》を言われる　―　後ろ□をさされる

〔明治大付属中野中〕

ハイクラス

（　月　日）

時間 30分　合格点 75点　得点　点

1 次の（　）にあてはまる言葉をあとの〈語句〉から選び、慣用句を完成させなさい。また、その意味をあとの〈意味〉から選びなさい。答えはすべて記号で答えること。（32点・一つ2点）

① 頭が（　）　意味（　）
② 腹《はら》を（　）　意味（　）
③ 鼻が（　）　意味（　）
④ 首を（　）　意味（　）
⑤ 肩《かた》を（　）　意味（　）
⑥ 手に（　）　意味（　）
⑦ 息を（　）　意味（　）
⑧ 足が（　）　意味（　）

〈語句〉
ア かしげる　**イ** のむ　**ウ** 割《わ》る　**エ** 余る
オ 出る　**カ** 下がる　**キ** 高い　**ク** 並《なら》べる

〈意味〉
ケ 同じくらいの力がある。　**コ** ひどくおどろく。
サ 相手に感心して尊敬《そんけい》する。　**シ** 疑問《ぎもん》に思う。
ス 自分の力ではできない。　**セ** 赤字になる。
ソ 何もかくさず打ち明ける。　**タ** 得意である。

〔大阪教育大附属平野中―改〕

2 次の慣用句を完成させるために、□に体の一部を表す漢字一字をあてはめたとき、一つだけ他とは異《こと》なる漢字が入るものを選び、記号で答えなさい。また、選んだ慣用句の□にあてはまる漢字を書きなさい。（16点・一つ2点）

① **ア** □であしらう　**イ** □をはさむ　**ウ** □につく　**エ** □をあかす
記号（　）　漢字□

② **ア** □がひろい　**イ** □を立てる　**ウ** □に泥《どろ》をぬる　**エ** □を丸くする
記号（　）　漢字□

③ **ア** □をはこぶ　**イ** □を焼く　**ウ** □に汗《あせ》をにぎる　**エ** □におえない
記号（　）　漢字□

④ **ア** □をつっこむ　**イ** □が回らない　**ウ** □をくわえる　**エ** □を長くする
記号（　）　漢字□

〔明星中―改〕

3 次の（　）にあてはまる言葉をあとの**ア**～**カ**から選び、記号で答えなさい。また、その言葉が使われる場面として正しいものをあとのA～Fから選び、記号で答えなさい。（24点・一つ2点）

① 足を（　　）　場面（　　）
② 事を（　　）　場面（　　）
③ 舌を（　　）　場面（　　）
④ 筆が（　　）　場面（　　）
⑤ 手が（　　）　場面（　　）
⑥ 満足が（　　）　場面（　　）

ア のばす　イ 巻《ま》く　ウ 立つ
エ ゆく　オ 起こす　カ かかる

A 十分に思い通りになっているとき。
B 大きな仕事を始めようとするとき。
C 相手の実力にひどく感心したとき。
D 物事をするのに多くの時間を必要とするとき。
E 相手の作文が上手であることをほめるとき。
F 旅行中、予定よりも遠いところまで行こうとするとき。

〔賢明女子学院中〕

4 次の各組の文について――線の言葉の使われ方が正しいものを一つ選び、記号で答えなさい。（12点・一つ4点）

① ア 耳を傾《かたむ》けて聞いたせいで、聞きもらしてしまった。
イ 落とした財布を、目を細くして探《さが》しまわった。
ウ 木で鼻をくくったような兄の発言に勇気をもらった。
エ 久しぶりに会う旧友を、首を長くして待っていた。（　　）

② ア 凍《い》てつくような寒さに、思わず肩で風を切って帰った。
イ 思いがけない吉報《きっぽう》に、目も当てられないほど安心した。
ウ 絶体絶命の大ピンチを、かたずをのんで見守った。
エ 積み重ねてきた苦労が実を結び、音を上げて喜んだ。（　　）

③ ア 父の鶴《つる》の一声で、海外旅行に行くことが決定した。
イ 牛の歩みのような大胆《だいたん》な采配《さいはい》に、度肝《どぎも》を抜《ぬ》かれた。
ウ 梨《なし》のつぶてのような連続攻撃《こうげき》で、連戦連勝を重ねている。
エ ぼくと兄とは犬猿《けんえん》の仲なので、しょっちゅう意見が合う。（　　）

〔藤嶺学園藤沢中―改〕

5 次の言葉と最も関係の深い言葉をあとから一つずつ選び、記号で答えなさい。（16点・一つ4点）

① 足を洗う
ア 更生《こうせい》　イ 再起　ウ 出発　エ 整理（　　）

② 鼻にかける
ア 失望　イ 満足　ウ 刺激《しげき》　エ 自慢《じまん》（　　）

③ 腰《こし》が低い
ア 謙虚《けんきょ》　イ 誠実《せいじつ》　ウ 慎重《しんちょう》　エ 小心（　　）

④ 肩をもつ
ア 責任　イ 味方　ウ 労働　エ 負担《ふたん》（　　）

〔逗子開成中―改〕

6 言葉の意味

（　月　日）

学習内容とねらい

言葉の意味は、単に覚えるだけでなく、前後の流れをつかむようにして学習します。その場面や状況《じょうきょう》に合った言葉を使えるようにしましょう。

標準クラス

1 次の――線の意味として適切なものをあとから選び、記号で答えなさい。

① 父母の間で、たわいない話が続いている。（　　）

ア たよりない　イ とるにたりない　ウ 終わりのない　エ 重要な

② サッカーの試合場には、おびただしい観客が集まった。（　　）

ア 非常に多くの　イ マナーの良い　ウ 熱心な　エ あらあらしい

③ この庭は、京都《きょうと》のお寺の庭園になぞらえてつくりました。（　　）

ア なぞをかけて　イ 競って　ウ 許可をもらって　エ 似せて

〈甲南中〉

2 次の（　）にあてはまる言葉をあとから選び、記号で答えなさい。（同じ言葉は一回しか使えません。）

① 君の言うことは（　　）分からない。

② じまん話を（　　）聞かせる。

③ 準備不足で（　　）失敗をした。

④ 雨が降《ふ》り出して（　　）天気だ。

⑤ 勉強がすんだ（　　）外へ飛び出した。

ア とたんに　イ とくとくと　ウ あいにくの　エ てんで　オ とんだ

〈大阪教育大附属平野中―改〉

3 次の意味にあてはまる言葉をあとの□内から選び、――線のかたかなを漢字に直して書きなさい。（送りがなは不要です。）

① 期日、時刻《じこく》を先送りにする。（　　）

② きそを固めた上に何かを作る。（　　）

③ ある性質や感じをもつ。（　　）

④ 決まった文句を節をつけて読む。（　　）

⑤ そうあってほしいと願う。（　　）

ノばす　オびる　キズく　ノゾむ　トナえる

〈青山学院中―改〉

4 ア「あつめる」・イ「そろえる」・ウ「まとめる」の三つの言葉には、たがいによく似た意味があり、たとえば「証《しょう》拠《こ》」という言葉は、「証拠をあつめる」「証拠をそろえる」「証拠をまとめる」といずれの場合も使うことができます。しかし、言葉によってはア～ウのどれかと特に結びつきが強いことがあります。次の言葉は、ア～ウのどの言葉と最も強く結びつくかを選び、記号で答えなさい。

① ガラクタ（　　）　② 交渉《こうしょう》（　　）
③ 考え（　　）　④ 注目（　　）
⑤ 足並《あしな》み（　　）

〈灘中〉

5 次の文の□にあてはまる言葉をあとから選び、それぞれ記号で答えなさい。

① 朝から雨は晴れあがることなく□降っている。（　　）
ア 持続的に　イ 存続《そんぞく》的に　ウ 断続的に

② あのニュースキャスターには知識を□ところがある。（　　）
ア ひけらかす　イ 見せかける　ウ ほのめかす

〈埼玉平成中―改〉

③ 妹は昨日から熱に□寝込《ねこ》んでいる。（　　）
ア うかされて　イ うかれて　ウ うなされて

〈国府台女子学院中〉

6 次の言葉に最も関係の深い擬音語《ぎおん》・擬態語をあとから選び、それぞれ記号で答えなさい。

① 見る（　　）　② 話す（　　）　③ のばす（　　）
④ 働く（　　）　⑤ 育つ（　　）　⑥ 泣く（　　）

ア きびきび　イ さめざめ　ウ すくすく
エ ずるずる　オ ひそひそ　カ まじまじ

〈慶應義塾中〉

7 ある辞典で、「考えこむ」などの「～こむ」という言葉を調べると、一九六語もありました。その中から五つの言葉を選び、それぞれの意味を調べて、次のような例文を作りました。それぞれの例文に最も適切な「～こむ」という言葉になるように、□にあてはまる漢字一字を書きなさい。

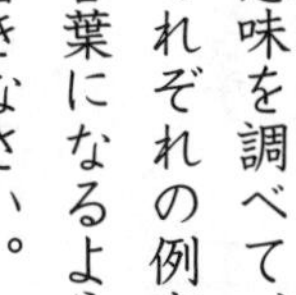

① 反対派《は》の人を言葉たくみに「□めこむ」。
② あの勝利の瞬間《しゅんかん》の感動を胸《むね》に「□みこむ」。
③ 集中して物事に「□ちこむ」姿《すがた》は美しい。
④ 意見がたくさん出て、会議がすぐあとの予定に「□いこむ」。
⑤ 弟をもめごとに「□きこむ」のはやめてほしい。

〈大阪教育大附属池田中〉

ハイクラス

時間 30分　合格点 75点　得点　点

（　月　日）

1 次の各組の□には、それぞれ同じ音の言葉が入ります。□にあてはまるひらがなを書きなさい。（12点・一つ4点）

① ・どんなにがまん強い人□□たえられない。
・水泳□□やってみるか。　（　　）

② ・あの人はやさしい□□だれにでも好かれる。
・とちゅう□□彼も参加した。　（　　）

③ ・夕食をすませた□□□だ。
・とびあがらん□□□に喜んだ。　（　　）

〈共栄学園中―改〉

2 次の言葉の意味をA～Cから選び、その語源《ごげん》となった事柄《ことがら》をア～ウから選び、記号で答えなさい。（12点・一つ2点）

① 一目置く　意味（　）　語源（　）
② 手綱《たづな》を締《し》める　意味（　）　語源（　）
③ 大見えを切る　意味（　）　語源（　）

A 自信たっぷりという態度を示す。
B 相手が優《すぐ》れていることを認《みと》める。
C 部下などが勝手なことをしないようにきびしく見張る。

ア 歌舞伎《かぶき》　**イ** 囲碁《いご》　**ウ** 馬術

〈明治大附属明治中〉

3 次の――線の意味にあてはまる言葉をあとの□内から選び、その読みをひらがなで書きなさい。（16点・一つ4点）

① いつでも私《わたし》が攻撃《こうげき》の正面に立たされる。　（　　）
② 体面を失わせるようなことをしてしまった。　（　　）
③ 理科は得意でないです。　（　　）
④ 同じ様でまぎらわしい品に注意してください。　（　　）

面目　矢面　苦手　下手　空似　類似

〈青山学院中〉

発展

4 「～字」という言葉の中で、次の言葉はあとのどれと最も関係が深いかを選び、記号で答えなさい。（20点・一つ4点）

① 一文字（　）　② 十文字（　）
③ 八の字（　）　④ くの字（　）
⑤ 川の字（　）

ア 体　**イ** 機械　**ウ** 親子
エ 道路　**オ** まゆ毛　**カ** ロ

〈灘中―改〉

発展

5 次の――線の言葉と最も近い意味で使っているものを選び、記号で答えなさい。(8点・一つ4点)

① おべっかをつかう。
ア 時間をつかう。　イ 電車をつかう。
ウ 道具をつかう。　エ 居留守をつかう。
(　　)

② 感情にはしる。
ア 金策《きんさく》にはしる。　イ 敵方にはしる。
ウ 流行にはしる。　エ 事故現場にはしる。
(　　)
〈日本大豊山女子中〉

6 次の――線の言葉の意味として最も適切なものをあとから選び、それぞれ記号で答えなさい。(12点・一つ4点)

① なんとか責任をまっとうすることができた。
ア おしまいまでやりとげる。
イ できるかぎりまじめに行う。
ウ 一生けんめい努力する。
エ よくもなく悪くもなく終わらせる。
(　　)

② 姉は日々、読書に余念がない。
ア ひまのつぶし方がうまい。
イ 余った時間を使うのがじょうずだ。
ウ 時間を作るのが得意だ。
エ 他のことを忘《わす》れて熱中する。
(　　)

③ いくら電話で話してもらちがあかない。
ア 相手が話の内容を理解しない。
イ 言葉をごまかすことができない。
ウ 物事がはかどらない。
エ つごうよく意見が通らない。
(　　)
〈実践女子学園中〉

7 次の(A)と(B)には、例のように、関係のある一組の言葉が入ります。それぞれにあてはまる言葉をひらがなで書きなさい。(20点・一問4点)

例 ぼくの友人は(A)から(B)にぬけるような頭の良い男だ。
A(　め　) B(　はな　)

① 大切な書類がなくなり、家の中は(A)を(B)への大さわぎとなった。
A(　　) B(　　)

② 子どもの性格と育った環境《かんきょう》は、(A)なり(B)なり関係があると言われている。
A(　　) B(　　)

③ 科学者になるために勉強を始めたが、まだ(A)のものとも(B)のものともつかない。
A(　　) B(　　)

④ 大好きな祖母が来ると聞いて、ぼくは(A)も(B)もたまらず迎《むか》えに出た。
A(　　) B(　　)

⑤ 大使夫人は、大使を(A)になり(B)になり、ささえてきた。
A(　　) B(　　)
〈聖光学院中〉

7 言葉のきまり

〔　月　日〕

学習内容とねらい

さまざまな言葉のきまりを学習します。言葉の識別の問題は、入試でよく出題されます。別の言葉におきかえたり、前後の言葉の関係を確かめたりして解きましょう。

標準クラス

1 次の文の主語と述語の関係として適切なものをあとから選び、それぞれ記号で答えなさい。

① 父はいつも電車で会社に行く。（　）（　）
② ぼくの弟は春から一年生だ。（　）（　）
③ 私《わたし》が一番好きな食べ物はカレーだ。（　）（　）
④ 姉はクラスで一番背《せ》が高い。（　）（　）
⑤ 母は料理を作るのがとても上手だ。（　）（　）

ア 何は　なんだ　　イ 何は　どんなだ　　ウ 何は　どうする

2 次の文の〰〰線の言葉が修飾《しゅうしょく》している文節を一つ選び、それぞれ記号で答えなさい。

① 〰いよいよ〰 ア待ちに待った イ新作映画《えいが》が ウぼくらの町でも エ公開される。（　）（　）
② 〰昨日〰 ア私が イ読んだ ウ本は エ小学生に オ一番人気の カ作品だそうだ。（　）（　）

3 次の各組の中には、言葉の種類が異《こと》なっているものがあります。それぞれ一つ選び、記号で答えなさい。

① ア 食べる　イ 勉強　ウ 話す　エ 走る　オ 探《さが》す（　）
② ア 白い　イ 明るい　ウ 元気な　エ 小さい　オ 重い（　）
③ ア これ　イ あれ　ウ それ　エ この　オ どれ（　）
④ ア だから　イ そして　ウ とくに　エ しかし　オ すると（　）

4 次の各組の言葉が、例のような関係になるように、（　）にあてはまる言葉を書きなさい。

例 起きる ― 起こす　　集まる ― 集める
① 落ちる ―（　）
② （　）― 分ける
③ 流れる ―（　）
④ （　）― 広げる
⑤ 止まる ―（　）

5

次の（　　）にあてはまる言葉をあとから選び、記号で答えなさい。

① ここはあぶない。（　　）近寄るな。
② ペン、（　　）、鉛筆《えんぴつ》で書く。
③ 彼《かれ》は小さい。（　　）力持ちだ。
④ 入場は無料です。（　　）中学生のみ。
⑤ 教科書（　　）ノートを開く。
⑥ 日が暮《く》れた。（　　）雨も降《ふ》ってきた。

ア ただし　イ だから　ウ および
エ あるいは　オ けれども　カ しかも

〔北鎌倉女子学園中―改〕

6

次の文の――線の言葉に気をつけて、□にあてはまるひらがなを書きなさい。

① まるで春の□□□あたたかさだ。（　　）
② □□□つらくても、必ずやりぬくぞ。（　　）
③ □□晴れれば、星がきれいに見えるだろう。（　　）
④ □□私の家においでください。（　　）
⑤ □□□そんなことはあるまい。（　　）
⑥ □□そんな所へ行ったのですか。（　　）
⑦ □□□□彼は来ないだろう。（　　）

〔大宮開成中―改〕

7

次の――線の言葉と同じ用法のものをあとから一つずつ選び、記号で答えなさい。

① 食事をしながら本を読むのはやめなさい。
ア 昔ながらの味を守っている。
イ メモを見ながら発表する。
ウ 知っていながら話してくれない。
エ 本番さながらの体験ができる。
（　　）

② 明日は雨が降《ふ》るらしい。
ア めずらしい動物とふれあう。
イ わざとらしいことは言うな。
ウ 新しい店ができたらしい。
エ 子どもらしい素直な表現。
（　　）

③ 今日はあまり寒くない。
ア あいさつを心がけなくてはならない。
イ まったくおもしろくない番組だ。
ウ 私はあの人について何も知らない。
エ 無断外出は認《みと》めない決まりだ。
（　　）

8

次の文の中で、敬語《けいご》の使い方があやまっているものを一つ選び、記号で答えなさい。

ア 先生がお帰りになった。
イ 先生が教室にいらっしゃった。
ウ 先生が自宅《じたく》に参りました。
エ 先生がおっしゃいました。
（　　）

〔日本大豊山女子中〕

ハイクラス

時間 30分　合格点 75点　得点　点

（　月　日）

1 次の文の主語と述語の関係と同じ関係である文をあとから選び、記号で答えなさい。（同じ記号をくり返し使ってもよいです。）（20点・一つ4点）

① わたしたちの町では人口が減り続けている。（　　）
② 毎日いそがしく働く父に自由な時間はない。（　　）
③ 帽子《ぼうし》をかぶった背《せ》の高い男がわたしの兄だ。（　　）
④ 新しく建てた兄の家は風通しがよく明るい。（　　）
⑤ 練習したとおりに妹は歌い始めるでしょう。（　　）

ア 町は静かだ。　イ 電車が走る。
ウ 工場がある。　エ あれは海だ。

〈明治大付属中野中〉

2 次の――線の言葉は、どの部分にかかっていますか。例にならって、それぞれ一文節でぬきだして答えなさい。（6点・一つ3点）

例 太郎は小さな声で返事をした。　→（　声で　）

① 大人たちは勝手に赤信号を渡《わた》ったが、少年はじっとその場で青信号になるまで待った。（　　）
② 母はときどき心配そうにちらっと子供の動きを横目で見た。（　　）

〈大宮開成中―改〉

3 次の――線の言葉は、文の中でどのようなはたらきをしていますか。適切なものをあとから選び、記号で答えなさい。（20点・一つ4点）

① 私《わたし》の　妹は　まだ　小学生です。（　　）
② お客様、少々　あちらで　お待ちください。（　　）
③ 朝は　晴れていたのに、午後から　雨に　なった。（　　）
④ 兄も　水が　ほしいと　言いました。（　　）
⑤ 明るい　春の　光が　差しました。（　　）

ア 主語　イ 述語　ウ 修飾語《しゅうしょく》　エ 接続語

〈玉川聖学院中〉

4 次の各組の中には、言葉の種類が異《こと》なっているものがあります。それぞれ一つ選び、記号で答えなさい。（12点・一つ4点）

① ア 晴れる　イ こわれる　ウ 着られる　エ 流れる　オ 触《ふ》れる（　　）
② ア 元気だ　イ 宇宙だ　ウ 青空だ　エ 天気だ　オ 勉強だ（　　）
③ ア 動く　イ 歩く　ウ 書く　エ 高く　オ 解く（　　）

〈神奈川学園中〉

5 次の□部分を（　）内の指示のように書きかえると、——線の言葉はどのように直すのがふさわしいか答えなさい。（12点・一つ4点）

① 生徒たちが　とても　おそれて　いる　先生。
（「生徒たちが」→「生徒たちに」）（　　　）

② クラスの　集合写真を　かべに　かざる。
（「クラスの集合写真を」→「クラスの集合写真で」）（　　　）

③ 教授が　特別講義を　して　くださった。
（「教授が」→「教授に」）（　　　）

〈共立女子第二中〉

6 次の——線の言葉と同じ用法のものをあとから一つずつ選び、記号で答えなさい。（6点・一つ3点）

① 自分のことばかり考えている。

ア よくわからない問題が、まだ三題ばかりある。
イ ご飯を、十杯《ぱい》ばかり食べた。
ウ 朝から、テレビばかり見ている。
エ 今、駅についたばかりだ。（　　　）

② ぼくは、泳ぐのが得意だ。

ア 日差しの強い一日でした。
イ 昨年の夏休みは、沖縄《おきなわ》へ行きました。
ウ 母の作ったおにぎりは、おいしい。
エ 弟も、走るのは速い方です。（　　　）

〈玉川聖学院中〉

7 次の——線「と」と同じ用法のものをあとから選び、記号で答えなさい。（20点・一つ4点）

① 学校に行くと友人はすでにグラウンドで早朝練習をしていた。（　　　）
② 山を背景《はいけい》にして仲間と写真をとった。（　　　）
③ 私は期待と不安を抱《いだ》いて旅に出た。（　　　）
④ 「さあ出発だ」と気持ちをひきしめた。（　　　）
⑤ 彼女《かのじょ》はついに宇宙《うちゅう》飛行士となった。（　　　）

ア 買い物に出かけて、洋服とくつを買った。
イ 話を聞くと気持ちはすぐになごんだ。
ウ 姉といっしょに山に登った。
エ 返事は「はい」とはっきり言いたい。
オ 信頼《しんらい》される人となって世の中でがんばりたい。

〈昭和女子大附属昭和中—改〉

8 次の文の——線の中で、敬語《けいご》の使い方があやまっているものが一つあります。その記号を選び、正しい表現に直しなさい。（完答4点）

ア 「それでは、私が明日お宅《たく》におうかがいいたします。」
イ 「お目にかかったうえで、ご用件をうけたまわります。」
ウ 「母は最近、よく疲《つか》れるようになったと申しております。」
エ 「私の料理ですが、あたたかいうちにいただいてください。」

記号（　　　）　正しい表現（　　　）

〈かえつ有明中〉

チャレンジテスト②

（　月　日）

時間	合格点	得点
40分	70点	点

1 次の「手」、「目」はそれぞれどういう意味で使われていますか。最も適切なものをあとから選び、記号で答えなさい。（25点・一つ5点）

① もう少し手を加えると、もっとよくなるだろう。（　　）

② 手が足りないときは、いつでもお手伝いします。（　　）

③ いくらすすめられても、そんな手に乗るもんか。（　　）

④ 目先の利益には目もくれずに仕事にはげんでいる。（　　）

⑤ 最近の彼《かれ》のふるまいはいくらなんでも目にあまる。（　　）

ア 関心　**イ** 技巧《ぎこう》　**ウ** 修正　**エ** 許容
オ 計略　**カ** 能力　**キ** 労力　**ク** 手段《しゅだん》

〔帝塚山学院泉ケ丘中〕

2 次の（　）に色を表す言葉をあてはめたとき、一つだけ異《こと》なる色になるものを選び、記号で答えなさい。（5点）

ア（　）旗をあげる…降参《こうさん》する。
イ（　）写真…おおよその計画。
ウ（　）菜に塩…急に元気をなくしてしょんぼりする様子。
エ（　）田買い…企業《きぎょう》が翌年《よくねん》卒業する学生の採用で早期に内定を出すこと。

〔城北中〕（　　）

3 例にならって、次の（　）にあてはまる言葉をひらがなで答えなさい。ただし、それぞれの言葉は（　）内の字数であり、（　）内にある文字で始まるものとします。（15点・一つ5点）

例 真実だからといって、直接伝えるのは（た　）れる。（4）（答え）ためらわ

① みんなに愛されていたS選手は、多くの人に（お　）れながら引退した。（3）（　　）

② しっかりした筆運びに、先生の実直な人柄《ひとがら》が（し　）れた。（3）（　　）

③ 台風の接近で、スポーツ大会の開催《かいさい》が（あ　）れている。（4）（　　）

〔聖光学院中〕

4 次の言葉から異なる性質のものを一つ選び、記号で答えなさい。（5点）

ア 落ちる　**イ** 直す　**ウ** 集める
エ 消す　**オ** 焼く

（　　）

5 次の——線の言葉と同じ意味を表す言葉をあとから選び、記号で答えなさい。（20点・一つ5点）

① おもちゃを買ってと何度も何度も子どもにせがまれた。（　　）

② 先生に指名され、彼はゆっくりと口を開いた。（　　）

③ そっけなく彼のさそいを断るわけにはいかない。（　　）

④ そんなにがんこにならずに、受け取ってくれ！（　　）

ア かたくなに　イ しきりに　ウ むげに

エ おごそかに　オ おもむろに

〔玉川学園中〕

6 次の各文について、（　　）内の指示にしたがって答えなさい。（12点・一つ6点）

① 私《わたし》をおどろかせたのは、彼がうそをついたのです。

（——線部を主語に合うように直しなさい。）

（　　　　）

② 私は本を読みながら音楽をきいている弟を呼《よ》んだ。

（本を読んでいるのが「弟」だとわかるように、文中に一ヶ所「、」をつけなさい。）

（私は本を読みながら音楽をきいている弟を呼んだ。）

〔和洋九段女子中—改〕

7 次の各組の文の中で、——線のはたらきが同じものをそれぞれ二つずつ選び、記号で答えなさい。（12点・一つ6点）

①
ア ここからは歩いても行かれる。
イ ふと昔のことが思い出される。
ウ 校長先生が朝礼で話をされる。
エ 先生にいたずらを注意される。
オ 登校中の電車で足を踏《ふ》まれる。

（　　・　　）

②
ア 父は立派《りっぱ》でやさしい。
イ 頭痛《ずつう》で学校を休んだ。
ウ つかれたので休もう。
エ 雨で遠足に行けない。
オ 本ばかり読んでいる。

（　　・　　）

〔立正大付属立正中〕

8 次の文の中から、敬語《けいご》の使い方が正しいものを一つ選び、記号で答えなさい。（6点）

ア あの犬にこのエサをさし上げました。
イ どうか一度、私の家にうかがってください。
ウ がんばって勉強するようにと先生が申していました。
エ 父が先生の絵を拝見《はいけん》して、たいそう感心していました。

（　　）

〔日本大藤沢中—改〕

8 説明・論説《ろんせつ》の読解 ①（話題をつかむ）

（　月　日）

学習内容とねらい

説明・論説の文章を読むときは、まず全体を読み通して話題をつかみます。中心となる話題は、文章のはじめの段落《だんらく》に書かれていることが多いので、着目して読みましょう。

標準クラス

1 次の文章を読んで、あとの問いに答えなさい。

微生物《びせいぶつ》が人間に有益な物質をつくりだすことを「発酵《はっこう》」といいます。

この「人間に有益な」という点が重要で、①人間にとって有益でなければ、あるいは有害であれば、それは「発酵」ではなく「腐敗《ふはい》」ということになってしまいます。

②「発酵」も「腐敗」も微生物による現象であることに違《ちが》いはありません。その結果が人間にとって有益かどうかが異《こと》なるだけであって、メカニズムそのものは同じなのです。

発酵は人類が築きあげた偉大《いだい》な文化ですが、その主役は細《さい》菌《きん》や酵母、カビなどの微生物です。微生物という名がつくくらいですから、非常に小さな生き物です。どれくらい小さいかというと、だいたい一ミクロンから一〇ミクロン、一ミリメートルの一〇〇〇分の一から一〇〇分の一です。当然、目に見える存在《そんざい》ではありません。

目に見えないということはいいことでもあって、私《わたし》たちの周りは微生物だらけですから、見えてしまえば、それこそ＊ノイローゼになってしまいかねません。大人一人には、だいたい四兆個の微生物が棲《す》みついているといわれています。

この微小な存在でも間違いなく生き物ですから、食べ物を身体に取り入れて、分解して栄養源《えいようげん》にします。その過程で、糖質《とうしつ》などを分解して別の物質を生みだします。これが発酵です。

微生物の種類や分解する物質によって、生みだされるものは当然違ってきます。たとえば牛乳《ぎゅうにゅう》を空気にさらして放置しておけば、そこに腐敗菌がはいって、いわゆる「腐《くさ》った」状態になります。悪臭《あくしゅう》を放ち、もし人が飲めば、下痢《げり》や＊嘔吐《おうと》を引き起こして、食中毒になってしまいます。

ところが、牛乳に、腐敗菌ではなく、乳酸菌がはいってくると、数日間でブヨブヨとした半固形物になります。これがヨーグルトの原型で、美味《おい》しくて体にもよいものです。腐敗菌がはいって牛乳を腐らせた「腐敗」ではなく、乳酸菌による「発酵」ということになります。

大豆でも、腐敗菌がつけば腐ってしまうだけですが、酵母や乳酸菌、納豆菌《なっとうきん》などがつけば、③味噌《みそ》や醤油《しょうゆ》、納豆などになります。

世界各地で発酵の食文化は脈々と受《う》け継《つ》がれていますが、それぞれの風土によってさまざまな発酵菌が生育しているので、いろいろな発酵食品があります。つまり、気候やその地《ち》域《いき》ならではの生態系《せいたいけい》によって微生物は異なり、生みだされる発酵食品も異なってくるわけです。

　発酵ではカビも活躍《かつやく》しますが、カビはある程度の水分や湿《しっ》気《け》があるところでないと繁殖《はんしょく》できません。そこで、夏に高温多湿《たしつ》になる日本では④カビ食文化が発達してきました。もし日本にカビがなければ、日本酒はもちろん、焼酎《しょうちゅう》や味噌、醤油も、米酢《こめず》もみりんも生まれていませんでした。これに対してヨーロッパでは、カビがほとんどいません。乾燥《かんそう》した地中海性気候のためで、日本のようなじめじめした気候ではありませんから、カビが発生しないのです。そのため、⑤ヨーロッパにはカビ食文化がありません。せいぜいカマンベールチーズくらいのものでしょうか。

（小泉武夫《こいずみたけお》「発酵食品《はっこうしょくひん》の魔法《まほう》の力」）

＊ノイローゼ…神経症《しんけいしょう》。
＊嘔吐…胃のなかのものをはきだすこと。

(1) ――線①「人間にとって……なってしまいます」について、次の問いに答えなさい。

Ⅰ 「有益」とはどういうことですか。「～こと。」につながる形で本文中から十字で探《さが》し、ぬきだして答えなさい。

□□□□□□□□□□こと。

Ⅱ 「有害」とはどういうことですか。二十字以内で答えなさい。

(2) ――線②「『発酵』も『腐敗』も微生物による現象である」とありますが、発酵と腐敗は、微生物のどのような働きによって起こる現象ですか。わかりやすく説明しなさい。

（　　　　）

(3) ――線③「味噌や醤油、納豆など」に使われている微生物として、ふさわしくないものを次からすべて選び、記号で答えなさい。

ア 酵母　**イ** 乳酸菌　**ウ** 納豆菌
エ コウジカビ　**オ** 腐敗菌

（　　　　）

(4) ――線④「カビ食文化」とは、どのような地域で発達するのですか。本文中から「～地域」につながる形で十三字で探し、ぬきだして答えなさい。

□□□□□□□□□□□□□地域

(5) ――線⑤「ヨーロッパにはカビ食文化がありません」とありますが、それはなぜですか。本文中の言葉を使って答えなさい。

（　　　　）

ハイクラス

時間	合格点	得点
30分	70点	点

（　月　日）

1 次の文章を読んで、あとの問いに答えなさい。

タイヌビエは古くから田んぼをすみかとし、田んぼに適応して進化を遂《と》げてきたと考えられている。日本には、大陸から稲作《いなさく》が伝来した時期にコメに混じってやってきたといわれている。縄文《じょうもん》時代末期の遺跡《いせき》からはすでにタイヌビエの種子が発見されている。まさに古き歴史を持つ田んぼの雑草の名門なのだ。

田んぼは、雑草にとってはかなり厳《きび》しい環境《かんきょう》である。米作りのために、昔は何度も何度も頻繁《ひんぱん》に、しかもていねいに草取りが行なわれた。そんななかを生き抜《ぬ》かなければならないのだ。ごく小さな雑草ならば身を伏《ふ》せて逃《のが》れることもできただろうが、体の大きいタイヌビエには逃《に》げ場がない。①タイヌビエはどうやって身を守ればよいのだろうか。

ものまねで身を立てている芸人がいる。「芸は身を助ける」ではないが、実はタイヌビエも、ものまね芸で成功を収《おさ》めている。タイヌビエは、見た目にイネとそっくりな姿《すがた》をしている。そうして農家の目を欺《あざむ》いて田の草取りを切り抜けるのである。「②木を隠《かく》すときは森へ隠せ」の喩《たと》えどおり、田んぼにたくさんあるイネに紛《まぎ》れることで、タイヌビエはみごとに身を隠してしまうのである。カメレオンがまわりの風景と同化したり、ナナフシが木の枝に似た体や手足を持つように、別のものに姿を似せて身を隠すことを「擬態《ぎたい》」という。タイヌビエはイネに姿を似せる「擬態雑草」といわれている。

プロの農家でも簡単《かんたん》には区別できないくらいだから、子どもたちの田んぼ体験では、見間違《まちが》えてイネを抜いてしまう子どもがいたり、イネが順調に生育していると思っているとほとんどヒエだったり、というエピソードは尽《つ》きない。しかし、タイヌビエがただイネの姿に身をやつし、（　　）生きているかといえばそうではない。身を隠しながらも田んぼの肥料をいっぱい吸《す》って、来たるべきときに備えて着実に準備しているのである。

やがてタイヌビエが正体をあらわすときがやってくる。タイヌビエは蓄《たくわ》えた力で一気に茎《くき》を伸《の》ばして、イネが出穂《しゅっすい》する前に穂《ほ》を出してしまうのである。その登場は③鮮《あざ》やかすぎるほど鮮やかである。タイヌビエとイネとはもともとまったく別の種類だから、穂の形は似ても似つかない。本性をあらわしたタイヌビエの存在《そんざい》に人間が気がついたときは、もう遅《おそ》い。タイヌビエは、あっという間にバラバラと田んぼ一面に種子を落としてしまうのである。

④宝石《ほうせき》を守っていた多くの警官《けいかん》の一人こそが、実は変装《へんそう》した怪盗《かいとう》だった。そんな探偵《たんてい》小説を思わせるほどの鮮やかな変身に、高々と穂を伸ばしたタイヌビエの高笑いが聞こえてきそうである。きっと来年も多くのタイヌビエが芽生えて、草取りする人間を苦しめることだろう。こうなると人間にできる

のは、もはや歯ぎしりすることだけなのだ。

タイヌビエは、この勝利の味が忘《わす》れられなくなってしまったのだろう。特殊《とくしゅ》な環境である田んぼでのサバイバル術を徹《てっ》底的《ていてき》に発達させるうちに、ついには田んぼ以外の場所では暮《く》らせなくなってしまった。不思議なことにタイヌビエは田んぼ以外の場所ではほとんど見ることはできない。田んぼの外で生きる術《すべ》を忘れてしまったタイヌビエにとって、⑤皮肉なことに敵対しているはずの人間はなくてはならない存在になってしまったのだ。

（稲垣栄洋《いながきひでひろ》「身近な雑草のゆかいな生き方」）

(1) ――線①「タイヌビエはどうやって身を守ればよいのだろうか」とありますが、何から身を守るのですか。（14点）

（　　　）

(2) ――線②「木を隠すときは森へ隠せ」とありますが、「木」「森」はそれぞれ何のたとえですか。（16点・一つ8点）

木（　　　）

森（　　　）

(3) （　）にあてはまる言葉として最も適切なものを次から選び、記号で答えなさい。（12点）

ア やっとの思いで　イ 自信を持って

ウ のんきな様子で　エ わがもの顔で

（　　　）

(4) ――線③「鮮やかすぎるほど鮮やかである」とありますが、ここでの「鮮やか」はどのような意味で使われていますか。最も適切なものを次から選び、記号で答えなさい。（14点）

ア 新しくて気持ちよい　イ 胸《むね》がすくほどみごとだ

ウ いろどりがきれいだ　エ 明るくはきはきしている

（　　　）

(5) ――線④「宝石を守っていた多くの警官」とありますが、「多くの警官」は何のたとえですか。（14点）

（　　　）

(6) ――線⑤「皮肉なこと」とありますが、なぜ皮肉なのですか。わかりやすく説明しなさい。（16点）

（　　　）

発展

(7) この文章のタイトルとして最も適切なものを次から選び、記号で答えなさい。（14点）

ア「タイヌビエ　地べたで確実に生き残るには」

イ「タイヌビエ　自然界の偉大《いだい》な手品師」

ウ「タイヌビエ　効果的に身を隠す方法とは」

エ「タイヌビエ　ひねくれ者のねじれた戦略」

（　　　）

（恵泉女学園中―改）

9 説明・論説《ろんせつ》の読解 ②
(段落《だんらく》・構成をつかむ)

学習内容とねらい

説明・論説の文章を読むときには、それぞれの段落の内容をつかみ、段落間の関係をとらえることが大切になります。それぞれの段落の役割《やくわり》についても注意しましょう。

(　月　日)

標準クラス

1 次の文章を読んで、あとの問いに答えなさい。

二〇〇六年のトリノ・オリンピックで日本勢は低迷を続けていたが、ようやく最後の最後になって、荒川静香《あらかわしずか》選手が女子フィギュアで金メダルを獲得《かくとく》し、一気に盛《も》り上がりを見せた。

「静かなる湖の朝」を思い起こさせる荒川選手の演技は、跳《と》んだりはねたりする「元気なフィギュア」のスタイルに対して、みごとに「別の選択肢《せんたくし》」を見せてくれたのではないかと思う。得点にはあまり貢献《こうけん》しないとされても、観客を魅了《みりょう》する「イナバウアー」にこだわった荒川選手の快挙は、単に金メダルにとどまらない意味を持つ。

「金」「銀」「銅」を「1」「2」「3」と言い直してみればわかるように、メダルとは、つまりは参加した選手の中での(　A　)＝数字である。よく言われることだが、(　B　)が出るためには、敗者が存在《そんざい》しなければならない。全員に「1」という(　C　)の数字をプレゼントすることはできないのだ。

一方で、競技をしている選手たちにとっては、「順位」では捉《とら》えきれないさまざまなよろこびがあるのは当然のことである。自分を少しずつ高めていくこと。今までできなかった技ができたこと。ケガを乗りこえたこと。

人間の脳《のう》の中でつくり出される「うれしさ」は、さまざまであり、他人と比べてどうかということとは、(　D　)。

人間の脳は他人との関係性から多くのよろこびを得るが、その本筋《ほんすじ》は誰《だれ》かの役に立つことができたとか、心が通じ合ったという点にある。競技もまた関係性の一種であり、そこで一番になったということは、本当は(　E　)なことなのだ。

強いて言えば、一番になることで「人に認《みと》められる」「ほめられる」ということがうれしいのかもしれない。それでも、(　F　)、「一番」という数字自体に人間関係における根源《こんげん》的な意味があるわけではないのである。

荒川選手は、「ポイント(＝数字)につながらなくても、人がよろこぶことをやりたい」という思いを強く持っていたと伝えられている。

そのような、いわば脳にとっての「うれしさ」の本筋が金メダルにつながったのだから、これほどすばらしいことはない。

本質を見極めずに、単に順位にこだわるのは、「数字フェチ*」とでも言うべきだろう。

年収《ねんしゅう》、偏差値《へんさち》、年齢《ねんれい》。人間を惑《まど》わせる数字はたくさんある。

数字にこだわるまいと思っても、ついつい左右されてしまうのが人間である。軽い数字フェチは、進化の過程でそれなりに役に立ったらしい。

確かに、人間は皆《みな》、ある程度、数字フェチなのである。うれしいことがあったときに活動する脳の「報酬系《ほうしゅうけい》」は、「これだけの額のお金をあげます」などといった抽象的《ちゅうしょうてき》な刺激《しげき》でも活性化する。数字は、もともと人間の脳にとってはきわめて抽象的な概念《がいねん》である。その現実から離《はな》れた存在に自らのよろこびを託《たく》すことができるということが、人間ならではの「クセ」らしい。

学校の成績や、お小遣《こづか》いの額や、一国の経済《けいざい》成長率。数字に一喜一憂《いっきいちゆう》する人間は、動物たちから見れば、かなり奇妙《きみょう》な存在である。ときには、俺《おれ》たちはずいぶんヘンらしい、と反省することが必要だろう。

荒川選手の金メダルは、数字フェチたる人間のよろこびを、「他人をよろこばせる」という生きることの根源に結びつけてくれたのである。

（茂木健一郎《もぎけんいちろう》「すべては脳からはじまる」）

*フェチ…特定のものに異常《いじょう》な愛着を示すこと。

(1) ――線「単に金メダルにとどまらない意味を持つ」とありますが、荒川選手の金メダルにはどのような意味がありますか。本文中からその答えとなる一文を探《さが》し、最初の十字をぬきだして答えなさい。

(2) （ A ）（ C ）に共通してあてはまる言葉を、本文中から漢字二字でぬきだして答えなさい。

(3) （ B ）にあてはまる言葉を漢字二字で答えなさい。

(4) （ D ）にあてはまる最も適切なものを次から選び、記号で答えなさい。

ア 深い関係がある。
イ 本来関係ないのである。
ウ 数字にこだわることである。
エ 自分を向上させていくことである。
（　　）

(5) （ E ）にあてはまる最も適切なものを次から選び、記号で答えなさい。

ア 一時的　イ 自動的
ウ 一般的　エ 副次的
（　　）

(6) （ F ）にあてはまる最も適切なものを次から選び、記号で答えなさい。

ア たぶん　イ けっして　ウ なぜ　エ いくら
（　　）

(7) この文章を大きく二つに分けるとすると後半はどこからですか。最初の五字をぬきだして答えなさい。

〈帝京中―改〉

時間 40分　合格点 70点　得点　　点　（　月　日）

1 次の文章を読んで、あとの問いに答えなさい。

自分をつくる読書といっても、確信を得るばかりが自分をつくる道ではない。むしろためらうこと、溜《た》めることを「技」として身につけるのが、自分をつくる読書の大きな①道筋《みちすじ》だ。

本には実に様々なものがある。強烈《きょうれつ》な著者《ちょしゃ》もそろっている。正反対の主張のものも店先では並《なら》んでいる。私《わたし》は大学の授業では、学生に自主的なプレゼンテーションを一、二分でしてもらうことにしている。そのときに、毎回同じ著者の作品を発表する者がでてきてしまう。これは非常に②狭《せま》いプレゼンテーションだ。そうした学生の特徴《とくちょう》は、妙《みょう》に自分の(実は著者の)意見に確信を抱《いだ》いてしまっているということだ。充分《じゅうぶん》な教養もできていないのに、数冊《すうさつ》読んだだけで絶対の自信をもってしまうのは、③いかにも危険《きけん》だ。

多くの本を読めば、④一つひとつは相対化される。落ち着いていろいろな思想や主張を吟味《ぎんみ》することができるようになる。好きな著者の本を読むだけでは、⑤こうした「ためらう」心の技は、鍛《きた》えられない。すぐに⑥著者に同一化して舞《ま》い上がるというのでは、自己《じこ》形成とは言えない。

自己形成は、進みつつも、ためらうことをプロセスとして含《ふく》んでいるはずだ。人間は努力する限り［　A　］ものだと言ったのは、ゲーテ*だ。⑦一冊の絶対的な本をつくってしまうのならば、それは宗教《しゅうきょう》だ。冷静な客観的要約力をもって、いろいろな主張の本を読むことによって、世界観は練られていく。（　ア　）もちろん青年期には、何かに傾倒《けいとう》するということがあっても自然ではある。（　イ　）一つの本を読めば済《す》むというのではなく、その本を読むと次々にいろいろな本が読みたくなる。（　ウ　）そうした読書のスタイルが、自己をつくる読書には適している。（　エ　）

⑧ためらうというと、否定的《ひていてき》な響《ひび》きを持っているかもしれないが、ためらうことは力を溜めることでもある。一つに決めてしまえば気持ちは楽になるが、思考が停止してしまいがちだ。⑨思考を停止させずに吟味し続けるプロセスで、力を溜めることができる。本を読んでいると、著者に直接反論《はんろん》できるわけではない。

自分自身でその違和感《いわかん》を持った本について人に話しているときに、違和感の正体に自分で気づくということもある。読書は、完全に自分と一致《いっち》した人の意見を聞くためのものというよりは、「⑩摩擦《まさつ》を力に変える」ことを練習するための行為《こうい》だ。自分とは違《ちが》う意見も溜めておくことができる。そうした容量の大きさが身についてくると、⑪懐《ふところ》が深くパワーのある知性が鍛えられていく。

ためらうことや溜めることを、効率が悪いこととして排除《はいじょ》しようとする風潮《ふうちょう》が強まっている気がする。十代の後半などは、このためらい自体を雰囲気《ふんいき》として味わうのがふさわしい時期であったのだが、現在は効率の良さを求めるあまり、ためらう＝溜めることの意味が忘れられかけようとしている。本を読むという行為は、この「ためらう＝溜める」という心の動きを技として身につけるためには、最良の方法だと思う。

（齋藤《さいとう》 孝《たかし》「読書力」）

＊ゲーテ…ドイツを代表する文豪《ぶんごう》。様々な名作、名言を残しており、文筆家としての活躍《かつやく》と同時に、ヴァイマル公国の宰相《さいしょう》としても実績を残した。

(1) ——線①「道筋」とありますが、ここでの「道筋」と同じ意味の言葉を次から選び、記号で答えなさい。（6点）

ア 過程　**イ** 距離
ウ 言動　**エ** 重要

（　　）

(2) ——線②「狭い」とありますが、筆者はプレゼンテーションのどのような点について「狭い」と述べているのですか。最も適切なものを次から選び、記号で答えなさい。（6点）

ア 専門分野
イ 発表する時間
ウ ものの見方
エ 主張を聞く対象

（　　）

(3) ——線③「いかにも危険だ」とありますが、なぜですか。その理由として最も適切なものを次から選び、記号で答えなさい。（6点）

ア 数冊の本を読んだだけで著者の考え方を読み取ることはできないから。
イ 読んだ本が、実は自己形成をすすめてくれる本ではないかもしれないから。
ウ 読書の大きな道筋を教えてくれる著者などいないことに気がついていないから。
エ この読書の仕方では、ためらうこと、溜めることを「技」として身につけることができないから。

（　　）

(4) ——線④「一つひとつは相対化される」とありますが、どのような意味ですか。最も適切なものを次から選び、記号で答えなさい。（6点）

ア それぞれの本の、意見の違いを競わせて正しいものを見つけられるということ。
イ それぞれの本の主張を、別の本の主張と比較して理解することができるということ。
ウ それぞれの本の個性が均一化していき、どれも同じ本のように読むことができるということ。
エ それぞれの本の持つ主張を混ぜ合わせて、自分だけの考え方ができあがるということ。

（　　）

(5) ――線⑤「こうした『ためらう』心の技」とありますが、これはどういうことですか。その内容が示された部分をこれより前の本文中から、二十五字以内でぬきだして答えなさい。（8点）

(6) ――線⑥「著者に同一化して舞い上がる」とありますが、どのようなことですか。本文中の言葉を使って四十字以内で説明しなさい。（12点）

(7) A にあてはまる言葉として最も適切なものを次から選び、記号で答えなさい。（6点）

ア 読書する　**イ** 理解できる
ウ 楽しむ　**エ** 迷う

（　　）

(8) ――線⑦「一冊の絶対的な本をつくってしまう」とありますが、これと同じ意味で使われている「絶対」として最も適切なものを次から選び、記号で答えなさい。（6点）

ア この話は他人に絶対に言ってはいけない。
イ 彼にとって父親の言ったことは絶対である。
ウ 一つだけ、絶対理解できない問題がある。
エ しばらくは絶対安静にしなければならない。

（　　）

(9) 次の文は本文の四段落《だんらく》目からぬきだしたものです。どの部分に入りますか。最も適切な部分を本文中の(**ア**)～(**エ**)から選び、記号で答えなさい。（6点）

・しかし、その傾倒が一つに限定されるのではなく、傾倒すればするほど外の世界に幅《はば》広く開かれているというようであってほしい。

（　　）

(10) ――線⑧「ためらうということ、否定的な響きを持っている」とありますが、どのようなことから否定的に考えてしまうのですか。――線⑧よりあとの本文中から、七字でぬきだして答えなさい。（7点）

(11) ――線⑨「思考を停止させずに吟味し続けるプロセス」とありますが、同じ意味で使われている言葉を本文中から、六字でぬきだして答えなさい。（7点）

(12) 本文中の[　]の中の文を並びかえたものとして最も適切なものをあとから選び、記号で答えなさい。（6点）

A　はっきりとは言葉にして反論できなくとも、その溜めたものは、やがて力になっていく。

B　少し自分とは意見や感性が違うなと思うことももちろんある。
C　しかし、直接反論はできないので、その気持ちを心に溜めていく。
D　そして、別の著者の本を読んだときに、あのときに感じた違和感はこれだったのかと気づくこともある。

ア　A→B→C→D
イ　A→C→B→D
ウ　B→C→A→D
エ　B→A→D→C

(13)　――線⑩「摩擦」とありますが、ここではどのようなことを表していますか。最も適切なものを次から選び、記号で答えなさい。(6点)

ア　本について話している自分に違和感を持つこと
イ　本の読み方について議論すること
ウ　自分の意見と他人の意見が一致しないこと
エ　自分の考えを理解してもらえないこと

（　　）

(14)　――線⑪「懐が深くパワーのある知性」とありますが、どのようなものですか。最も適切なものを次から選び、記号で答えなさい。(6点)

ア　自分とは違う意見や感性をたくわえて自分の力に変えた知性
イ　強烈な著者の考えを溜めることによって確信となった知性
ウ　冷静な客観的要約力によって練られた世界観を持った知性
エ　自己流に読書のスタイルを作り出すことによって得た知性

（　　）

(15)　本文の内容として適切なものを次からすべて選び、記号で答えなさい。(完答6点)

ア　青年期には一つの考えに傾倒しすぎることは危険である。
イ　思考を停止させず吟味し続けるプロセスが絶対的な主張を作る。
ウ　プレゼンテーションを充分に行う経験が読書力を育てる。
エ　「ためらう」心の技を身につけるのに、読書は最適な手段である。

（　　）

〔大妻中野中―改〕

10 説明・論説《ろんせつ》の読解 ③（主張をまとめる）

学習内容とねらい

文章を通して、筆者がどんなことを伝えたいのかをつかみましょう。主張は、文章のはじめか終わりに書かれていることが多いので、特に注意して読みましょう。

〔　月　日〕

標準クラス

1 次の文章を読んで、あとの問いに答えなさい。

「市場の失敗*」は、どうカバーすればいいのか。そこで①政府の出番なのです。

国家とは、そこに住む人たちの生存《せいぞん》を守る組織です。その国家で、国民から選ばれて組織された政府が、国家の意思を代行して国民のための仕事をしています。

私《わたし》たちが生きていく上では、とりあえず自分や家族、そして友人たちの力に頼《たよ》っていくしかありません。しかし、世の中には、個人個人の力ではできないことも多数あります。それを実施《じっし》するのが政府なのです。

たとえば治安を守ることです。自分たちで武器を持って自分たちを守るには限界があります。治安を守るプロつまり警《けい》察官《さつかん》や検察官、裁判官《さいばんかん》、刑務所《けいむしょ》職員を雇《やと》って治安を維持《いじ》した方が効率的です。火事が起きたときのためには消防士も必要です。こういう仕事を、もし民間企業《きぎょう》に任せると、どんなことになるでしょうか。

「犯人を捜査《そうさ》して欲《ほ》しかったらボーナスをはずんでくれ」「火を消したかったら、出勤手当《しゅっきんてあて》を出してくれ」なんてことになったら大変です。こうした業務は、国民から税金を集めて専《せん》門《もん》職員を公務員として採用するのが、一番公平で、効率的なのです。

②教育もそうでしょう。個人で自分の子どもたちの教育をすることは可能でしょうが、社会全体の人々が読み書きできないと、交通信号も理解できないし、会社で働くこともできないという人たちが続出する恐《おそ》れがあります。法律《ほうりつ》が理解できない人たちばかりでは、治安が悪くなります。こう考えると、社会の人々にとって必要な最低限の知識・教養は、義務教育として政府が実施する必要があることがわかります。

社会保障《ほしょう》も同じことです。個々人が老後に備えて貯金をするにしても、中にはそれができない人もいます。できない人たちにとって③老後は悪夢です。「その前に荒稼《あらかせ》ぎしておこう」と考える人が出たら治安は悪化します。自分の将来《しょうらい》に不安を持たない人が増えれば、社会は安定します。

老後に備えることができない人たちのための年金制度や、医療保険《いりょうほけん》、介護《かいご》保険が充実《じゅうじつ》することで、その社会は安定したものになります。

市場の失敗によって貧富の差が拡大《かくだい》すると、社会が不安定になります。治安も悪くなるのです。貧富の差を解消することと、格差を是正《ぜせい》することは、治安を維持《いじ》し、④社会を安定したものにするために必要なのです。

「格差が拡大するのは、努力する人とそうでない人がいるから当然のことだ。格差があって何が悪い」

こう考える人もいることでしょう。しかし、格差が拡大して、将来に希望を持てない若者《わかもの》たちが犯罪に走れば、社会は住みにくいものになります。金持ちは、厳重に警備《けいび》された特別地区に住み、外出するときは警備員が同伴《どうはん》する。世界には、こうした国が現実に存在《そんざい》しますが、こんな状況《じょうきょう》は、決して住みやすいとは言えませんよね。

（池上《いけがみ》　彰《あきら》「『見《み》えざる手《て》』が経済《けいざい》を動《うご》かす」〈筑摩書房〉）

＊市場の失敗…ここでは、市場経済がうまく働かないことをさす。「市場経済」とは、商品の値段《ねだん》が、売りたい人と買いたい人の数によって決まる経済のしくみ。

(1) ――線①「政府の出番」が必要になるのはなぜですか。本文中の言葉を使って三十字以内で説明しなさい。

(2) ――線②「教育もそうでしょう」とありますが、「教育」について筆者はどのような考えを持っていますか。本文中から十九字でぬきだして答えなさい。

(3) ――線③「老後は悪夢です」とありますが、それはなぜですか。わかりやすく説明しなさい。

（　　　　）

(4) ――線④「社会を安定したものにするために必要なのです」とありますが、社会の安定のために必要なものとして、筆者は「治安維持」のほかにいくつか本文であげています。その中の一つを本文中の言葉を使って七字で答えなさい。

(5) この文章では、「格差をなくせば金持ちにとっても住みやすい社会になる」という主張がされていますが、それはなぜですか。最も適切なものを次から選び、記号で答えなさい。

ア 極端な税金の仕組みが、だれにでもわかりやすくなるから。

イ お金を持つことが、安全な環境の中で生活できることにつながるから。

ウ 犯罪が少なくなり、生活する上で制限が少なくなるから。

エ 治安が悪化することで、人々の防犯意識が高まるから。

（　）

〈千葉日本大第一中―改〉

ハイクラス

時間	合格点	得点
40分	70点	点

〔　月　日〕

1 次の文章を読んで、あとの問いに答えなさい。

一万数千年前、人類はついに農耕を発明する。ここに自然生態系《せいたいけい》以外の生態系が出現する。農耕は自然生態系の破壊《はかい》を恐《おそ》ろしく加速したことは間違《まちが》いない。（　Ａ　）、それによって人類は飢《う》えの恐怖《きょうふ》からかなり解放されたのだから、自然生態系の破壊もまた人類の福祉《ふくし》に貢献《こうけん》したわけだ。ヨーロッパなどでは太古からの自然生態系は恐らく全く残っていないと思われる。現在、最大の自然林が残されているのは南米アマゾンの流域《りゅういき》であるが、そこに住む人々にとってもまた、本当は原生林を切り拓《ひら》いて農地にした方が住み易《やす》いのかもしれない。そうであれば、①アマゾンの開発を止めることは不可能であるし、牧場で育てたウシを食い、田畑で育てた小麦や稲《いね》を食って生きている先進国の人々に②それを止める権利《けんり》もない。もし、アマゾンの原生林が人類にとって保存《ほぞん》すべき貴重《きちょう》な財産というのであれば、③そこに住む人々が林を切り拓いて牧場や畑にするよりも、原生林のまま保存しておく方が経済的《けいざい》利益が上がるような*方途《ほうと》を考えるより仕方がない。一番簡単《かんたん》なのは、原生林の所有者や所有国に対して、世界の人々や国がお金を払《はら》う仕組みを作ることだ。自然環境《かんきょう》の保全という観念からは、*京都議定書なんかより、④こっちの方がずっと役に立つ。

人間が原生林を切り拓いたからといって、生態系そのものがなくなってしまうわけではない。⑤人間の活動込《こ》みの生態系が出現するだけだ。こういった生態系に進出してきて適応した生物にとっては、原生林よりもこちらの方がありがたく、生物多様性の保全からは、人間の活動込みの生態系も結構大事なのだ、ということになろう。ごく素朴《そぼく》に考えて、我々の生存を脅《おびや》かさない限りにおいて、なるべくたくさんの種がいたり、なるべくたくさんの生態系があったりした方が楽しい。

ところで、人間の手の全く入ってない原生自然（今やそういう所は極めて稀《まれ》だろう）から管理された畑や公園まで、人間の関与《かんよ》の程度は様々であるが、人間の手入れ込みの系が安定的に存続するためには、手入れ自体が*コンスタントに行われる必要がある。

人間の手入れによって、安定的な生物多様性を維持《いじ》している典型例は里山であろう。里山は日本の伝統的な農業形態によって出現し、維持されてきた、農地とそれを取り巻《ま》く林や草地を含《ふく》むシステムである。日本では縄文《じょうもん》時代から集落の周辺の森林を伐採《ばっさい》して利用してきた。*第一章で述べた縄文時代の青森県の遺跡《いせき》三内丸山《さんないまるやま》ではクリを栽培《さいばい》していたと思われるが、クリは*陽樹《ようじゅ》であり、伐採跡地《あとち》によく生息することから、当時の人が原生林を伐採し、いわゆる雑木林を成立させていたことがわかる。

東京近郊《きんこう》あたりの気候では、林は放置しておくとアラカシやツブラジイといった常緑広葉樹の*極相になる。それを伐採し続けると、コナラやアベマキの落葉広葉樹の林になる。アラカシのような［1］は根に養分をあまり蓄《たくわ》えておらず、逆にコナラ等の［2］は養分をたくさん蓄えているため、伐採されると再生力に差が生じ、結局、人手が加わっている限り、［3］の林が維持されることになる。ひとたび、［4］の安定的な林が成立し、維持されると、今度は⑥そのことを条件とする下草が生える。たとえば、落葉樹の林では春は*林床《りんしょう》まで良く陽《ひ》が当たるため、そのことを生息の条件とするカタクリのような草が繁栄《はんえい》する。

植物相が変化すると、それに応じて昆虫《こんちゅう》相や小動物相も変化し、いわゆる里山の生態系が出現することになる。雑木林に隣接《りんせつ》する田畑や、水系などを含めれば、里山の生態系は複雑であり、生物多様性は原生自然に*匹敵《ひってき》すると言えるだろう。しかも、そこに存在するのは原生自然とは異《こと》なる生物多様性である。

ギフチョウやオオムラサキ、トウキョウサンショウウオといった、日本で今、個体数が激減《げきげん》している昆虫や小動物のかなりのものは里山の生物だ。天然記念物にして採集を禁止するといった⑦保護のふりだけのやり方では、こういった生物は保護できない。里山そのものを保全しなければどうしようもない。かつて里山は、人間の経済活動の結果、［a］に出現した生態系であった。農業の形態が変化した以上、滅亡《めつぼう》してゆくのは仕方がないという考え方もあるだろう。里山などなくとも、人類の生存にも日本の存続にも何の影響《えいきょう》もない。里山が消滅して百年も経《た》てば、里山に*郷愁《きょうしゅう》を感じる人も死に絶えて、文句を言う人もいなくなり、⑧メデタシ・メデタシとなるのかもしれない。

しかし、せっかく存在するのだから、存続した方がよいという考えの人も多いだろう。私もそう思う。ただしそのために莫大《ばくだい》な税金を注ぎ込むのだけはやめた方がよい。人の命にかかわるようなことは別として、税金を勝手に使ってはいけない。外来生物*駆除《くじょ》と同じように新たな*利権が出現するだけだ。ではどうするか、里山の保全も含め、⑨自然保護を市場に組み込むことを考えようではないか。

（池田清彦《いけだきよひこ》「環境問題のウソ」）

＊方途…解決するための方法。
＊京都議定書…地球温暖《おんだん》化防止のために世界が協力してゆく枠組《わくぐ》みを定めた約束。
＊コンスタント…いつも一定しているさま。
＊第一章で述べた…第一章では、地球温暖化について述べられており、その中で青森県の三内丸山という遺跡についての記述がある。
＊陽樹…陽光が十分当たる場所で生育する樹木。
＊極相…生物群集。特に植物がその地域の環境に適合し長期に安定した群集の状態。
＊林床…森林の地表面。
＊匹敵する…比べてみて同程度であること。肩《かた》を並《なら》べること。
＊郷愁…過去のものや遠い昔などにひかれる気持ち。
＊駆除…害をあたえるものをおいはらうこと。
＊利権…利益を得る権利。特に業者が役人や政治家とぐるになって獲得《かくとく》す

る権益。

＊市場…マーケット。売り手と買い手が特定の商品を取引する場所。

(1) 文中の（　Ａ　）にあてはまる言葉を次から選び、記号で答えなさい。（7点）

ア なぜなら
イ しかも
ウ しかし
エ つまり

（　　）

(2) ——線①「アマゾンの開発を止めることは不可能である」とありますが、筆者がそのように述べているのはなぜですか。本文中の言葉を使って四十字以内で説明しなさい。（10点）

(3) ——線②「それ」、——線③「そこ」、——線④「こっちの方」とありますが、それぞれ何をさしていますか。次の条件で本文中からぬきだして答えなさい。（21点・一つ7点）

② 二字の熟語《じゅくご》
③ 十字以内の地域を表す言葉
④ 「〜方」につながる形で五字

②
③
④ 方

(4) ——線⑤「人間の活動込みの生態系」とありますが、これと同じ意味の語句を「〜の生態系」に続くように、本文中から二字でぬきだして答えなさい。（7点）

の生態系

(5) 文中の 1 〜 4 にあてはまる言葉の組み合わせとして最も適切なものを次から選び、記号で答えなさい。（7点）

ア 1…常緑広葉樹　2…落葉広葉樹　3…落葉広葉樹　4…落葉広葉樹
イ 1…常緑広葉樹　2…常緑広葉樹　3…落葉広葉樹　4…常緑広葉樹
ウ 1…常緑広葉樹　2…落葉広葉樹　3…常緑広葉樹　4…落葉広葉樹
エ 1…落葉広葉樹　2…常緑広葉樹　3…常緑広葉樹　4…常緑広葉樹

（　　）

(6) ——線⑥「そのことを条件とする下草」とありますが、どのようなものですか。本文中から植物名を一つぬきだして答えなさい。（7点）

（　　）

(7) ――線⑦「保護のふりだけのやり方」とありますが、どのようなやり方ですか。本文中の言葉を使って答えなさい。(10点)

（　　　　　　　　）

(8) [a]にあてはまる言葉として最も適切なものを次から選び、記号で答えなさい。(7点)

ア 楽観的
イ 暴力的
ウ 積極的
エ 必然的

（　　）

(9) ――線⑧「メデタシ・メデタシとなる」とありますが、この表現についての説明として最も適切なものを次から選び、記号で答えなさい。(8点)

ア 昔の里山をなつかしむばかりで今の里山を保全しようとしない人や里山に対して文句を言うような人がいなくなれば、消滅した里山も復活させられると喜んでいる。
イ 農業の形態の変化によってもたらされる里山の消滅に対して、百年も経てば筆者自身も里山に郷愁を感じたり文句を言うようなこともなくなると予測している。
ウ 筆者としては里山がなくなると残念ではあるが、里山がなくともよいという人にとっては問題点のない解決となるので、それで喜ぶ人たちを心から祝っている。
エ 里山の減少が問題とされることもなくなり、一見すると問題が解決したのと同じような状況《じょうきょう》になるが、実際には里山が消滅するという状況への皮肉をこめている。

（　　）

(10) ――線⑨「自然保護を市場に組み込むこと」とありますが、これはどのようなことですか。それについて説明した次の文の[　]にあてはまる最も適切な言葉を、本文中から五字でぬきだして答えなさい。(8点)

・自然保護が[　]につながるようにすること。

(11) この文章全体を通しての筆者の主張として最も適切なものを次から選び、記号で答えなさい。(8点)

ア 里山とは、生物多様性をもたず、農地と人間の関係によって保たれているものである。
イ 人間の手入れ込み系を安定的に存続させるためには、手入れがいつも行われることが大切である。
ウ 農耕の発明によって、自然生態系の破壊がすすみ生物多様性が保存されなくなった。
エ アマゾンの原生林の開発を止めるためには、京都議定書に書いてあることが有効だ。

（　　）

〔共栄学園中―改〕

時間 40分　合格点 70点　得点　点　（　月　日）

1 次の文章を読んで、あとの問いに答えなさい。

いったんケータイを使い出すと、日本人は誰《だれ》しも①たいへん奇妙《きみょう》な感覚におそわれるようだ。常に自分のそばに置いておかないと、落ちつかない気分に陥《おち》る。

私《わたし》の研究所に勤務《きんむ》している同僚《どうりょう》は、職場から四キロメートルほど離《はな》れた場所に住居を構えていて、毎日、自家用車で通《つう》勤《きん》している。単身で暮《く》らしていて、ほとんど誰かから連絡《れんらく》がくることはないという。それでも、自宅《じたく》にケータイを忘《わす》れてくると、わざわざ取りに戻《もど》る。かかってくるあてが見込《みこ》まれなくとも、やはり肌身《はだみ》離さないようにしておかないと、気がすまないらしい。

大事なのはメッセージではない。それどころかメッセージが来るかどうかということですらない。メッセージがもたらされるチャンネルが確保されているかどうか、という点に関心の主眼が置かれるようになってしまっているのだ。

チャンネルがないという事実そのものが、人を不安にする。本来の意味での文化的な社会における生活でなら、人々は互《たが》いに自分たちの考えを交換《こうかん》し、主張の中に共通点を見出《みいだ》しては共感したり、連帯感を抱《いだ》いたりしていた。反対に、考えが異《こと》なると敵意をむき出しにすることもあった。②だが、今は違《ちが》う。

メッセージなど、大して意味を持たない。互いに同じ回路を共有していることそのもので連帯感が形成される。そういう傾向《けいこう》はもちろんマスメディアの普及《ふきゅう》と無関係ではない。「大衆《たいしゅう》社会の到来《とうらい》」ということがうんぬんされたのは、もう一〇〇年も昔のことである。

最初はラジオだった。ヒトラーひきいるナチスによるドイツ支配は、ラジオの普及ぬきには不可能だったことだろう。次に電話網《でんわもう》、そしてテレビができ上がった。*力道山《りきどうざん》の活躍《かつやく》に人々が③テレビ受像機に群がったあたりから、今日の兆候が*萌芽《ほうが》しだした。

しかしながら、テレビが各家庭に備えられるようになった一九六〇年代後半から一九七〇年代初頭においても、それはあくまで一家に一台というものにとどまっていた。人々は受像機の前に集まらねばならなかった。

そのころ「*ナウい」社会的コミュニケーションの新形態として、二段階《だんかい》説なるものがしきりと提唱された。テレビを媒《ばい》介《かい》とするのが、まさにそれにあたる。モニターに配信されるメッセージの経路が第一段階、それを共有する人々、すなわち対面集団が第二段階、というわけである。第一段階での情報の操作《そうさ》によって、対面集団の意識がコントロールされてしまうと*危惧《きぐ》されたころでもあった。

コミュニケーションにおける対面的状況《じょうきょう》の重要性を決定的に破壊《はかい》したのが、ケータイの発明である。個と個がじかに、しかも顔をつき合わせずに情報交換できるようになった。個と個が直接に情報交換するという意味では、ラジオの発明以前の状況へ戻ったように思われるかもしれない。しかし、④双方《そうほう》をまったく別なものに仕立て上げているのは、集団のまとまりを表示する境界というものが、ケータイの下では完全にとっぱらわれてしまったという点にある。

　自分たちが属しているというコミュニティーの輪郭《りんかく》が見えないのである。イメージでいうと、（　Ａ　）ようなものである。これは、現実にその場に居合わせた私たちが実感している以上に、たいへんな変化を私たちの社会的意識にもたらしているだろう。

　どこかに帰属しているという認識《にんしき》を持てなくなってしまった。規範《きはん》*やシンボリックな価値《かち》を失うのも、当然の成り行きというものである。そこで無数の外部の他者を結びつけている媒体にすがりつくこととなる。そして媒体を介して、同じ対象を見たり、聞いたり、感覚することによって、帰属欲求《よっきゅう》を充足《じゅうそく》させようとするだろう。

　技術の進歩、ひいては文明の発展《はってん》は、人間の生活において選択《せんたく》の幅《はば》を拡大《かくだい》する方向に作用するはずである。確かに現代人のライフスタイルは、多様化を遂《と》げた。しかしながら、それにもかかわらず、ある特定の時期の人々のスタイルがどれほど多様であるかを調べてみた場合、意外なほど誰もが斉一《せいいつ》*的《てき》な選択を行っていることに気づくはずである。

　選択の幅が広いことと、それを人々が十分に活用しているかどうかはまったくの別問題である。むしろ、広さに人々はとまどっているようにも見受けられる。情報量は格段に豊富になった。むろんＩＴ技術の進歩の賜物《たまもの》である。では、何をその中から選べばよいのか？

　選ぶ行為《こうい》の判断基準となるのは、他の人々がどうしているかに、ひとえに依存《いぞん》してくる。むろんケータイを介した情報が、その拠《よ》り所となる。そして⑤ケータイは、膨大《ぼうだい》な人間をネットワークに含《ふく》んでしまっている。

「彼《かれ》（彼女《かのじょ》）はＡを選んでいるから、私は異《こと》なるＢを……」という判断がその際になされることは、ほとんどありえないのである。結果として、（　Ｂ　）ファッションが流行し、また別のファッションに取って代わられていく過程が、はてしなくつづく。あるテレビタレントが人気を博すや、一週間を通じてさまざまな番組に登場し、すぐに消えていく。

　ヒット曲も、それぞれのサイクルは短く、めまぐるしく変わっていく。選択肢《せんたくし》の多様化は、流行の周期を短くするだけの効果をもたらしたにすぎず、人々はそれに追従《ついじゅう》するだけに精一杯《せいいっぱい》という⑥珍妙《ちんみょう》な事態を迎《むか》えるにいたっているのだ。

　こうした現象は、他方で昨今の「自分探し」の流行と表裏《ひょうり》一体をなしているように思われる。「自分というものがわからない」あるいは「自分が本当に何を求めているのか、自分でわからない」という声をしきりに耳にするようになった。帰属する対象を失って、人間は一見すると自由に振《ふ》る舞《ま》えるようになったかに見えるものの、実はまったく不自由な状態に陥って、自分が把握《はあく》できなくなっているらしい。

（正高信男《まさたかのぶお》「考えないヒト」）

＊力道山…プロレスラー。当時、外国人レスラーをたおす様子が人気を呼《よ》び、日本中のヒーローとなる。
＊萌芽…物事がはじまること。きざし。
＊ナウい…今風の。（一九七〇年代ごろから一九八〇年代にかけて流行した若者《わかもの》言葉。）
＊危惧…うまくいかないのではないかと、あやぶむこと。
＊シンボリック…象徴的《しょうちょうてき》な様子。
＊斉一的…どれもみな同じようであること。整いそろっていること。

(1)　――線①「たいへん奇妙な感覚におそわれる」とありますが、どういう点で「たいへん奇妙」なのですか。「～と思う点。」に続くように、本文中の言葉を使って三十字以内で答えなさい。（10点）

と思う点。

(2)　――線②「だが、今は違う」とありますが、コミュニケーションの形態が変わった結果、昔と今では人々の交流の仕方がどのように変わったのですか。わかりやすく説明しなさい。（10点）

（　　　　）

(3)　――線③「テレビ受像機に群がったあたりから、今日の兆候が萌芽しだした」とありますが、「今日の兆候」が表す内容として最も適切なものを次から選び、記号で答えなさい。（10点）

ア　個人が直接他者と顔を合わせて情報を共有するという状況《じょうきょう》の重要性が失われつつあるということ。
イ　社会に対する人々の関心や興味が、以前より広くかつ表面的なものに変化しつつあるということ。
ウ　個人と個人が携帯《けいたい》電話などで、より密接《みっせつ》に結びつくことで個性が失われてきつつあるということ。
エ　通信情報技術の発展《はってん》により、個人が独自の情報を多くの人に発信するようになりつつあるということ。

（　　）

(4)　――線④「双方をまったく別なものに仕立て上げている」とありますが、双方の同じ点と違う点はそれぞれどこにありますか。その説明として最も適切なものを次から選び、記号で答えなさい。（10点）

ア　手軽に情報を送ることができるという点では同じだが、ラジオやテレビは一度に大勢の人に情報を発信することが得意なのに対し、ケータイでは一対一の情報のやりとりにこそ優《すぐ》れた効果を発揮《はっき》できるという点が違う。
イ　人と直接顔をつき合わせなくてもすむという点では同じだが、ラジオやテレビは一方向的に情報を発信するだけなのに対し、ケータイでは双方向的なコミュニケーションが可能となり、より確かなつながりを生んだという点が違う。

ウ　個と個が直接情報交換をする点では同じだが、ラジオ発明以前は情報交換そのものが大切な意味をもっていたのに対し、ケータイでは回路がつながっていることが大切で情報そのものはあまり意味をもたないという点が違う。

エ　個と個が直接つながる点では同じだが、ラジオ発明以前は人と直接顔を合わせることでそこに集団のまとまりができたのに対し、ケータイでは直接顔を合わせる必要もないために個と個の分離《ぶんり》がさらに進んでしまったという点が違う。

発展

(5)（　A　）にあてはまる言葉として最も適切なものを次から選び、記号で答えなさい。(10点)　（　　）

ア　果てしない大海原に、一そうの小舟《こぶね》でこぎ出していく

イ　果てしない砂漠《さばく》のまん中で、見わたす限り人間が群がっている

ウ　一つのエレベータの中に、大勢の人がひしめき合っている

エ　巨大《きょだい》な競技場の中に、たった一人でいる

(6)（　B　）にあてはまる言葉として最も適切なものを次から選び、記号で答えなさい。(10点)　（　　）

ア　駄菓子屋《だがしや》の店先のように雑多な

イ　泥沼《どろぬま》の中の白鳥みたいに際立《きわだ》った

ウ　群れる鳥や魚のように均一の

エ　観賞用の熱帯魚みたいに色鮮《あざ》やかな

(7)　――線⑤「ケータイは、膨大な人間をネットワークに含んでしまっている」とありますが、このような特徴を持つケータイのことを表した表現を本文中から十八字で探《さが》し、最初の五字をぬきだして答えなさい。(10点)

(8)　――線⑥「珍妙な事態」とありますが、なぜ「珍妙」なのですか。次の（　a　）〜（　e　）にあてはまる言葉を本文中から探し、それぞれの字数に合わせてぬきだして答えなさい。二つの（　a　）には、同じ言葉が入ります。(30点・一つ6点)

・技術の進歩は人間の生活における（　a　四字　）を（　b　四字　）ものであるはずなのに、情報量が（　c　二字　）になっても（　a　）の広さに（　d　五字　）しまい、他《ほか》の人の選択に（　e　六字　）になってしまっているから。

a（　　）
b（　　）
c（　　）
d（　　）
e（　　）

チャレンジテスト③・2

時間 40分　合格点 70点　得点　点

〔　月　日〕

1 次の文章を読んで、あとの問いに答えなさい。

ここ十年くらいの間で、①日本語の絶対語感で、いちばん目まぐるしく変化したのは、いわゆる「ら抜《ぬ》き」ことばの広まりでしょう。

「ここで弁当たべれますか」

「ゆうべ、よく寝《ね》れませんでしたので……」

「熱を出して、試験を受けれませんでした」

「この車、あと二人は乗せれるから、みんないっしょに行かれるでしょう」

こういう使い方は、五十年前までは、はっきり誤《あやま》りとされていました。（　Ⅰ　）という意味で動詞を使うときの語尾《ごび》＊が、変わってきたのです。そういうことばを耳にして、崩《くず》れた、乱《みだ》れたという人も、まだすくなくはありませんが、若《わか》い人を中心に、このような言い方が、すでに大半を占《し》めています。絶対語感が変わってしまったのです。ことばは多数決原理によって動くものですから、大半の人が十年も使っていれば、はじめはどんなに誤りだといわれたことばでも、公認《こうにん》されて、慣用になってしまうものです。絶対語感も多数派の慣用にもとづいています。

「この景色は、とても美しい」という言い方があります。これは、文章では、いまもいやがる人もあるようですが、（　Ⅱ　）ことばでは、ほとんどみんな抵抗《ていこう》なく使っています。

ところが、これは、大正時代になって現れた新語法なのです。はじめは、はっきりと誤用《ごよう》だとされていました。

本来、「とても」ということばは、否定《ひてい》のことばで結ばれるものでした。（　Ａ　）、

「この料理はとても食べられたものではない」

というのが、正しい用法だったのです。ところが、いつのまにか、「とてもおいしい」などと使われるようになり、古い絶対語感にかえて、新しい絶対語感をつくりあげたわけです。はじめは②許しがたいことのように思われたこのことばも、多くの人がどんどん使うようになったために、ついに古い絶対語感が降参《こうさん》して、これを新しく慣用として認《みと》めることになったのです。

「ら抜き」ことばは、文法の誤りだと呼《よ》ぶ人がすくなくありませんでしたが、その広まりは一向に衰《おとろ》えません。そしてとうとう、国語審議会《こくごしんぎかい》＊まで、半ば認めざるを得ない状況《じょうきょう》になりました。「着れる」「信じれる」「続けれる」などは、いずれも「ら抜き」ことばです。ただし、「れる」で終わるのがすべて「ら抜き」ことばだというわけではありません。

「まだまだ走れる」

「このハサミ、よく切れますね」

「これさえあれば、クルミの殻《から》も、かんたんに割《わ》れます」

これらは「ら」が抜けているのではありません。これは、

日本語の文法に照らしても、「ら」のないのが正しいのです。「あまり食べれません」は「ら抜き」ですが、「このナイフはよく切れる」は、そうではありません。「よく切られる」とすれば、可能の意味ではなく、受身の意味になります。「ナイフが切られる」などというのは、意味をなさなくなります。

　これまでの日本語の文法では、上一段*、カ行変格*活用の動詞は「られる」と「ら」を入れて可能を示し、その他の五段*活用の動詞には「れる」の語尾をつけるとされてきました。けれども日常生活で、どれが上一段、下一段*で、どれが五段活用の動詞かなどと考えている人はいないでしょう。学校で習ったかもしれませんが、忘《わす》れてしまっているでしょう。忘れていても、ずっと「れる」と「られる」を正しく区別して使ってこられたのは、こどものときに身につけた絶対語感によります。口が覚えていたからです。

　戦後、家庭におけることばのしつけ、はじめのことばの教え方がおろそかになって、絶対語感が固まらないまま育ってしまった人たちがふえてきたために、日本語の絶対語感が崩れたといえるでしょう。「見れる」「寝れる」「食べれる」ということばを何の抵抗もなく使う人は、幼《おさな》いときに「見られる」「寝られる」「食べられる」という言い方を知らないまま、絶対語感を固めてしまったのです。

　消えたのは、「ら」ばかりではありません。「い」も抜けかけています。これを「ら抜き」ことばにならって「い抜き」ことばと呼んでいる人もいます。

「走っている」が「走ってる」

「勝っている」が、「勝ってる」

などといった具合で、話しことばでは、「いる」が、みな「る」に退化しようとしているのです。（　B　）、改まった文章では、やはり「いる」でなくてはいけません。このような「ら抜き」や「い抜き」の現象は、③ことばをなるべく短くしようとする、新しい時代の好みの表れと見ることもできます。ことばにも節約の原則というものがあります。それでなるべく短くしようという気持ちがはたらきます。

　短くするのに、省略形があります。固有名詞には、漢字がいくつも並《なら》んでいることが多いため、長いものがすくなくないのですが、言語の経済《けいざい》法則とでもいうのでしょうか、短縮《たんしゅく》され、略語になるのです。「生活協同組合」と言う人はいません。「生協」という略語を使います。文部省が文部科学省という新しい組織に変われば、さっそく「文科省《もんかしょう》」という略《りゃく》称《しょう》が使われます。「カンポ」は簡保《かんぽ》、簡易生命保険の略ですが、ローマ字のカンポはアメリカの金融《きんゆう》市場で、一大勢力として④一目おかれています。アメリカ人は、「カンポ」が簡易生命保険の略であることは、もちろん知らないでしょう。中抜きのことばです。

　⑤略語でも面倒《めんどう》だというのでしょう。ローマ字の頭文字《かしらもじ》だけにしてしまうことも多いようです。JRはJapan Railwayの頭文字で、Japan Railwayは日本旅客《りょかく》鉄道株式会社を英語にしたものです。JR、JRと言っている人の大半は、そんなことは知るよしもありません。ありがたいことに、ことばは知らなくても、列車に乗るには差支《さしつか》えがないのです。N

TTがNippon Telegraph and Telephone(Corporation)の略であることを知っている人が、どれほどいるでしょうか。（ C ）、もとの日本名、日本電信電話株式会社の名を知る人も、ほとんどいないと思われます。公社だったころは、電電公社と呼ばれていましたが、電電とはなんのことか、知ろうともしないで使っていました。

NHKは日本放送協会のローマ字書きの頭文字をとったものです。古くからの名だけあって、おとなしい略称ではありますが、日本放送協会という名前を見て、NHKとは別の「協会」でもあるのかと、誤解する人もなかにはいるようです。

世の中が忙《いそが》しくなり、テンポが早くなると、ことばも短くなる傾向《けいこう》がつよまります。アメリカの学者によると、大きな戦争があるごとに、ことばは短くなるといいます。短くならないものは、頭文字だけになります。急ぎの通信に長いことばは不便だからです。新聞も大事件の見出しにはなるべく短いことばを使おうとします。

日本語で、ことばが消える、一部が落ちる、というのも、つまりは、背後《はいご》のそういう社会的事情によるのでしょう。こどもにことばを教える親は、めいめいの絶対語感をもっています。それを急に変えることは困難《こんなん》ですが、⑥すくなくともそれが、これまでのことばとどのように異《こと》なるかの反省は必要でしょう。

（外山滋比古《とやましげひこ》「わが子に伝える『絶対語感』」）

＊語尾…この文章では、他の言葉のあとについて意味を加えたりはたらきを助けたりすることば(助動詞)をさしていると考えられる。

＊国語審議会…日本の国語政策《せいさく》について話し合う会議。現在は文化審議会国語分科会がその役割《やくわり》を担《にな》っている。

＊上一段・カ行変格活用・五段活用・下一段…動詞(ものの動き・はたらき・存在《そんざい》などを表すことば)を活用(他の語とのつながりによって語形が変化すること)の違《ちが》いによって分類したときの名称。

(1) ——線①「日本語の絶対語感で、いちばん目まぐるしく変化したのは、いわゆる『ら抜き』ことばの広まりでしょう」とありますが、「絶対語感」が「変化する」とはどのようなことでしょうか。四十五字以内で答えなさい。(10点)

(2) （ Ⅰ ）・（ Ⅱ ）にあてはまる言葉を、（ Ⅰ ）はひらがな三字、（ Ⅱ ）は漢字を含《ふく》む二字でそれぞれ答えなさい。(16点・一つ8点)

Ⅰ

Ⅱ

(3) （ A ）～（ C ）にあてはまる言葉として最も適切なものを次からそれぞれ選び、記号で答えなさい。(24点・一つ8点)

ア なぜなら　イ たとえば
ウ さらに　エ ただし

A（　　）B（　　）C（　　）

(4) ——線②「許しがたいことのように思われた」とありますが、どのような理由で、許しがたいと思われていたのですか。本文中の言葉を使って三十五字以内で答えなさい。（10点）

(5) ——線③「ことばをなるべく短くしようとする、新しい時代」とありますが、なぜ時代が新しくなると、「短くしようとする」のですか。その理由を述べた部分を「〜から。」に続くように、本文中から十八字でぬきだして答えなさい。（10点）

から。

(6) ——線④「一目おかれています」とありますが、どのような意味ですか。最も適切なものを次から選び、記号で答えなさい。（10点）

ア 嫌《きら》われている　イ 重視《じゅうし》されている

ウ 規定されている　エ 恐《おそ》れられている

（　　）

(7) ——線⑤「略語でも面倒だというのでしょう。ローマ字の頭文字だけにしてしまうことも多いようです」とありますが、筆者はこのことについていくつかの例をあげています。これらの例に共通したこととして筆者が述べていることはどのようなことですか。最も適切なものを次から選び、記号で答えなさい。（10点）

ア どういう固有名詞を略したものかということをほとんど意識しないで略語を使っていること。

イ 略語は作り方によってはもとの固有名詞と違う言葉を連想してしまう危険性《きけん》があること。

ウ 気軽に略語を使っていると本来の固有名詞の意味とは異なった意味で用いるようになること。

エ 固有名詞を英語に訳《やく》してから略語にするよりも日本語の頭文字をとったほうがわかりやすいということ。

（　　）

(8) ——線⑥「すくなくともそれが、これまでのことばとどのように異なるかの反省は必要でしょう」とありますが、筆者のいう「反省」とはどのようなことですか。「絶対語感」という言葉を使って四十字以内で答えなさい。（10点）

〈神奈川大附中―改〉

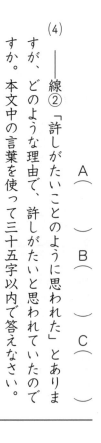

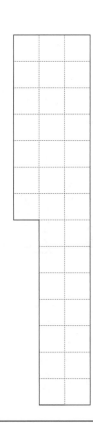

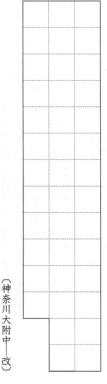

11 物語・小説の読解①（場面を読み取る）

（　月　日）

学習内容とねらい

物語・小説の問題に取り組む際には、場面を手早くつかむことが大切になります。いつ・どこで・だれが・何を・どうしたかに着目して読んでいきましょう。

標準クラス

1 次の文章を読んで、あとの問いに答えなさい。

〈ぼくは、十二月の中ごろ、鹿児島《かごしま》県の屋久《やく》島の吉助《きちすけ》おじさんにさそわれてシカ狩《が》りに来た。おじさんの狩人《かりゅうど》なかまの次郎吉《じろきち》さんとともにシカたちのリーダー「片耳《かたみみ》の大シカ」を追うが、途《と》中《ちゅう》で冷たく激《はげ》しい雨がぼくたちをおそってきた。〉

ぼくたちは、どのようにして歩き、どうして、そこまで、命がたすかってたどりついたかわかりません。

崖《がけ》の中腹《ちゅうふく》にぽかっと口をあいている、ほらあなの中にころげこみました。

「おお、霧《きり》がほらの、ほらあなだ。」

と、いったきり、さすがのおじさんも、aそこにべったり、しりもちをついたまま、動けなくなってしまいました。

外では、（　A　）と風と雨がうなっていたが、あなの中は、（　B　）としずまりかえって、ふしぎに風も雨もふきこんではきませんでした。

ぼくたちは、しばらく、（　C　）として、あほうのように、べったりすわったままでいるのでした。

が、おちついてくると、また、がまんのできないほどの寒さがおそって、中風病《ちゅうふうや》みのようにからだじゅうが、（　D　）ふるえてきました。

「さあ、服をぬいで、そいつを（　E　）としぼって、それでたがいにからだをこすりあうのだ。」

またしてもおじさんがさしずをして、おたがいのからだを、（　F　）とこすりあいました。

しかし、これくらいのことで、ひえきったからだは、なかなかぬくもりはしません。気がたしかになればなるほど、寒さが感じられて、からだはますますはげしく、大きくふるえてくるのでした。

せっかく、ほらあなににげこんでも、あるいは、①ぼくたちは、ここで死ななければならないのかもしれません。

ふるえながら、ほらあなをながめまわしたとき、暗さになれたぼくたちは、ふしぎなものを見て②ぎくっとしました。

一メートルとはなれぬほらあなの中に、三十頭にちかいシカのむれと、十五、六頭のサルとが、シカはたがいにからだをこすりつけて横になり、サルは人間のようにひざを立てて、かたまりあっているのでありました。

bかれらは、ぼくたち三人が、ほらあなの中にころげこんでいっても、べつににげるようすも、さわぐようすもなく、また、べつに、気にとめるふうもなく、③ふしぎにしずまりかえっているのでした。

だれかの探検記《たんけんき》で、ヘビもネズミも山犬も、いつもは、たがいに、にらみあい、かみあっているものたちが、大あらしのときは、おなじところにかたまりあってなかよくのがれていたという話を読んだことがありますが、動物たちは、おたがいのからだに、おなじような危険《きけん》がおそいかかってきた場合には、おたがいにたすけあうというような習性をもっているのかもしれません。

（椋《むく》　鳩十《はとじゅう》「片耳《かたみみ》の大鹿《おおしか》」）

(1)（　A　）～（　F　）にあてはまる言葉として最も適切なものを次からそれぞれ選び、記号で答えなさい。（同じ言葉は一回しか使えません。）

ア ゴシゴシ　**イ** しーん　**ウ** がつがつ

エ ゴウゴウ　**オ** ぽかーん　**カ** がたがた

キ じゅっ　**ク** ぎゅっ　**ケ** ぱっ

A（　　）B（　　）C（　　）

D（　　）E（　　）F（　　）

(2) ――線a「そこ」、b「かれら」の指す内容をaは六字、bは二十二字でぬきだして答えなさい。

a

b

(3) ――線①「ぼくたちは、ここで死ななければならないのかもしれません」とありますが、死ななければならないのはなぜですか。その理由として最も適切なものを次から選び、記号で答えなさい。

ア シカたちの鋭《するど》いツノにおそわれてしまうから。

イ 道にまよってうえ死にしてしまうから。

ウ ほらあなの中で出られなくなってしまうから。

エ 寒さのためにこごえ死にしてしまうから。

（　　）

(4) ――線②「ぎくっとしました」とありますが、このときの「ぼくたち」の気持ちを、四十字以内でわかりやすく説明しなさい。

(5) ――線③「ふしぎにしずまりかえっている」とありますが、ふしぎに思った理由を、三十字以内でわかりやすく説明しなさい。

(6) この場面を通じて、「ぼくたち」は動物のどのような性質を感じたのですか。本文中の言葉を使って答えなさい。

（　　）

時間 30分　合格点 70点　得点　　点

（　月　日）

1 次の文章を読んで、あとの問いに答えなさい。

私《わたし》も最初のうちは、いつ①自分が標的にされるのかとびくびくしていた。私は母親を早くに亡《な》くしていて父親しかおらず、他人に責められるポイントはいくつかあった。父親は厳《きび》しい人で、私の小遣《こづか》いはみんなよりうんと少なかったし、持ち物は実用的な物が多く流行のものとは程遠《ほどとお》かった。だから、いつも注意深く、クラスの流れに気を配っていた。だけど、そんな心配をよそに、いじめの風向きが私に向くことはなかった。次第《しだい》に私は、常に自分が優位《ゆうい》な立場にあることに気づいた。女子だけでなく、男子もどこか遠慮《えんりょ》しているような様子があった。

〈中略〉

自分の立場に気づいた私は、いつしかみんなの先頭に立って動くようになっていた。②嫌《きら》いな子を平気で嫌いだと言いはなち、やりたくないことはやりたくないと言った。元々そんなにワルではない私は、自分を嫌《いや》だと思うことは度々《たびたび》あった。後味の悪い思いを何度もした。だけど、それ以上に気持ちがよかった。人に機嫌《きげん》をとられるのは、たまらなく心地よかった。少し怒《おこ》れば、みんな言うことを聞く。私はすっかりいい気になっていた。

そんな二学期の終わり、突然前川さんが転校することになった。いじめられる生徒は一ヶ月くらいの間隔《かんかく》で、ころころ変わっていたけど、前川さんだけはずっと変わらずいじめられていた。彼女《かのじょ》がいじめに対して、決して屈《くっ》しなかったからだ。どれだけ嫌がらせをされても、平気でずるをする生徒をちくったし、男子に殴《なぐ》られようが、女子にひどいことを言われようが、涙《なみだ》を見せなかった。

転校といっても、前川さんは遠くに行くわけじゃなかった。ただ、隣《となり》の小学校の校区に移るだけだった。③そのことが意味していることがわからないほどばかじゃない私たちは、その時初めて、はっきりとした後悔《こうかい》を感じた。今までわかっていたくせに、受け流していたことを見つめざるをえなかった。

転校の話を聞いて、最初に前川さんのシャープペンシルのことを思い出した。

前川さんはピンク色のくまのプーさんのシャーペンを持っていて、それは私と同じ物だった。私はそんなこと気づきもしなかったし、どうでもよかった。だけど、それを見つけた女子たちが、「優子《ゆうこ》がみちるのまねをしてるよ」と、告げ口をしてきた。どっちが先にそのシャーペンを持ちだしたのかは定かじゃないし、この辺りに文房具屋《ぶんぼうぐや》は一軒《いっけん》しかない。持ち物が重なることは珍《めずら》しいことではない。「《　　》」そう言おうと思った。それが本心だ。だけど私は、みんなが求めている言葉を知っていた。そして、「それって、最悪。かなりむかつく」そう言った。後のことは、周りの子がやってくれた。

「みちると一緒《いっしょ》だからさ、そのシャーペン捨《す》ててくれない？」

私と一番仲の良かったカスミが前川さんに言った。

「何が？」

前川さんが戸惑《とまど》っている間に、カスミとマユミが、前川さんの筆箱からシャーペンを取り出した。「みちるのまねするなんて、調子に乗りすぎだって」そう言いながら、カスミたちはシャーペンをゴミ箱へ突っこんだ。前川さんはその間、カスミたちではなく私の顔をじっと見ていた。④あなたは卑《ひ》怯《きょう》だ。そう言われている気がして、私は目をそらした。

前川さんはもっとひどいことをみんなに言われていたし、もっとひどい目に遭《あ》わされていた。でも、なぜか私は、自分のしたことが何より残酷《ざんこく》なことのような気がしていた。自分のしたことが、前川さんを学校から追い出すことにつながったような気がして仕方がなかった。


（瀬尾《せお》まいこ「温室デイズ」）

(1) ――線①「自分が標的にされる」と同じ内容を表す言葉を本文中から十二字で探《さが》し、ぬきだして答えなさい。（20点）

(2) ――線②「嫌いな子を平気で嫌いだと言いはなち、やりたくないことはやりたくないと言った」とありますが、「私」がこのような態度をとり続けたのはなぜですか。四十五字以内で答えなさい。（20点）

(3) ――線③「そのことが意味していること」とはどのようなことですか。三十字以内で答えなさい。（20点）

(4) 「≪　≫」にあてはまる「私」の言葉として最も適切なものを次から選び、記号で答えなさい。（20点）

ア どうせいつものことじゃない
イ そんなの許せないよね
ウ そんなの別にいいじゃない
エ ちくるのはかっこわるいよ

（　　）

発展
(5) ――線④「あなたは卑怯だ。そう言われている気がして、私は目をそらした」とありますが、「私」は自分のどのような態度を卑怯だと感じているのですか。（20点）

（　　）

12 物語・小説の読解 ②（心情を読み取る）

学習内容とねらい

物語・小説を読むときには、登場人物の心情の変化に注意しましょう。せりふや行動、周りの情景などに着目して読むことで、心情を読み取ることができます。

標準クラス

1 次の文章を読んで、あとの問いに答えなさい。

父と三人で食卓《しょくたく》を囲むことは、そのころほとんどなかった。むしゃむしゃ食べだしたぼくに、姉もはしを取りながら、

「節《せつ》ちゃん、お父様がね。」と言う。「あさっての遠足ね、このぶんだとやめてもらうかもしれないって、おっしゃっていてよ。」

遠足というのは、六年生だけで一晩泊《ひとばんと》まりで、日光《にっこう》へ行くことになっていた。

「ちえっ。」

ぼくは乱暴《らんぼう》にそう言うと、茶わんを姉に突《つ》き出した。

「節ちゃんには、ほんとにすまないけど、もしものことがあったら。——お母さん、とてもお悪いのよ。」

「知らない！」

①姉は涙《なみだ》ぐんでいる様子であった。それもつらくて、それきり黙《だま》り続けて夕飯をかき込《こ》んだ。

「おふろ、すぐ入る？　それとも、勉強が済《す》んでから？」

姉には答えず、ぷっとして座を立った。母が悪いということと、母が死ぬかもしれぬということは、ぼくの心で一つにはならなかった。

生まれて初めて、級友と一泊旅行《いっぱくりょこう》に出るということが、少年にとってどんなに魅力《みりょく》をもっているか！　級のだれかれとの約束や計画が、鮮《あざ》やかに浮《う》かんでくる。②両の目に、涙がいっぱいあふれてきた。

父の書斎《しょさい》の扉《とびら》が半ば開いたまま、廊下《ろうか》へ灯《ひ》がもれている。そこを通って、突き当たりの階段《かいだん》を上がると、ぼくの勉強部屋があるのだが、ちょうどその階段を、物干《ものほ》しへ行っただれかが下りてくる様子なので、泣き顔を見られるのがいやさに、人気のない父の書斎へ、ぼくは入ってしまった。

いつも父の座《すわ》る大ぶりないすがある。そして、ひょいっと見ると、卓の上には、くるみを盛《も》った皿が置いてある。いらいらした気持ちであった。くるみの味なぞは、子供に縁《えん》のないものだ。（　Ａ　）、そのいすへ身を投げ込むと、ぼくはくるみを一つ取った。そして、冷たいナットクラッカーへ挟《はさ》んで、片手《かたて》でハンドルを押《お》した。小さな手のひらへ、かろうじて納《おさ》まったハンドルは、くるみの固い殻《から》の上をぐりぐりとこするだけで、手ごたえはない。「どうしても割《わ》ってやる。」そんな気持ちで、ぼくはさらに右手の上を左手で包み、ひざの上で全身の力をこめた。しかし、級の中でも小柄《こがら》で、きゃしゃな自分の力では、びくともしない。

左手の下で握《にぎ》りしめた右の手のひらの皮が、少しむけて、ひりひりする。ぼくはかんしゃくを起こして、ナットクラッカーを卓の上へほうり出した。クラッカーはくるみの皿に激《はげ》しく当たって、皿は割《わ》れた。くるみが三つ四つ、卓から床《ゆか》へ落ちた。

そうするつもりは、さらになかったのだ。はっとして、いすを立った。

ぼくは二階へ駆《か》け上がり、勉強机《べんきょうづくえ》にもたれて一人で泣いた。その晩は、母の病室へも見舞《みま》いに行かずにしまった。

しかし、幸いなことには、母の病気は翌日《よくじつ》から小康を得て、ぼくは日光へ遠足に行くことができた。

ふすまをはらった宿屋の大広間に、（　B　）布団《ふとん》を敷《し》き連ねたその夜は、実ににぎやかだった。果てしなくはしゃぐ子供たちの上の電灯は八時ごろに消されたが、それでも、なかなか騒《さわ》ぎはしずまらなかった。

いつまでもぼくは寝《ね》つかれず、東京の家のことが思われてならなかった。安らかな友達の寝息が耳につき、覆《おお》いをした母の部屋の電灯が、まざまざと目に浮かんできたりした。ぼくは、ひそかに③自分の性質を反省した。この反省は、ぼくの生涯《しょうがい》の最初のものであった。

（永井龍男《ながいたつお》「胡桃割《くるみわ》り」）

(1) ——線①「姉は涙ぐんでいる様子であった」とありますが、このときの姉の気持ちを説明しなさい。

（　　　　）

(2) ——線②「両の目に、涙がいっぱいあふれてきた」とありますが、このときの「ぼく」の気持ちとして最も適切なものを次から選び、記号で答えなさい。

ア 母と別れなければいけないことを悲しむ気持ち。
イ 姉と父が冷たいことを悲しむ気持ち。
ウ 遠足に行けなくなることを悲しむ気持ち。
エ 家族の中で孤立《こりつ》することをおそれる気持ち。（　）

(3) （　A　）・（　B　）にあてはまる言葉として最も適切なものを次からそれぞれ選び、記号で答えなさい。

ア どすんと　イ ひらりと　ウ ずらりと　エ ほっとして

A（　）B（　）

(4) ——線③「自分の性質」とはどのような性質ですか。最も適切なものを次から選び、記号で答えなさい。

ア 母のお見舞いに行くこともなく、すぐさま遠足に出かけてしまったことに対して、母に申し訳《わけ》ない気持ちがこみあげてくるという、気持ちのやさしい性質。
イ とても行きたがっていた遠足なのに、いざ行ってみると母の病気のことが心配になり、友達と思いきり楽しめないという、何事にも中途半端《ちゅうとはんぱ》な性質。
ウ 母の病気と死とを結びつけて考えずに、母の元気な様子から、遠足に行っても平気だろうと考えてしまうという、おおざっぱな性質。
エ 実際に遠足に来ると、友達とはしゃぐよりも母のことが心配されるのに、遠足に行きたいと姉にあたり、かんしゃくをおこした自分勝手な性質。（　）

〈逗子開成中―改〉

ハイクラス

時間 40分　合格点 70点　得点　点

（　月　日）

1 次の文章を読んで、あとの問いに答えなさい。

〈僕《ぼく》には、あーちゃんという片足《かたあし》の友達がいた。あーちゃんは人一倍負けず嫌《ぎら》いな性格で、僕とあーちゃんはしょっちゅう言い合いをしていたのである。〉

彼《かれ》はいったん首を真横に振《ふ》ると絶対にうんとは言わなかったのだ。転んだときも、僕らが差し出す手には絶対頼《たよ》らなかった。引っ繰《く》り返るほど転倒《てんとう》したときも彼は、①痛々《いたいた》しいほど時間をかけて一人で起き上がるのだった。他人を信じていないというような感じではなく、むしろ何よりも自分を信じているという力強さがそう行動させているようだった。

あるとき、僕たちは社宅《しゃたく》の裏にある小さな山の斜面《しゃめん》の木の上に基地を作ることにした。僕たちは僕を先頭に一列になって山を登っていた。斜面には草が生えていて、何度も足を取られた。転ぶ子もいるほど斜面は急だったのである。途中《とちゅう》まで登ったとき、僕の二歳《さい》年下の弟が僕の背中《せなか》を叩《たた》いた。

「兄貴《あにき》、あーちゃんが……。」

見ると、あーちゃんは斜面の下の道端《みちばた》に立ってじっと僕らの方を見上げていたのだ。彼にはちょっと登るのは難《むずか》しかったのである。弟が小声でどうする？　と聞いてきた。小さな子供《こども》たちも僕の方を見ていた。僕は（　A　）。

「ちょっと行ってくる。」

僕は弟にちびっこたちを任せて、あーちゃんのところまで滑《すべ》り降《お》りていった。

あーちゃんは僕の顔をじっと見ていた。僕はあーちゃんの足のことも考えずに山を登ってしまったことで（　B　）。

「すまんかった。」

僕が素直にそう言って手を差し出すと、②彼は目をぱちくりさせたのだ。

「③なんで謝るとや。それになんなその手は。」

僕はそれ以上は何も言えなかった。

「今日はこれから親戚《しんせき》の人んちへいかなならんけん、皆とは遊べんと。そのことば言おうとおもっとった。」

あーちゃんはそう言うと、くるりと背中を見せて帰って行った。僕は差し出していた手を引っ込《こ》めて、身体を斜《なな》めにしながら一本道を歩く彼の後ろ姿《すがた》を見つめていたのだ。

それからというもの色々なことが頭の中に渦巻《うずま》いて、④あーちゃんと遊ぶときは僕はすごく神経を使うようになっていった。かんけりはしないことにしたし、駆《か》けっこも止《や》めた。人気のあった草スキーも暫《しば》く中止にしたし、木の上に作ろうとしていた基地は広場の焼却炉《しょうきゃくろ》の裏《うら》に変えた。彼の身体のことを考えれば当然のことだったが、まだ子供だった僕には何だか⑤気が重い判断ばかりでもあった。あーちゃんさえいなければ、もっといろんな遊びが出来るのにと考えては自分のそんな醜《みにく》い思いに辛《つら》くなるのだった。そして広場に彼の姿を見かける度《たび》に憂鬱《ゆううつ》になり、また気が重くなるのだった。

そんなあるとき、僕は⑥あーちゃんが投げた石が目に入り危《あや》うく失明しそうになったことがあった。そのとき広場は日が暮《く》れだしていて暗くなりかけていたのだ。僕たちは敵味方に分かれて石投げ遊びをしていたのである。あーちゃんは僕を狙《ねら》ったわけではなかった。僕の前にいた弟を目掛《が》けて投げたのだ。石投げのルールは絶対顔を狙わないというものだったが、彼の場合義足のせいでバランスがとれなかったのである。僕の前にいた弟はあーちゃんの投げる石を難《なん》なくよけたのだが、僕はその暗さのせいも重なって避《さ》けることができなかったのだ。弟が身体をひねった瞬間《しゅんかん》、僕の目には一瞬あーちゃんの姿が見えた。そして、次には僕の目に石がささったのである。⑦石を投げた張本人は僕に謝りもせず、痛さで転げ回る僕をただじっと見下ろしているだけだった。

その後が大変だった。僕はすぐに皆を解散させ、弟とうちへ戻《もど》ったのだ。目はずきずきと痛かったが、そのことは親には内緒《ないしょ》にしておけよと弟に釘《くぎ》を刺《さ》した。石投げという危《あぶ》ない遊びをしていたことを両親に咎《とが》められたくなかったこともあったが、もしもそれがあーちゃんが投げた石のせいだと知ったとき⑧僕の両親や他の子供たちの母親が取るだろう態度が気になったからでもあった。しかし、痛みは引くどころかますますひどくなり、子供部屋で唸《うな》っている僕を心配した弟が親にばらしてしまうのだ。僕は直《す》ぐに病院へ運ばれ治療《ちりょう》を受けた。白目のところがべろりと剥《は》がれていたのである。医者はあとちょっとずれていて角膜《かくまく》に触《さわ》っていたら間違《まちが》いなく失明だったよと説明するのだった。

そしてそれから暫くのあいだ僕は眼帯をつけてすごすことになった。しかし、あーちゃんときたら僕の眼帯姿には一言も触《ふ》れず、またいつものように遊びに参加してきたのである。まるで自分がやったのではないと言わんばかりの態度であった。弟が何か言おうとしてあーちゃんに詰《つ》め寄ったが、何故《なぜ》だかわからないが気がつくと僕はそれを制していたのである。片方の目を塞《ふさ》がれたことで、⑨僕には違う何かが見え始めていたのだ。そして僕たちは何もなかったかのようにまた日暮れまで遊ぶのだった。

（辻《つじ》 仁成《ひとなり》「そこに僕はいた」）

(1) ――線①「痛々しいほど時間をかけて一人で起き上がるのだった」という「あーちゃん」の様子に接して、「僕」は「あーちゃん」の何を感じたのですか。本文中から十八字でぬきだして答えなさい。（7点）

(2) （ A ）・（ B ）にあてはまる言葉として最も適切なものを次からそれぞれ選び、記号で答えなさい。（12点・一つ6点）

ア ちょっと心が恥《は》ずかしかった

イ なんだかうれしくなった

ウ　小さくため息をついた
エ　腹《はら》が立ってしかたがなかった

A（　　）B（　　）

(3)　――線②「彼は目をぱちくりさせたのだ」とありますが、それはなぜですか。最も適切なものを次から選び、記号で答えなさい。（7点）

ア　今ごろもどって来てもおそいと怒《おこ》っていたから。
イ　自分を忘れずにもどって来てくれたことが信じられなかったから。
ウ　どうして手を差し出されたのかわからなかったから。
エ　差し出された手があまりによごれていておどろいたから。

（　　）

(4)　――線③「なんで謝るとや。それになんなその手は」と「あーちゃん」に言われたあとの「僕」の気持ちとして最も適切なものを次から選び、記号で答えなさい。（7点）

ア　あーちゃんの態度にすっかり感心し、応援《おうえん》してあげたくなっている。
イ　あーちゃんの態度に圧倒されて、どうしてよいかわからなくなっている。
ウ　あーちゃんの態度にがっかりし、泣きたいくらい悲しくなっている。
エ　あーちゃんの態度に腹を立てて、もう何も言いたくないと思っている。

（　　）

(5)　――線④「あーちゃんと遊ぶときは僕はすごく神経を使うようになっていった」とありますが、それはなぜですか。最も適切なものを次から選び、記号で答えなさい。（7点）

ア　あーちゃんの好きな遊びは、かなり限定されていたから。
イ　あーちゃんの身体や気持ちを考えて行動しなければならなかったから。
ウ　あーちゃんの好きな遊びを選ばなければならなかったから。
エ　あーちゃんと遊んでいることを大人には秘密《ひみつ》にしなければならなかったから。

（　　）

(6)　――線⑤「気が重い判断」とは、どんな判断を指していますか。最も適切なものを次から選び、記号で答えなさい。（7点）

ア　みんなが楽しく遊ぶために、「あーちゃん」ができない遊びもしなくてはいけないという判断。
イ　みんなと「あーちゃん」が楽しく遊べるように、みんなに新しい遊びを提案するという判断。
ウ　「あーちゃん」がみんなと遊べるように、「あーちゃん」の苦手な遊びはしないことにするという判断。
エ　「あーちゃん」が少しでもみんなと親しめるように、「あーちゃん」が苦手な遊びでも進んでやらせることにするという判断。

（　　）

(7)　――線⑥「あーちゃんが投げた石が目に入り危うく失明しそうになった」とありますが、このようになってしまったのはなぜですか。①「あーちゃん」の投げた石が、「僕」

の目に入ってしまった理由と、②「僕」がその石を避けられなかった理由とに分け、それぞれ二十五字以内で答えなさい。（16点・一つ8点）

①

②

(8) ――線⑦「石を投げた張本人は僕に謝りもせず、……」とありますが、それはなぜですか。最も適切なものを次から選び、記号で答えなさい。（6点）

ア 以前仲間はずれにされた仕返しができ、いい気味だと思ったから。

イ わざとやったのではないと証明するための理由を考えていたから。

ウ 自分の障害に比べれば大したことはないと思っていたから。

エ わざとやったのではなく、思いがけない事故でおどろいていたから。

（　　）

(9) ――線⑧「僕の両親や他の子供たちの母親が取るだろう態度」とありますが、どんな行動を取るだろうと「僕」は考えていますか。最も適切なものを次から選び、記号で答えなさい。（7点）

ア あーちゃんに謝らせる。

イ あーちゃんを怒る。

ウ あーちゃんに仕返しをする。

エ あーちゃんと遊んではいけないと言う。

（　　）

発展

(10) ――線⑨「僕には違う何かが見え始めていたのだ」とありますが、「あーちゃん」のどんな思いがわかりかけていたのですか。このときの「僕」の気持ちを六十字以内で答えなさい。（10点）

(11) この文章から読み取れる「あーちゃん」の性格として適切なものを次から二つ選び、記号で答えなさい。（14点・一つ7点）

ア 意地っ張り　**イ** ひかえめ

ウ いじわる　**エ** 弱虫

オ ねばり強い　**カ** やさしい

キ 疑《うたが》い深い　**ク** なみだもろい

（　　）（　　）

〈国府台女子学院中―改〉

13 物語・小説の読解 ③（主題を読み取る）

学習内容とねらい

物語・小説の問題に取り組む際には、登場人物の会話や心情の変化などに着目し、作者が伝えたいテーマが何か、考えながら読むことが大切です。

〔　月　日〕

標準クラス

1 次の文章を読んで、あとの問いに答えなさい。

「ご面倒《めんどう》とは思いますがすぐ学校へ来ていただけないでしょうか」

電話の送話口を片手《かたて》で覆《おお》ってでもいるのか担任《たんにん》の山岸という教師の声は①なんだかへんにくぐもったかんじに聞こえた。

早番の出勤《しゅっきん》で、何時《いつ》もよりだいぶ早く仕事から帰ってきたばかりの妻にそのことをつたえると、妻は「なにかしら?」と緊張《きんちょう》した顔になった。

「何か怪我《けが》でもしたのならもっと②切迫《せっぱく》した声になるだろうから、そういうことではないと思うよ」

と、私は言った。

妻は岳《がく》と一緒《いっしょ》にそれから一時間後に帰ってきた。妻の顔は鼻のつけねあたりがうっすらと赤くなっており、なにかあきらかにくたびれきってしまいました、というような顔をしていた。岳が二階の自室に入っていったのをたしかめてから、妻は③早口のひくい声でこんなことを喋《しゃべ》りはじめた。

「岳がね、友達のお金を盗《と》った、っていうのよ」

「え?」

はたしていったい何事なのだろうと、一応の心配はしていたけれど、せいぜい友達とけんかしたか、仲間との何かのいたずらが見つかってしまったぐらいのことだろうと思っていた私はそのひと言でいささか*動顛《どうてん》してしまった。

「高山くんのお母さんがね、血相を変えてきていて、このところ頻繁《ひんぱん》に高山くんのお兄ちゃんのお小遣《こづか》いがなくなってしまうので、昨日高山くんを問いつめたら岳が盗っていった、っていうんですって……」

「岳が高山くんの家の中に入っていってか?」

私は驚《おどろ》きつつもその内容を聞き、なんだかわけもなくすこし笑いたいような気持ちになった。

「ええ。うちの子は絶対にそんなことはするわけがありませんからね!ってともかく高山君のお母さんがそういってすごい剣幕《けんまく》なのよ!」

「まさか」

「私もそんなこと急に言われても信じられないし、本人にもまだ聞いてみなければわからないし、と思って」

「先生は何て言ってた?」

「とにかく調べてみましょう……って」

私の気持ちの内側が急速にたとえようもなく④不快になっていくのが自分でも厭《いや》になるほどよくわかった。

「高山くんのお母さんはどうして岳がお金を盗ったなんて断言できるんだろう」

私は自分が一番不愉快《ふゆかい》になっている部分がそのあたりだということに気づいてそのことを改めて聞いた。

「高山君を問いつめたら、そう言った、というんですけど……」

（椎名《しいな》 誠《まこと》「岳物語」）

＊動顛…「動転」に同じ。非常に驚きあわてること。

(1) ――線①「なんだかへんにくぐもったかんじ」とありますが、ここからどのような空気を感じ取っていますか。最も適切なものを次から選び、記号で答えなさい。

ア 陽気な空気　イ おだやかな空気

ウ ふおんな空気　エ ゆったりとした空気

（　　）

(2) ――線②「切迫した声」とありますが、それはどのような声ですか。最も適切なものを次から選び、記号で答えなさい。

（　　）

ア 切り捨《す》てるような冷たい声

イ 無関心でまったく熱意がない声

ウ 余裕《よゆう》があり、落ち着いた声

エ 逃《に》げ場がなく追いつめられた声

(3) ――線③「早口のひくい声」とありますが、このようになった理由として最も適切なものを次から選び、記号で答えなさい。

ア 驚きと安心　イ 怒《いか》りと面倒《めんどう》

ウ 焦《あせ》りと不安　エ 悩《なや》みと激高《げきこう》

（　　）

(4) ――線④「不快になっていく」とありますが、その原因として最も適切なものを次から選び、記号で答えなさい。

ア 高山くんの母親に、妻が反論《はんろん》して相手を怒《おこ》らせて帰ってきたから。

イ 事件から日がたっているのに、今後も調査しようとしないから。

ウ 他人のものを盗ってはいけないと普段《ふだん》、厳《きび》しくしつけていたから。

エ 調査もろくにせずに自分の子が盗《ぬす》んだと決めつけられたから。

（　　）

(5) この本文の内容として最も適切なものを次から選び、記号で答えなさい。

ア どんなときも子供《こども》を信頼《しんらい》し、その成長を願っている親が、我《わ》が子の様々な行動に驚かされ、限りない心配をしている。

イ 親の目が届《とど》かない子供の行動に対して、不安な気持ちをいだきつつ、周囲の人間と対立しながら、我が子の正当性のみを主張している。

ウ 我が子が他人に迷惑《めいわく》をかけたことを素直《すなお》に認め、心から反省し、相手とその親に申し訳《わけ》ないと思っている。

エ 子供の失敗をちょうどよい機会としてとらえる親が、我が子には、教訓として相手に謝罪《しゃざい》させようと考えている。

（　　）

〔日本大中―改〕

ハイクラス

時間 40分　合格点 70点　得点　　点　〔　月　日〕

1 次の文章を読んで、あとの問いに答えなさい。

〈「俺《おれ》」や「一ノ瀬連《いちのせれん》」は400mリレーのメンバーである。三年生にとって最後の大会となる秋の大会を前にして有力なリレーメンバーである「一ノ瀬」がケガをしてしまった。〉

事件は、試合の二日前に起こった。俺はバトン流しの真っ最中で、みっちゃんの怒鳴《どな》り声にバトンを取り落とした。それくらい、とんでもない大声だった。

「一ノ瀬ーッ、何してるんだーっ、やめろーっ」

みんな、連のほうを見た。やめろと言ってもやめていない連は、明らかに全力で走っている。230mトラックを半周近く…は全力で走り、徐々《じょじょ》にペースダウンして止まり…。俺は連のところにダッシュで走った。みんな走った。

「大丈夫《だいじょうぶ》です。何ともありません。明後日《あさって》、走れます」

連は先生に向かって言った。①みっちゃんは、ぶつけた車の傷《きず》でも調べるように連を見ていたが、そこで爆発《ばくはつ》した。力いっぱい平手で連の頰《ほお》を張りとばした。

「馬鹿野郎《ばかやろう》ーっ。そんなに俺の言うこと聞けないんだったら、ここから出ていけっ。もう二度と来るなっ」

怒声のあとの沈黙《ちんもく》はいたいほどだった。

三輪《みわ》先生のマジ怒《おこ》った目がこわかった。みっちゃんって、どんなに怒ってても、どこかで笑ってるようなとこがあって、みんな安心してるんだけど、今は違《ちが》う。やばい。やばいよ。どうするんだよ。

「でも、本当に大丈夫なんです。自分の身体だからわかります。走れます」

連はぶたれた頰を触《さわ》りもせずに言い返した。このやばさがわかんねえのか。なんで、そんな普通《ふつう》にしゃべってるんだ。普通に逆らってるんだ。

②三輪先生は、ふうと大きく息をついた。

「いいか、おまえも中学からやってるんだから、わかってるだろう？練習の全力走と試合の全力走は、ぜんぜん違う。力の出方や身体への負担《ふたん》がまるで違う。わかってるだろう？」

不気味なほど静かな声になって、ゆっくりそう言った。

「確かに、走れるかもしれない。全力で走って、何ともない可能性もある。だがな、ダメな可能性もあるんだ。ダメな可能性のほうが高いから、医者は無理だと診断《しんだん》してるんだ。俺は何も意地悪してるわけじゃない。俺がおまえを試合に出したくないとでも思うか？俺が悔《くや》しかったり悲しかったりしないとでも思うのか？」

連は返事をせずに黙《だま》って先生を見ていた。

先生の目がうるんで見えた。涙《なみだ》をこらえているように見えた。俺も胸《むね》の中に何かがせりあがってきた。

どうしても走りたい連の気持ち。どうしても走ってほしいリレメンの気持ち。（　Ａ　）先生の気持ち。

このかたまりきった場面を救うために、俺は何か言わなきゃと思ったが、干上《ひあ》がったように声も言葉も出てこなかった。

「先生、すみません」

謝《あやま》ったのは、守屋《もりや》さんの声。守屋さんが連の隣《となり》に来て、連の頭を無理やりぐいと押《お》すようにして、二人で礼をした。

「先生、勘弁《かんべん》してください。言いつけを破ってすみません。③無茶してすみません」

「おまえが謝ることァ…」

言いかけた先生の言葉を守屋さんは遮《さえぎ》った。

「部長として部員の管理が行き届《とど》きませんでした。俺がもっとこいつに言って聞かせないといけませんでした」

連が何か言いたそうに守屋さんを見たが、構わずに続けた。

「どこかで俺自身が一ノ瀬に期待していたのかもしれません。こいつと走ることをあきらめきれなかったのかもしれません。俺にそんな気持ちが少しでもあったら、一ノ瀬があきらめてくれるわけがないのです。自分勝手でした。もし、こいつに何かあったら…」

④守屋さんは、その先まで言わずに唇《くちびる》をかみしめた。

連は黙って、守屋さんの横顔を見ていた。あきらめきれない無念そうな表情が、初めて連の顔に表れた。ずっと隠《かく》していた表情。心の内を連は決して顔には出さず、⑤意固地に淡々《たんたん》と逆らい続けていた。一度、悔しさをあからさまに表に出してしまうと、ゆっくりと少しずつ顔つきが変わっていった。

⑥連の中で何かがほどけていくようだった。

そうか…。俺はようやく理解した。守屋さんだ。守屋さんのために、連は走りたがっていた。4継《ケイ》という競技の魅力《みりょく》以上に、南関東という舞台《ぶたい》の華《はな》やかさ以上に、連にとって大きなものがあったんだ。

「俺たちに任せてくれ、一ノ瀬」

守屋さんはきっぱりと言った。

「桃内《ももうち》、神谷《かみや》、根岸《ねぎし》、守屋、みんなで、めいっぱい走るよ」

めいっぱい走ると大声で誓《ちか》わないといけないのだが、声が出せなかった。泣きそうだった。根岸も、桃内もかたまったように黙っていた。三輪先生は、口を一文字に引き結んで、何度もまばたきをしていた。

長く重い沈黙のあとで、

「ハイ」

やっと、連がそう言った。

その時の連の目や声が、しばらく頭から離《はな》れなかった。悔しさや悲しさをふっと越《こ》えたような素直《すなお》な目と声だった。

リレーという競技のことを⑦俺はまだ本当にはわかってい

ないのかもしれないと思った。一ノ瀬という男のことも。ランナーとランナーのつながりのことも。

（佐藤多佳子《さとうたかこ》「一瞬《いっしゅん》の風になれ」）

(1) ――線①「みっちゃんは、ぶつけた車の傷でも調べるように連を見ていた」とありますが、この時の「みっちゃん」は「連」をどのようにみていましたか。最も適切なものを次から選び、記号で答えなさい。（12点）

ア 冷静に落ち着いて
イ 驚《おどろ》きあわてたようすで
ウ 物を扱《あつか》うように淡々と
エ 身体全体を念入りに

（　　）

(2) ――線②「三輪先生は、ふうと大きく息をついた」とありますが、この時の「三輪先生」の心情の説明として最も適切なものを次から選び、記号で答えなさい。（12点）

ア 連が自分の言いつけをきかないからといって、いくらなんでも連の頬を張りとばしてしまったことを後悔《こうかい》している。
イ 連の頬を張りとばして怒鳴ってしまったが、教師としては少々やり過ぎてしまったのではないかと反省している。
ウ 連の頬を張りとばしてしまったが、なぜ自分が練習を禁止しているのかを説明するために、冷静になろうとしている。
エ 頬を張りとばして怒鳴っても自分の言いつけを聞こうとしない連を、どうすればいいのかと途方《とほう》に暮《く》れている。

（　　）

(3)（　Ａ　）にあてはまる適切な内容を考えて、二十五字以内で答えなさい。（句読点も字数に含《ふく》みます。）（15点）

(4) ――線③「無茶」、⑤「意固地」とありますが、それぞれどのような意味で使われていますか。最も適切なものをあとから選び、記号で答えなさい。（12点・一つ6点）

③無茶

ア 度を越《こ》して筋道《すじみち》の通らないことをするさま
イ 目上の人の言うことにむやみに逆らうさま
ウ 人の道にはずれたことを無意識にしてしまうさま
エ 自分の欲望《よくぼう》のままに自由気ままにふるまうさま

（　　）

⑤意固地

ア 誰《だれ》に何と言われようと強く心に思い続けるようす
イ どこまでも自分の主張を押し通そうとするようす
ウ 他人に自分の心の中を決して見せないようす
エ 落ち着いた冷静な態度を保っているようす

（　　）

(5) ――線④「守屋さんは、その先まで言わずに唇をかみしめた」とありますが、この時の「守屋さん」の心情の説明として最も適切なものを次から選び、記号で答えなさい。（12点）

ア 部員の管理が行き届かないばかりに一ノ瀬は勝手に練習してしまったのだと思い、一ノ瀬に走らないよう部長として言い聞かせなかった自分の責任を強く感じている。

イ 一ノ瀬に走ってもらいたいという気持ちが自分にあったから一ノ瀬は走ってしまったのだと思い、一ノ瀬の選手生命が終わったら取り返しがつかないと心配している。

ウ 自分に一ノ瀬と一緒に走りたい気持ちがあったから一ノ瀬は走ろうとしているのだと思い、自分のせいで一ノ瀬が先生に退部させられてしまったら大変だと思っている。

エ 一ノ瀬が先生に怒られているこの場面を何とかするためには、部長である自分が先生に謝るしかないと思い、先生の怒りがなんとかおさまるよう祈《いの》る気持ちでいる。

（　　）

(6) ――線⑥「連の中で何かがほどけていくようだった」とありますが、この時の「連」の心情の説明として最も適切なものを次から選び、記号で答えなさい。（12点）

ア どうしても試合に出て走りたかったのだが、部長の守屋さんにそこまで言われて仕方がないからあきらめようとしている。

イ 試合で走りたいという気持ちをずっと隠していたが、部長の守屋さんはわかってくれたのでうれしく思っている。

ウ 自分の気持ちを守屋さんは理解してくれていることがわかって、意地を張っていた自分がだんだん素直になろうとしている。

エ 先生に怒鳴られてみんなの前で自分の気持ちを表明することができたので、いくらかすっきりした気持ちになっている。

（　　）

(7) ――線⑦「俺」の姓《せい》は何ですか。本文中からぬきだして答えなさい。（10点）

（　　）

発展

(8) 一ノ瀬連はどうして先生に止められているのも聞かずにケガをおして走ろうとしたのでしょうか。本文中の言葉を使って三十五字以内で説明しなさい。（句読点も字数に含みます。）（15点）

〈麗澤中―改〉

チャレンジテスト④・1

時間	合格点	得点
40分	70点	点

〔　月　日〕

1 次の文章を読んで、あとの問いに答えなさい。

〈小学校五年生である「僕《ぼく》(小木)」と、同級生の根岸《ねぎし》くん、金子くん、そこに転校生の高井くんが加わって、不発弾探《ふはつだんさが》しの遊びをはじめた。ところが夏休み中ささいなことから「僕」と根岸くんはけんかをしてしまう。ある日、高井くんが「僕」の家に突然《とつぜん》やって来ると、「僕」に根岸くんとの仲直りをすすめる。〉

「根岸くんに連絡《れんらく》した？」

①僕はかぶりついたスイカの種を口の中で選《よ》り分けると、ほっぺたを膨《ふく》らませて庭の遠くへ種を吹《ふ》き出した。

「してない。向こうからだってこないし」

②高井はスイカの種を手のひらに出すと、それをお盆《ぼん》の隅《すみ》に丁寧《ていねい》に置いた。

「みんなで不発弾探しを再開しよう。藪《やぶ》の中だって探せばいい。ちゃんと蚊《か》に喰《く》われないように長袖《ながそで》のシャツとか着て、薬も用意して。それと、意地を張ってないで、根岸くんも誘《さそ》ってさ」

「意地なんか張ってねーよ。それに悪いのは雄《ゆう》ちゃんだし。なんで、オレが謝《あやま》んなきゃいけねーんだよ」

「小木くんに謝れなんて言ってないだろ。でも、みんなでやった方が③効率もいいし、それに……」と、高井は言葉を切った。

「それに、なんだよ」

「それに……。みんなと一緒《いっしょ》の方が□だろう？」

雄ちゃんに意地悪されていた高井が、一緒の方が□なんて。僕は黙《だま》ったまま、また種を吹き出した。

「根岸くんは、確かにお調子者で、すぐ怠《なま》けるし、気分屋だと思うよ。それに、僕のことは嫌《きら》いだろうし……。でも、小木くんとはずっと友達なんだろ？」

「うん、まぁ。幼稚園《ようちえん》のときからな」

「④だったら、余計だ」

「お前が気にすることじゃねーよ」

縁側《えんがわ》の前には、種を目当てに蟻《あり》が群がり始めていた。

「羨《うらや》ましいって思ってたんだよな」

「はぁ？」

⑤思わずスイカを口に運ぶ僕の手が止まった。

「教室でもどこでも、君ら、いつも三人で楽しそうじゃないか」

「お前は迷惑《めいわく》そうな顔してたじゃねーか」

「⑥ああ、あれはポーズさ」

僕が拍子抜《ひょうしぬ》けするほど、高井はあっさりと答えた。

「なんだ、それ？」

「僕は小さい頃《ころ》から、習い事ばっかりやらされてたから、放課後、誰《だれ》かと遊ぶこともなかった。クラスメイトはいたけど、気づいたら仲のいい友達がいない。こっちに転校してきても、実は一年で戻《もど》るって決まってるし。それに転校生だろ、仲間外れにされるのが厭《いや》だったんだな。どうせ、仲間外れにされるなら、自分から近づかないようにした方がカッコ良く見えるかなって思ったんだ。ほとんどの男子からは嫌われると思ってたけどさ。でも、君らがふざけてると楽しそうで、羨ましくてさ。なんかそんなの見ててムカッとすることもあったし、バカだなぁって思うこともあったけどさ。ほら、池跳《いけと》びだって」

「バカで悪かったな」

「でも、一緒に磁石取りに行ったり、不発弾探したりするのって面白《おもしろ》かった。友達と遊ぶのって楽しいんだなって。ほら、小木くんがさ、お前も仲間だって言ってくれただろう。嬉《うれ》しかったな。だから、続けたいんだよ、仲間で不発弾探し」

以前ならきっと、キザなヤローだとムカついたのだろうけど、⑦高井は妙《みょう》に素直《すなお》に喋《しゃべ》っている気がした。

「だから、根岸くんと仲直りしろよ。根岸くんが僕を嫌ったままでもいいからさ。明日は登校日だし、どっちみち学校で顔を合わさなきゃならないんだから」

「ああ、考えておく」

僕はそう言うと、またスイカの種を遠くへ吹き出した。

高井が帰って昼ご飯を食べてから、しばらくゴロゴロしていたけど、どうにも高井に言われたことが気にかかって、僕は起き上がった。

「ああ、もうっ、くっそー。ちょっと行ってみるか」

（　A　）僕は自転車に跨《また》がって雄ちゃんちへ向かった。気が進まない分、漕《こ》ぐペダルは重く、照りつける太陽が憎《にく》らしく思えた。

雄ちゃんちが近づくと、ゆっくりとペダルを漕いだ。

（　B　）

僕は言葉が見つからず、そのまま雄ちゃんちの前を通過した。そして角を三回曲がって、もう一度、雄ちゃんちの前に回り込《こ》んだ。でも、また通過した。

（　C　）そんなことを考えた。同じ道をぐるぐると四周しかけたときだった。雄ちゃんちの玄関扉《げんかんとびら》が開いて誰かが出てきた。雄ちゃんのかあちゃんだ。僕はその姿《すがた》に気づかないフリをして、スピードを落とすと目線をペダルの方へ下げた。

「あら、ブンちゃん」

おばさんが僕に気づき名前を呼《よ》んだ。

僕はいかにも今やってきたように、おばさんの前で自転車を降《お》りた。

「こんちは」と、僕は頭を下げる。

「雄二かい？」

偶然《ぐうぜん》、通りかかっただけだと言うつもりだったのに、つい、うんと頷《うなず》いてしまった。

「ごめんね、ブンちゃん」おばさんは、いきなりそう謝った。

「え？」

「ケンカしたんだって？　まったく、あのばか。ホントにごめんね」

おばさんはパーマのかかったくしゃくしゃの髪《かみ》に手を当てながら、僕に軽く頭を下げた。

「いや、ううん、その……」
⑧予期せぬ先制パンチをまったく別の人からもらってしまった気がした。
「ちょっと待ってね、今、雄二、呼ぶから」

おばさんは、玄関から階段《かいだん》を見上げながら「雄二、ブンちゃんがきてくれたよ。ほら、雄二、何やってるんだい、もうっ」と、大きな声で雄ちゃんを呼んだ。

（森《もり》　浩美《ひろみ》「夏を拾いに」〈双葉社〉）

---

(1) ――線①「僕はかぶりついた……吹き出した」とありますが、この時の「僕」の動作の説明として最も適切なものを次から選び、記号で答えなさい。（8点）

ア あてつけがましい忠告《ちゅうこく》に反感をおぼえ、ことさら強がって男らしさを見せつけようとしている。
イ いつも通りの優等生《ゆうとうせい》的な発言を聞いて嫌気《いやけ》が差し、わざと返事をあいまいにしようとしている。
ウ 思いがけず聞かれたくないことを聞かれたので、乱暴《らんぼう》な動作で不快な感情をあらわにしている。
エ 急に質問されたのでまごついてしまい、気持ちを整理して返事の仕方をまとめようとしている。（　　）

(2) ――線②「高井はスイカの種を手のひらに出すと、それをお盆の隅に丁寧に置いた」とありますが、この動作からわかる「高井くん」の人物像の説明として最も適切なものを次から選び、記号で答えなさい。（8点）

ア 自分の真剣《しんけん》な気持ちを、落ち着いて話すことのできる少年。
イ 粗暴《そぼう》なふるまいを憎んで、常に礼儀《れいぎ》正しさを忘《わす》れない少年。
ウ 小さいことでもおろそかにせず、丁寧な態度がとれる少年。
エ 何に対しても気くばりを忘れず、友情を大切にできる少年。（　　）

(3) ――線③「効率もいいし」とありますが、何の「効率」がいいのですか。本文中から五字以内でぬきだして答えなさい。（10点）

(4) 本文中の□に共通してあてはまる言葉として最も適切なものを次から選び、記号で答えなさい。（8点）

ア 楽勝　イ たのしい　ウ にぎやか
エ はなやか　オ 友達っぽい（　　）

(5) ――線④「だったら、余計だ」とありますが、どのようなことが「余計」なのですか。わかりやすく言いかえた次の文の□にあてはまる表現を本文中の言葉を使って十字以内で答えなさい。（12点）

・計に仲直りする方がよいはずだ。 だったら、余

(6) ——線⑤「思わずスイカを口に運ぶ僕の手が止まった」とありますが、この時の「僕」の心情を三十字以内で説明しなさい。(12点)

(7) ——線⑥「ああ、あれはポーズさ」とありますが、高井くんが「ポーズ」をとった理由を説明している一文を本文中から探し、最初の三字をぬきだして答えなさい。(12点)

(8) ——線⑦「高井は妙に素直に喋っている気がした」とありますが、その時の「僕」の心情として最も適切なものを次から選び、記号で答えなさい。(8点)

ア 今まで同級生を見下してきたことを高井くんが反省しているのに気づいて、許そうとしている。

イ 高井くんが仲間と一緒に遊ぶために、友達の大切さをもっともらしく訴《うった》えていると感じている。

ウ 高井くんの言葉は自分の本心を語っているようで、そのまま受けとめようと思いはじめている。

エ 高井くんは普段《ふだん》自分のいいところだけを見せるが、今は自分の欠点を出していると感じている。 (　　)

発展 (9) (　A　)～(　C　)にあてはまる「僕」の心の中の言葉として最も適切なものを次からそれぞれ選び、記号で答えなさい。(12点・一つ4点)

ア 高井が謝りに行けばよかったのに。

イ おばさんに見つけられたらどうしよう?

ウ もし会ったら最初になんて言えばいいんだ?

エ 謝るんじゃない、ただ様子を見に行くだけだ。

オ 向こうから僕を見つけて声を掛《か》けてくれないかな。

A(　　) B(　　) C(　　)

(10) ——線⑧「予期せぬ先制パンチを……もらってしまった気がした」とありますが、そう思った理由として最も適切なものを次から選び、記号で答えなさい。(10点)

ア まずこちらからやっつけるつもりだったのに、関係ない人から突然攻撃《とつぜんこうげき》されてしまったから。

イ 自分から謝るつもりだったのに、まったく思いがけない人から謝罪の言葉をかけられたから。

ウ 仲直りをするつもりだったのに、余計な人が間に入ったため雄ちゃんに会えなくなったから。

エ 様子を見に行くだけのつもりだったのに、結果として雄ちゃんを呼び出すことになったから。 (　　)

〈大妻中―改〉

チャレンジテスト④・2

時間 40分　合格点 70点　得点　　点　（　月　日）

1 次の文章を読んで、あとの問いに答えなさい。

〈立山勇（イサム）はミサエと一緒《いっしょ》にすし屋を営んでいる。悠（ユウ）は勇の店に弟子入りして一年になる。店の客だった大《おお》室《むろ》古堂《こどう》は有名な陶芸家《とうげい》で人間国宝でもあり、勇の店「立山」の開店祝いとして＊古備前《こびぜん》の壺《つぼ》を贈《おく》ってくれた。大室桃治《とうじ》は古堂の息子で船舶《せんぱく》会社の役員をしている。〉

片付《かたづ》けを済《す》ませると十二時を回った。

イサムはカウンターの隅《すみ》に座《すわ》って、棚《たな》の古備前を見た。

「おーい、熱いのを一本つけてくれないか」

イサムが言うと、ミサエが裏《うら》から顔を出し、目を丸くして言った。

「どうしたの？　珍《めずら》しいことがあるものね。私《わたし》も頂《いただ》こうかしら。じゃあ美味《おい》しいのを一本つけましょう」

「ユウにやらせろ。ユウ、少し熱くな」

ハイッ、と声がして、イサムは、今夜、桃治が（　A　）洩《も》らした言葉を思い出した。それは悠が桃治と連れの客にお茶を出した時だった。

「少し大人になったね」

桃治の言葉に悠は、①いいえ、まだ自分は、……としっかりと返答して、（　B　）笑った。悠が口にした、自分という言い方も意外だったが、それ以上に②桃治の気遣《きづか》いが嬉《うれ》しかった。桃治はイサム夫婦と親しい数少ない客ではあるが、悠に声をかけることはなかった。それが今夜、悠にやさしく声をかけてくれた。

――この人は悠が店に来て一年になるのを覚えていてくれたんだ……。

銚子《ちょうし》を悠が運んできて、ミサエが盃《さかずき》に酒を注《つ》いだ。口にすると燗《かん》の加減も③頃合《ころあ》いである。一年という歳月《さいげつ》の加減なのだろうと思った。ミサエの盃に酒をついだ。

「大室さんのお連れさん、オランダの方ですってね」

「ユウ、お茶でも入れてきて、おまえもここに来て座りな」

悠が裏から顔を出した。イサムは同じ言葉をくり返した。

悠は④怪訝《けげん》そうな顔をした。イサムが隣《とな》りの席に目をやって座るようにうながした。

失礼します、と悠は言って隣りに座った。いつの間にかもの言いまで職人になっている。⑤不器用な分だけいったん身に付けば一生のものになるのだろう。胸《むね》の隅に喜びが湧《わ》いた。

⑥言わずもがなと思っていた言葉がぽろりと零《こぼ》れてしまった。

「ユウ、一年よく頑張《がんば》ったな……」

「は、はい」

悠が顔を赤らめた。

若《わか》い時に必要以上誉《ほ》めることは、⑦その子にいらぬ了見《＊りょうけん》を持たせることがある。イサムは悠を三年までは誉めまいと決めていた。

「あら、忘《わす》れていたわ。そう言えばユウちゃんがここに来て、先月で一年になるのね。それはそれはご苦労さまね……。じゃあ今夜は三人でどこかで食事をしましょうよ」

「いや、明日は仕込《しこ》みが早い。ユウを河岸《＊かし》に連れて行く」

「えっ、そうなの」

酒は一本にして店の灯《ひ》を消し、ドアに鍵《かぎ》をかけた。階段《かいだん》を下りはじめると、ミサエが素頓狂《すっとんきょう》な声を出した。

「あら、いけない。私、花屋さんに渡《わた》す封筒《ふうとう》を棚の脇《わき》に置いてきたわ」

自分が取ってきます、と言って悠が階段を駆《か》け上がった。

二人は階段を下り、表に出て悠を待っていた。
⑧五分が過ぎても、悠は下りてこなかった。
「おい、その封筒はバッグの中に入れてるんじゃないか」

ミサエがバッグの中を覗《のぞ》いた。

「ありませんよ。たしかに棚の脇よ。あなたがお酒を飲むなんておっしゃるから、あそこに置いたんですから」

イサムは三階を見上げた。

もう十分は経《た》っている。イサムは階段を上がった。ミサエも続いた。

ドアは開けっ放しになっていた。

「ユウ、どうしたんだ」


店の中を覗いたが、真っ暗で物音がしない。

かすかにすすり泣くような声がした。

灯《あか》りを点《つ》けると、カウンターの中に悠が立っていた。大粒《おおつぶ》の涙《なみだ》が頰《ほお》から零《こぼ》れていた。

「どうしたって言うの、ユウちゃん」

ミサエがカウンターの中に入った。

ミサエの悲鳴がした。

悠の足元にこなごなになった古備前が散っていた。

「なんてことをしたの。これがどんなものかあんた知ってるんでしょう」

ミサエの言葉に、悠が、す、すみません、すみませんと言いながら泣いていた。

「これはあんたが一生働いたって買えるもんじゃないのよ」
⑨ミサエが金切り声を上げた。
「ミサエ、静かにしろ」

それまでミサエにかけたことがないほどの声が出ていた。

ミサエは驚《おどろ》いてイサムを見返した。

「そこは職人の立つ所だ。表に回れ」
⑩イサムはカウンターに入ると、悠の肩《かた》をそっと叩《たた》いた。足元に簀《す》の子《こ》がひっくり返っていた。灯りを点けずに入ったから簀の子に足を掛《か》けてしまったのだろう。
「ユウ、欠けらを拾おうか」

イサムはそう言って悠としゃがみ込《こ》んだ。

悠の肩が震《ふる》えていた。

「⑪職人は人前で泣くもんじゃない」
⑫悠の涙は止まらなかった。

（伊集院静《いじゅういんしずか》「古備前」『少年譜《しょうねんふ》』所収）

＊古備前…備前焼《やき》（陶器《とうき》）の初期のもの。桃山《ももやま》時代以前のものをいう。古美術品として、高価なことが多い。

＊了見…その人の考えや思い。　＊河岸…魚市場。

(1)（　A　）・（　B　）にあてはまる言葉として最も適切なものを次からそれぞれ選び、記号で答えなさい。（10点・一つ5点）

ア そっと　**イ** かすかに
ウ ぽつりと　**エ** じんわりと

A（　　）B（　　）

(2) ――線①「いいえ、まだ自分は、……」とありますが、この言葉には、悠のどのような思いが表れていますか。十五字以内で答えなさい。（7点）

(3) ――線②「桃治の気遣い」とは、どのような気遣いですか。次の□にあてはまる言葉を考えて二十字以内で答えなさい。（8点）

・イサムの店の見習いである悠が、□をそれとなく本人に伝えるという気遣い。

(4) ――線③「頃合い」、④「怪訝そうな」の意味として最も適切なものを次からそれぞれ選び、記号で答えなさい。（10点・一つ5点）

③「頃合い」
ア 適当な機会　**イ** ちょうどよい時間
ウ 適当な分量　**エ** ちょうどよい程度
（　　）

④「怪訝そうな」
ア 信じられないような　**イ** 不思議そうな
ウ 深く考えていそうな　**エ** 気持ち悪そうな
（　　）

(5) ――線⑤「不器用な分だけいったん身に付けば一生のものになるのだろう」とありますが、これは誰《だれ》の思いですか。その人物の名前を本文中からぬきだして答えなさい。
（　　）（7点）

(6) ――線⑥「言わずもがなと思っていた言葉」とは、どんな意味の言葉ですか。「～言葉」に続くように、本文中から三字でぬきだして答えなさい。（7点）

□言葉

(7) ――線⑦「その子にいらぬ了見を持たせることがある」とありますが、「いらぬ了見」とはたとえばどんなことですか。その説明としてふさわしくないものを次から一つ選び、記号で答えなさい。（8点）

ア　自分はもう一人前だと錯覚《さっかく》して地道な努力をしようとしなくなってしまうこと。
イ　一人前でもないのに背伸《せの》びして高度な技にしか挑戦《ちょうせん》しなくなってしまうこと。
ウ　思い上がってしまい、イサムの言葉を素直に聞く気持ちになれなくなること。
エ　イサムへの尊敬《そんけい》の気持ちがなくなり、えらそうな態度をとるようになること。
（　　）

(8)　――線⑧「五分が過ぎても、悠は下りてこなかった」とありますが、なぜですか。わかりやすく説明しなさい。（8点）

（　　　　）

(9)　――線⑨「ミサエが金切り声を上げた」とありますが、このときのミサエの心情として最も適切なものを次から選び、記号で答えなさい。（8点）
ア　悠を叱《しか》る絶好の機会だと思い、強く責めている。
イ　悠の失敗であることを強調しようとしている。
ウ　悠のしでかしたことの重大さに、気が動転している。
エ　悠に古備前の器を弁償《べんしょう》させようと考えている。
（　　）

(10)　――線⑩「イサムはカウンターに入ると、悠の肩をそっと叩いた」とありますが、このときのイサムの気持ちとしてふさわしくないものを次から一つ選び、記号で答えなさい。（7点）
ア　いたわり　　イ　なぐさめ
ウ　はげまし　　エ　やさしさ
（　　）

発展
(11)　――線⑪「職人は人前で泣くもんじゃない」とありますが、この他にイサムの職人としての気構えが感じ取れる文を二つ探《さが》し、それぞれぬきだして答えなさい。（12点・一つ6点）

（　　）
（　　）

(12)　――線⑫「悠の涙は止まらなかった」のはなぜですか。その理由として最も適切なものを次から選び、記号で答えなさい。（8点）
ア　イサムがかばってくれたことがうれしくて、職人としてこれからも修行に励《はげ》んでいこうと固く心に誓《ちか》っていたから。
イ　消え入りそうなほど罪の意識を感じているにも関わらず、その過《あやま》ちをとがめないイサムの温かさを感じていたから。
ウ　取り返しのつかないことをしてしまったという罪悪感と、激《はげ》しく怒《おこ》ったミサエに対する恐怖《きょうふ》の思いが消えなかったから。
エ　失敗をしただめな自分が、今後もこの店で職人としての修行に耐えて頑張《がんば》っていけるか自信がなくなってしまったから。
（　　）

〔神奈川学園中―改〕

14 随《ずい》筆《ひつ》の読解（出来事を読み取る）①

学習内容とねらい

随筆は、ある出来事や体験をもとに書かれています。筆者の考えをつかむためには、書かれている事実を正確にとらえることが大切です。

〔　月　日〕

標準クラス

1 次の文章を読んで、あとの問いに答えなさい。

ぼくが「障害《しょうがい》は社会環境《かんきょう》がつくるものである」という考えに至《いた》るようになったきっかけは、なんといっても一九八五年五月から一年間のスウェーデン滞在《たいざい》であった。この一年間は文字どおり「目からウロコ」の毎日だった。その時の話をしよう。

〈中略〉

いまの日本では、肢体《したい》不自由という能力障害がある場合、そのハンディは重い。街の中で生活することすら困難《こんなん》な場合が多い。ところが、その能力障害を補《おぎな》う道具、すなわち、補《ほ》装具《そうぐ》と呼《よ》ばれたり、リハビリ機器とか福祉《ふくし》機器と呼ばれていた①テクニカルエイドが、ほんとうにその人に合っていて、なおかつその道具がその能力を十分に発揮《はっき》できるような環境になっていれば、ハンディはかなり軽くなる。たとえば、手足の不自由な人がいて、その人にぴったりのすばらしい電動車椅子《くるまいす》があり、それが自由に動き回れるような住宅《じゅうたく》に住み、家の外や街の中もそうなっているなら、歩けないということはもはやハンディキャップにはならない。ぼくは強度の近視《きんし》だが、眼鏡のおかげで日常たいして不便を感じない。近視による能力障害は眼鏡というテクニカルエイドのおかげで、ハンディキャップとならない。パイロットになれないとか、冬の夜、ラーメン屋に入ると眼鏡が曇《くも》るというくらいの若干《じゃっかん》のハンディは残るが。それと同じくらいの不便さしか、手足の不自由な人は感じないはずなのだ。

②その環境がスウェーデンにはあった。ストックホルムを歩いていて、最初に目についたのは、スロープだった。道路横断のための通路が車道の下をくぐり抜《ぬ》けるようになっていて、その導入部がスロープになっている。そしてエレベーターだが、かなり古いアパートでもエレベーター付《つき》は常識。比較的《ひかくてき》新しいと思われる駅では、階段《かいだん》、エスカレーター、エレベーターが三点セットとなっていた(今でこそ日本の主要な駅にはこの三点セットがついているが、これは二十年前のことである)。それらの利用法も見事で、必要の無い人は駅のエレベーターには乗らず、エスカレーターや階段を必ず使用していたのである。

横断歩道では、信号機から常に音が聞こえてくる。赤信号のときは、カッチンカッチンで、青に変わるとカチカチカチと速くなる(いまは電子音にかわっている)。自動式でも押《お》しボタン式でも同じだし、どこの信号機でもそうなっているのに感心した。ところで③日本では手押し式の信号機のボタンの位置がわからなくて困《こま》る人はいないんでしょうかね。そして、視覚障害者はつねにあの音楽の流れる交差点しか渡《わた》らないのでしょうか。スウェーデンでは④押しボタンの小さな箱の中から、カッチンカッチンの音が聞こえてきていた。

(光野有次《みつのゆうじ》「バリアフリーをつくる」)

(1) ――線①「テクニカルエイド」として、あてはまらないものを次から一つ選び、記号で答えなさい。

ア 耳が聞こえにくい人のための補聴器《ほちょうき》。
イ 幼《おさな》い子どものための脚《あし》の高い椅子。
ウ 帰宅《きたく》が遅い人のための深夜バス。
エ 足を骨折《こっせつ》した人のための松葉杖《まつばづえ》。

(　　)

(2) ――線②「その環境がスウェーデンにはあった」とありますが、どのような環境ですか。本文中の言葉を使って二十五字以内で答えなさい。

(3) ――線③「日本では手押し式の……渡らないのでしょうか」とありますが、筆者は何と何を比較し、何を批判《ひはん》しているのですか。その説明として最も適切なものを次から選び、記号で答えなさい。

ア 日本とスウェーデンとの街の作り方を比較し、ごく一部の人だけにしか便利さを提供《ていきょう》しないという日本の考え方を批判している。
イ 日本とスウェーデンとの設備に対する考え方を比較し、部分的にしか設備が設けられていない日本の社会環境を批判している。
ウ 日本とスウェーデンとの機械技術を比較し、進んだ技術を福祉関係に導入しない日本政府のあり方を批判している。
エ 日本とスウェーデンの設備の利用法を比較し、使う必要のない人がその設備を使っている日本の人々の意識の低さを批判している。

(　　)

(4) ――線④「押しボタンの小さな箱の中から……聞こえてきていた」とありますが、この表現からどんなことがわかりますか。最も適切なものを次から選び、記号で答えなさい。

ア 信号機がある場所のわかりにくさ。
イ 視覚障害者へのやさしい気遣《きづか》い。
ウ 押しボタン式信号機の使いにくさ。
エ 押しボタン式信号機のやかましさ。

(　　)

〈逗子開成中―改〉

時間 30分　合格点 70点　得点 　点　（　月　日）

1 次の文章を読んで、あとの問いに答えなさい。

絵描《えか》きである私《わたし》の弟はスペインのマドリッドに住んでいるが、渡西《とせい》したばかりの頃《ころ》はマヨルカ島というところに住んでいた。

マヨルカ島は、ヨーロッパの人々にとってはリゾート地でもあるので、決して未開の地でも侘《わび》しい離島《りとう》でもない。けれどもマヨルカに住み始めた当初、弟は、長年住み慣れた日本での生活との較差《かくさ》に戸惑《とまど》い、①しきりに驚《おどろ》きを手紙にしたため送ってきた。

私とは十四も歳《とし》の離《はな》れている、今どきの若《わか》いモンである弟は、東京にいる頃は、（　A　）今どきの若いモンの暮《く》らし方をしていた。

車に乗り、長電話をし、コミック雑誌《ざっし》を読み、深夜まで若者向けのテレビ番組を見、レンタルビデオを借り、ファミレスでお茶をし、ファッションに気を遣《つか》う……という、日本の多くの若者がしている日常を、彼《かれ》もまた自分の日常として生きていた。

ところがマヨルカでは、その日常の当たり前だと思われていたもののほとんどがなかったのである。

築二百年のアパートの最上階に住む弟は、プロパンガスが切れるたびにボンベを背負《せお》って町のガス屋に行き、古い水道管のために赤錆《あかさび》だらけの水しか出ない水道に苦しみ、始終出てくる蟻《あり》と格闘《かくとう》し、エアコンがないから冬の寒さと夏の暑さに嘆《なげ》き、ほんとうに最初の頃は愚痴《ぐち》と泣き言ばかりだった。

その弟の様子が少し変わったのは、住み始めて半年ぐらいたった頃だった。

恨《うら》みがましい言葉が消え、手紙の中にはいささか、②それらを楽しみ、それらの意味を考える様子がうかがえるようになってきたのである。

「電気の延長《えんちょう》コードを買おうと思って電気屋へ行ったら、そんなものはないと言われました。びっくりして、遅《おく》れてる国だなあ……と内心思っていたら、店の親父《おやじ》が言うのです。『どうしてもずっと差《さ》し込んでおかなきゃいけないのは冷蔵《れいぞう》庫《こ》ぐらいのもんだ。おまえさんはテレビを見ながらドライヤーで髪《かみ》を乾《かわ》かし、しかもCDを聞いて掃除《そうじ》機も使うのか。いらないものは外しておけばいいんだ』。そんな面倒《めんどう》な……と思ったけど、よく考えてみたら③そうだなって、何だか不思議と納得《なっとく》してしまいました。今までの生活って、何だかひどく欲張《よくば》りだったと珍《めずら》しく反省した次第《しだい》です」

「最初の頃、なんてここの暮《く》らしは退屈《たいくつ》なんだろうと思ったけど、この頃はずいぶん楽しめるようになりました。考えてみると、日本にいたとき、僕《ぼく》は自分で楽しんでいたのではなかったのです。テレビや電話やビデオや町に、楽しませてもらっていただけ。つまり遊んでもらっていたわけです。自分から楽しむことを見つけなくても、周りから与《あた》えられていたから、おもちゃをあてがわれて遊んでいたような感じだったのではないかと思います。でもここは違《ちが》う。自分で楽しむことを見つけないと、誰《だれ》も何も与えてはくれない。最近僕は暇《ひま》なとき、公園のベンチで目を閉《と》じ耳を塞《ふさ》いで、鼻だけで考え事をするのに凝《こ》っています。匂《にお》いだけでもいろいろなことがわかるので面白い。今日の風向き、天気の予想、漂《ただよ》ってくるオリーブオイルの質までわかる。（　B　）力と（　C　）力、分析《ぶんせき》力を駆使《くし》して、まるで知的ゲームをしているような気分です」

絵の腕《うで》のほうはわからないが、弟は確実に、心だけは成長してくれたと、私は手紙を読んだとき実感した。

（神津《こうづ》十月《かんな》「あなたの弱さは幸せの力になる」）

(1) ――線①「しきりに……」とありますが、それが具体的に述べられている一文を本文中から探《さが》し、その最初と最後の五字をぬきだして答えなさい。（句読点を含《ふく》む。）（14点）

□□□□□～□□□□□

(2) （　A　）にあてはまる言葉として最も適切なものを次から選び、記号で答えなさい。（14点）

ア きっぱり　イ はっきり

ウ やっぱり　エ すっきり

（　）

---

(3) □のような内容をたとえて表現している部分を、本文中から二十字程度でぬきだして答えなさい。（14点）

(4) ――線②「それらを楽しみ……」とありますが、「弟」はどのようなことを楽しむようになりましたか。その内容が具体的にわかる一文を本文中から探し、その最初と最後の五字をぬきだして答えなさい。（句読点を含む。）（15点）

□□□□□～□□□□□

(5) ――線③「そうだな」とありますが、「そう」の指す内容が書かれている部分を本文中から二十字以内でぬきだして答えなさい。（15点）

(6) （　B　）・（　C　）にあてはまる言葉として最も適切なものを次からそれぞれ選び、記号で答えなさい。（28点・一つ14点）

ア 読解　イ 影響《えいきょう》　ウ 集中

エ 決断　オ 抵抗《ていこう》　カ 想像

B（　）　C（　）

（捜真女学校中―改）

15 随《ずい》筆《ひつ》の読解②（心情を読み取る）

（　月　日）

学習内容とねらい

随筆の問題に取り組む際には、登場人物の心情を読み取ることが大切です。登場人物の会話の内容や、なぜそのような行動をしたのかを考えながら読みましょう。

標準クラス

1 次の文章を読んで、あとの問いに答えなさい。

わが家の犬はパピヨンという種類の座敷犬《ざしきけん》であるが、五歳《さい》になるのに体は猫《ねこ》より小さい。ついふびんがって甘《あま》やかしたものだから、わがままいっぱいに育ってしまった。頭をなでると、かみつくのである。たぶん攻撃《こうげき》されたと受け取って、反射的《はんしゃてき》に防衛本能をむき出すのだと思うが、ア家人にはともかく、人さまにこれでは、まずい。なでないで下さい、とあらかじめお願いするのだが、そこはそれ、猫よりもちっぽけな犬だから、つい、手が頭にのびる。それまでシッポを振《ふ》ってご機嫌《きげん》の、天使のような顔が、とたんに、である。

毎朝、近くの公園に散歩に連れていく。天気の良い日は、どのベンチもイお年寄りで占領《せんりょう》されている。座《すわ》る場所が決まっているらしい。顔ぶれも同じのようだ。

ある朝、いつもとちがう顔ぶれのベンチの前を通ると、「あっ」とウ老女が①血相変えて立ちあがった。しかし、すぐ、②照れたように苦笑しながら、ごめんなさい、とわびた。

つい先日死んだ愛犬に、あまりにもそっくりなので驚《おどろ》いた、と話した。同じパピヨンだそうであった。この種類は確かに皆《みな》、そっくりの顔つき体つきをしている。

「うちのラリーに、本当にうりふたつ。さわらせて」と、手をのばした。

あっ、と今度はこちらが声をあげた。手綱《たづな》を引いたが、おそい。

ところが不思議にも、わが家の「ガブリエル」（かみつき犬の、これは愛称《あいしょう》ならぬ悪名である）は、ガブリ、とやらず、おとなしくなでさせている。うれしそうに尾《お》を振っているのだ。

「ラリー。ラリー」と老婦人は、すっかり死んだ愛犬をいつくしんでいるつもりである。

③老婦人のとなりに座っていた、同い年ほどの老女が、「エこの人がね、あんまり落ちこんでいるものだから、気分晴らしにこの公園に連れてきたんですよ。よかったわ」と言った。

それからは毎朝、わが家の犬を心待ちに、同じベンチに座って待っている。オ例の友人と一緒《いっしょ》である。「ラリー」と呼びかけながら、頭を三、四回なでれば気がすむのである。その日一日、気分がなごやかだ、ということであった。

夏になって、ガブリエルが体調をくずした。医者通いで散歩もとりやめた。暑さが去って、久しぶりに公園に出かけた。いつものベンチに、いつもの顔ぶれでない。カラリーの老婦人が見えない。キ連れの方だけがいた。私たちを待っていた、と話した。

ラリーのそばに行ってしまったの、と涙《なみだ》ぐんだ。元気そうに見えたが、長いこと病気だったらしい。ラリーが死んで、めっきりおとろえた。ところがラリーそっくりのわが家の犬に会ってから、医者も驚くばかり持ち直した。そして苦しまずに逝《い》った。

「④あなたのおかげよ」とク友人が頭をなでた。尾を振って、おとなしくなでられている。

以来、どうかして私たちがラリーの名を出すと、頭を差し出すのである。本当の名は、ビッキといい、⑤本名で呼ぶと、相変《あいかわ》らず、「ガブリエル」なのだが。

（出久根達郎《でくねたつろう》「残りのひとくち」）

---

(1) ——線①「血相変えて」の意味として最も適切なものを次から選び、記号で答えなさい。

ア とても悲しんで、顔つきを変えて
イ とても腹《はら》を立てて、表情を変えて
ウ とてもあわてて、言葉つきを変えて
エ とても驚いて、顔色を変えて
オ とても動揺《どうよう》して、態度を変えて

（　　）

(2) ——線②「照れたように苦笑しながら」とありますが、この時の老女の気持ちとして適切なものを次からすべて選び、記号で答えなさい。

ア 死んだ愛犬にそっくりだと思ったことが、飼い主に失礼だと思った。
イ 死んだ愛犬が生きて現れたと思った自分が、気恥《きは》ずかしかった。
ウ 死んだ愛犬と誤解《ごかい》したので、知らない人に対して、決まりが悪かった。
エ 死んだ愛犬に似た犬にかみつかれると思った自分が、悲しかった。
オ 死んだ愛犬のまぼろしを見てぞっとした自分が、おかしかった。

（　　）

(3) ——線③「老婦人のとなりに座っていた、同い年ほどの老女」とありますが、これと同じ人物を指す表現を、本文中の**ア**〜**ク**から三つ選び、記号で答えなさい。

（　）（　）（　）

(4) ——線④「あなた」とありますが、誰《だれ》を指しますか。本文中から、三字でぬきだして答えなさい。

□□□

(5) ——線⑤「本名で呼ぶと、相変らず、『ガブリエル』なのだが」とはどのようなことか説明しなさい。

（　　）

（慶應義塾普通部—改）

ハイクラス

時間 30分　合格点 70点　得点 　点

（　月　日）

1 次の文章を読んで、あとの問いに答えなさい。

乗り慣れた地下鉄だが、どうも①不思議な感覚になることがある。地下は景色が見えない。闇《やみ》がとび去るばかりである。闇の通路を抜《ぬ》けると、光に充《み》ちた駅が前方から現われる。明るいプラットホームは、まるで宇宙《うちゅう》に浮《う》かんでいるみたいだ。

地下鉄に乗っていると、空間が失われて今自分が何処《どこ》にいるかわからない。宙にほうりだされたようで頼《たよ》りないものだ。時計がなければ、昼か夜かもわからない。闇の底で点になってしまったような感覚である。

電車を降《お》りて改札口をくぐり、地上にでる。前後の関係がわからず地下道からいきなり歩道に立っても、自分の位置についての認識《にんしき》がないため、どちらに向かって歩きだしてよいやら見当がつかないのだ。

地下鉄は＊デジタル感覚だ。道路を歩くか走るかすればつねに前方と後方の認識があるため、＊アナログ的である。［　　］だからこそ、道路の渋滞《じゅうたい》には巻《ま》き込《こ》まれないですむのだということもできる。

複雑に入り組み、乗り換《か》えれば曲がりくねり枝分かれする通路を歩かねばならない地下鉄が、私は好きだ。地下軌道《きどう》のコンクリート壁《へき》が窓《まど》の外を流れて不意に止まったりすると、生きものの内臓《ないぞう》の軟《やわ》らかな肉のように見えることがある。都市が巨大《きょだい》な生きもののように感じられるのだ。

二十四時間休まずに息をする大都市の地下に、血管が縦横《じゅうおう》に通っているかのようである。＊轟音《ごうおん》に包まれて地下鉄に乗っていると、自分が都市のひとつの呼吸《こきゅう》になったような気がする。

地下鉄は渋滞もなく正確に走りつづけ、私たちは勤勉《きんべん》に働きつづける。束《つか》の間の眠《ねむ》りをむさぼってから、早朝に地下鉄が一斉《いっせい》に動きはじめる光景を私は想像することがある。眠っている地面の下で、強力なたくさんのモーターが回転して、金属の固まりの電車を走らせる。都市も②目覚めないわけにはいかないであろう。都市が大きく息をしはじめたのだ。

地下鉄に乗っていると、都市が人間の身体に似ていることに気づく。要するに地下鉄は都市の内臓なのだ。人間の身体を支配しているのが内臓であると同様、都市の交通を見えないところで支えているのが地下鉄だ。血液も臓器なのだから、地下鉄は都市の血液だというい方もできる。

本来整然としているはずの地下鉄ではあるが、乗り換えなどで間違《まちが》うと、突然《とつぜん》迷路の＊様相を＊呈《てい》してくる。都市の生理も同じだ。秩序《ちつじょ》からはみだしたとたん、寒々しい表情になる。乗り場がわからずうろついていても、地下鉄は正確に走りつづけている。

（立松和平《たてまつわへい》「象に乗って」）

＊デジタル…数や量を数字、数値《すうち》であらわす方法。たとえばデジタル時計など。アナログと対照的なことば。
＊アナログ…数や量を連続的な量であらわす方法。たとえば針《はり》のある時計など。デジタルと対照的なことば。
＊轟音…大きく響《ひび》きわたる音。
＊様相…ありさま。　＊呈して…現わして。示して。

(1) ——線①「不思議な感覚」とありますが、それを説明した次の文の□にあてはまる言葉を本文中から四字でぬきだして答えなさい。(15点)
・自分がいる所、□の認識もできないような感覚。

(2) □にあてはまる言葉を、本文中から漢字一字でぬきだして答えなさい。(15点)

(3) ——線②「目覚めないわけにはいかない」とありますが、この意味として最も適切なものを次から選び、記号で答えなさい。(10点)
ア 目覚めることができないということ。
イ 目覚めてしまうということ。
ウ 目覚める理由が見つからないこと。
エ 目覚めることができない理由が明確なこと。（　）

(4) 筆者が地下鉄に乗車しているときの心境が、比ゆを用いて表現されているところがある。本文中から二十三字で探《さが》し、その最初と最後の五字をぬきだして答えなさい。(15点)

(5) 筆者にとって「地下鉄」はどのようなものですか。そのことが比ゆを用いて表現されているところを二か所、本文中からそれぞれ五字でぬきだして答えなさい。(一問15点)

(6) 本文の内容として最も適切なものを次から選び、記号で答えなさい。(15点)
ア 地下鉄に比べ、タクシーは時間的な制約を受けることのない便利な乗り物である。
イ タクシーも地下鉄も大都市の交通渋滞を回避《かいひ》することができない現状にある。
ウ 地下鉄は交通渋滞もなく時間に正確であるが、乗り換えを間違うと様相が一変する。
エ 景色が見えない暗闇の中を走る地下鉄は絶えず乗客に緊張感《きんちょうかん》を抱《いだ》かせる乗り物である。（　）

(7) この文章の題名(タイトル)として最も適切なものを次から選び、記号で答えなさい。(15点)
ア タクシーの便利性
イ 地下鉄の駅—プラットホームの神秘《しんぴ》
ウ 大都市の交通渋滞の原因
エ 地下鉄はデジタル感覚（　）

〈東海大付属相模中—改〉

16 随《ずい》筆《ひつ》の読解③（主題を読み取る）

学習内容とねらい

随筆には、感想や意見、人生観など、筆者が伝えたい内容が表現されています。エピソードと意見とを区別しながら、主題を読み取りましょう。

〔　月　日〕

標準クラス

1 次の文章を読んで、あとの問いに答えなさい。

私《わたし》は、競技会の緊張感《きんちょうかん》がとても好きだ。

競技場に入って張りつめた空気を感じると、胸《むね》の奥《おく》から①熱いものがこみ上げてくる。

ウォーミングアップをし、準備をととのえて、走り幅跳《はばと》びのピットに立つ。

助走のスタート位置から踏《ふ》み切り板まで三二メートル、その先に平らに整地された砂場《すなば》がある。

ここが私の戦いの場所。

集中して自分の世界に入り込《こ》む。他の選手の様子やまわりのことが気になって集中できないと、②納得《なっとく》できるジャンプもできないし、いい記録もでない。助走から着地まで最高のイメージをつくる。③幅跳びはメンタルの要素が強い競技だ。

順番がきて自分の名前がコールされる。

そしてスタートし、思いきりよく踏み切って空中に跳び出す。この瞬間《しゅんかん》がふわりと長く感じられるのは、調子がいいときだ。そうして、足を振《ふ》り上げてできるだけ前に着地。

踏み切り板の横に座《すわ》っている審判員《しんぱんいん》の白旗があがればセーフ（赤旗はファウル）。あとは記録が表示されるのを待つだけだ。

助走から着地まで、わずか数秒にすぎない。けれどもこの一瞬のために、選手たちは血のにじむような努力をする。

走り幅跳びという種目は、スピード、瞬発力、踏み切りのテクニック、空中のボディコントロールなど、さまざまな技術が組み合わされて完成する。難《むずか》しい競技ではあるけれど、それだけに面白《おもしろ》くて、私にとって最高の自己表現でもある。

障害《しょうがい》をもっているかどうかなんて関係ない。あるのは、競技に対するひたむきな姿勢《しせい》だけだ。

パラリンピックは④そんな選手たちが世界中から集まり、最高のパ*フォーマンスを競い合う大会だ。それぞれの選手はいろいろなドラマを背負《せお》ってこの大会に挑《いど》む。そして、また新たなドラマが生まれる。

日本ではパラリンピックに対する知名度はそれほど高くないのが現状だけど、でも、⑤この最高峰《さいこうほう》のスポーツ競技会をぜひ多くの人に見てもらいたいと思う。

以前、為末大《ためすえだい》さんに、

「パラリンピックの代表選手の選考会も、オリンピックと同じ日本選手権《せんしゅけん》でいっしょにやったらいいんですよね」

と言っていただいたことがある。いっしょに練習しているアテネオリンピック走り幅跳び日本代表の花岡麻帆《はなおかまほ》さんも、ひとりのアスリートとして接してくださる。世界屈指《くっし》のアスリートがパラリンピックとオリンピックを対等のスポーツ競技会と思っていることを知って⑥感激《かんげき》した。

記録やメダルの数という結果だけにとらわれるのでなく、そこで繰《く》り広げられる最高のパフォーマンスをひとりでも多くの人に見てもらい、いっしょに感動を味わってほしい。ひいてはそれが、障害者に対するイメージを変えていくことにもつながっていくと信じている。

（佐藤真海《さとうまみ》「夢《ゆめ》を跳《と》ぶ──パラリンピック・アスリートの挑戦《ちょうせん》」）

＊パフォーマンス…演技や表現。力を発揮《はっき》すること。

(1) ──線①「熱いもの」とは、具体的にはどのような気持ちですか。本文中の言葉を使って答えなさい。

（　　　　）

(2) ──線②「納得できるジャンプ」とはどのようなものですか。次の□にあてはまる言葉を本文中から十一字でぬきだして答えなさい。

・踏み切ったとき、□ジャンプ。

(3) ──線③「幅跳びはメンタルの要素が強い競技だ」とありますが、筆者にとって幅跳びはどのような競技ですか。本文中から七字でぬきだして答えなさい。

(4) ──線④「そんな選手たち」とはどんな選手たちのことですか。本文中の言葉を使って三十五字以内で答えなさい。

(5) ──線⑤「この最高峰のスポーツ競技会をぜひ多くの人に見てもらいたい」とありますが、筆者は多くの人に見てもらうことで、どのようなことを願っているのですか。次の□にあてはまる言葉を本文中から十七字でぬきだして答えなさい。

・競技を見ることで、□ことにつながること。

(6) ──線⑥「感激した」とありますが、筆者はどのようなことに感激したのですか。本文中の言葉を使って二つ答えなさい。

（　　　　）

（　　　　）

時間 30分　合格点 70点　得点 点

〔　月　日〕

1 次の文章を読んで、あとの問いに答えなさい。

土地の恩、というものがわからないかと教えられたことがある。住んでいる土地が、なにかを教え、なにかを恵《めぐ》んでくれるのだという。そういわれれば気づく。貧しい所にいれば、貧しさとはどんなことかを知るし、魚をとる土地なら魚の恩《おん》恵《けい》にあずかり、大根をまく土地なら大根の育ちをおぼえる。

土地の恩のおかげで私は、①桜の葉のにおいを知っている。いまは跡形《あとかた》もなくなっているが、まえには花の名所として知られていた土地にうまれたからである。お菓子《かし》の桜もちのあのにおいなのだが、ああして塩で保存《ほぞん》したものではなくて、根が生えて生きている木の、なまの葉っぱから□に匂《にお》うにおいを知っているのだ。桜という木はせっかちな性分で、花もやたらと急いで落ちたがるが、花が散るのを待ちかねて、ぞくぞくと若葉《わかば》が出る。そしてそのしなしなした若葉がまたたちまち、ごわごわした濃緑《のうりょく》の、②したたかな葉になってしまう。

匂うのは若葉のうちの短い期間であり、それも朝はやい時間である。夜来の雨が上がって快晴の早朝、並木《なみき》の下を通ると、ほんのりと柔《やわ》らかい匂いがうごく。桜もちの葉のようなあんなきつい匂いとは、比べものにならない上品な淡《あわ》さで、だが生き生きしたにおいである。たたずめば定めがたくうすれる匂いだが、行けばしかとこめて匂っている枝の下もある。

知らぬ人が多い葉ざくらの匂いである。話しても③けげんな面持《おもも》ちをされるのはさびしいが、若い日の嗅覚《きゅうかく》が敏感《びんかん》なうちに、④この匂いを知ったのはありがたい。まったく、そこに住んだからこそである。

私の父は釣《つり》がすきで、時によると二日も三日も川の上にいる。船頭といっしょに船へ泊《と》まるのだが、日の出とともに醒《さ》めてこべりから川水で顔を洗《あら》おうとすれば、水面ひくくに野バラの匂いが漂《ただよ》っていて、これこそ釣師《つりし》に贈《おく》られた天のめぐみだ、と⑤話したことがある。利根川のどこかにもやった時の話である。野バラは甘《あま》くにおう。

それから二十何年か後の初夏、まったく人気のない浅間山の中腹《ちゅうふく》を登っていた。道がくの字に折れる所へきて、⑥折れてびっくり、声をあげた。狭《せま》い道の両側から卯《う》の花と茨《いばら》の花が、たわわに咲《さ》き重なって真っ白く、あたり一面が濃《こ》く匂って、森閑《しんかん》と静寂《せいじゃく》、とき折りひとりでに花ははらはらいでこぼれ落ちていた。卯の花も野バラもどこにでもある花、めずらしいとは思わないが火をはく浅間焼け山を、人しれず飾《かざ》っていた白いその花とその芳香《ほうこう》には、感動があった。⑦通りすがりの土地にも、恵みはととのえられている。

いいも悪いも、消えてしまうのが匂いだけれど、印象は一生のこる。だからせめて――いさぎよくババアにはなるとも、ババアくさくはなるまい、とねがうのである。

（幸田《こうだ》　文《あや》「ふるさと隅田川《すみだがわ》」）

(1)　――線①「桜の葉のにおい」とありますが、筆者が知っている桜の葉のにおいとはどういう感じがするものですか。本文中から、十字以内でぬきだして答えなさい。（12点）

(2)　□にあてはまる「そのまま」という意味の言葉を、ひらがな二字で答えなさい。（10点）

(3)　――線②「したたかな」とありますが、ここでの意味として最も適切なものを次から選び、記号で答えなさい。（10点）

ア　元気に満ちて若々しい
イ　すらっとして美しい
ウ　変化しやすくてやわらかい
エ　強くてかたい

（　　）

(4)　――線③「けげんな面持ち」をされるのは、なぜですか。最も適切なものを次から選び、記号で答えなさい。（12点）

ア　多くの人はいいにおいだとは思わないから。
イ　みんなは桜もちの強いにおいが好きだから。
ウ　大半の人には忘《わす》れかけてしまったにおいだから。
エ　大半の人は意識していないにおいだから。

（　　）

(5)　――線④「この匂いを知った」とありますが、何によって知ったのですか。本文中から五字以内でぬきだして答えなさい。（12点）

（　　）

(6)　――線⑤「話した」のは誰《だれ》ですか。本文中からぬきだして答えなさい。（10点）

（　　）

(7)　――線⑥「折れて」とありますが、わかりやすい表現になるように、次の□にあてはまるひらがな三字を答えなさい。（10点）

・折れて＝□て

□て

(8)　――線⑦「通りすがりの土地」とありますが、これに対応するものを本文中から七字でぬきだして答えなさい。（12点）

(9)　本文の内容として最も適切なものを次から選び、記号で答えなさい。（12点）

ア　様々な匂いをきっかけに、昔を思い出している。
イ　若いときに嗅覚《きゅうかく》をとぎすますことをすすめている。
ウ　父と自分の嗅覚の違《ちが》いの原因を追究している。
エ　土地の恩による匂いへの感動を大切にしている。

（　　）

〈青山学院中―改〉

17 随《ずい》筆《ひつ》の読解④（筆者の考えを読み取る）

学習内容とねらい

随筆の問題では、筆者の考えを正確につかむことが大切です。段落《だんらく》ごとにテーマになっていることが何かを把握《はあく》し、それに対する筆者の考えを読み取りましょう。

（　月　日）

標準クラス

1 次の文章を読んで、あとの問いに答えなさい。

僕《ぼく》は、森を散策《さんさく》するのを趣味《しゅみ》としている。山野草を愛《め》でながら小動物を眺《なが》め、自然観察を楽しみとしている。ときには、季節ごとの①森の恵《めぐ》みをいただく*余禄《よろく》もある。山菜やキノコの収穫《しゅうかく》は、森歩きの唯一《ゆいいつ》の楽しみでもある。

夏の到来《とうらい》とともに待ち焦《こ》がれるキノコに②チチタケがある。僕のふるさと栃木県《とちぎけん》では、素麺《そうめん》やうどんの出し汁《じる》として珍重《ちんちょう》し、チタケと呼《よ》び、夏には欠かせないキノコである。このキノコを醤油《しょうゆ》で煮込《にこ》むだけで、風味ある麺類の付け汁となる。油で炒《いた》め醤油で甘辛《あまから》く佃煮《つくだに》のように煮込むと日持ちもよく、*晩酌《ばんしゃく》の*突《つ》き出しになる。栃木県の人々は、目の色を変えて林に分け入り、*挙句《あげく》には隣《となり》の福島県の森まで出かける始末だ。この季節、栃木県のそば屋に行くと「チタケそば」のメニューが並《なら》ぶ。

チチタケは、山梨県《やまなしけん》の方々にはぼさぼさして旨《うま》くないと、あまり好まれないようだ。キノコは、その特徴《とくちょう》に合った調理法で旨くもまずくもなる。だが、この地域《ちいき》には他にもおいしいキノコが採れるからだろうと思うのだが、処《ところ》変われればである。*八ケ岳南麓《やつがたけなんろく》に住むようになって以来《いらい》、僕の独り占《じ》めといった収穫になってしまい、ふるさとの友人たちからうらやましがられているほどだ。

七月中旬《ちゅうじゅん》から八月一杯《いっぱい》に発生し、全体に橙色《だいだいいろ》から茶褐色《ちゃかっしょく》の色調で、煉瓦色《れんがいろ》といったほうがわかりやすいだろうか。よくキノコを縦《たて》に裂《さ》くという表現を使うが、このキノコは引き締《し》まった硬《かた》い質感で折れやすくもろく縦には裂けない。折れたり傷ついたりした個所から白い乳液《にゅうえき》を分泌《ぶんぴつ》するところから、乳《ちち》を連想した命名だ。この乳液はゴム質で、乾《かわ》くと黒っぽく変色する。こうした特徴から子供《こども》にも見分けやすく、町外れの平地林で遊びのように採ったものだ。採ったキノコは手を汚《よご》すので、細い笹《ささ》を折り、キノコの茎《くき》に何個も刺《さ》して帰ると③母に喜ばれた。

こうした里山のような平地林もずいぶんと少なくなっているが、まだまだたくさんある。④自分が住む近くの森に定期的に通うことを薦《すす》める。繁茂《はんも》する植物の種類や棲息《せいそく》する小動物の種類を知り、森の地形を理解すると安心して歩けるようになる。何気なく捨《す》てられたゴミも気になり、愛着がわいてくる。ときには森の恵みもいただけるようになるだろう。そうした森は、もはや自分の*テリトリーになり、「自分の森」と呼んでいいのである。

ところで、森には必ず所有者がいるものだ。国有林や県有林など官有林の森を思い定めることを薦める。季節ごとに収穫できる森の恵みも、ささやかな税の還付金《かんぷきん》をいただくような気分になるからだ。このような国有林も、長野県の森ではキノコの採取が禁じられた立て札を目にする。だが、山梨県の森にはそのような立て札はない。僕はそれだけでも⑤気に入っている。

思い定め知り尽《つ》くした「自分の森」は、恵みだけでなく癒《いや》しと元気の素《もと》をくれるのである。

（荒川《あらかわ》じんぺい「森に棲《す》むヒント」）

＊余禄…予定外の収入。
＊晩酌…晩の食事の時に、酒を飲むこと。
＊突き出し…本料理の前に出す軽い料理。
＊挙句…いろいろやってみた結果。
＊八ヶ岳南麓…八ヶ岳は山梨県にある山で、南麓は、南側のふもと。
＊テリトリー…なわばり。

(1) ――線①「森の恵みをいただく」とありますが、具体的にはどういうことですか。「〜をすること。」に続くように、本文中から十字以内でぬきだして答えなさい。

□□□□□□□□□□をすること。

(2) ――線②「チチタケ」という名前がついた理由を、本文中の言葉を使ってわかりやすく説明しなさい。

（　　　　）

(3) ――線③「母に喜ばれた」とありますが、それはなぜですか。本文中の言葉を使って答えなさい。

（　　　　）

(4) ――線④「自分が住む近くの森に定期的に通うことを薦める」とありますが、それはなぜですか。その理由としてふさわしくないものを次から選び、記号で答えなさい。

ア 森のことをいろいろ知ることで、安心して歩けるようになるから。
イ 森に捨てられたゴミが気になるほど、森に愛着がわいてくるから。
ウ キノコや山菜などの森の恵みをいただくことができるようになるから。
エ 自分だけの森にすることでいつでも収穫が思い通りになるから。

（　　）

(5) ――線⑤「気に入っている」とありますが、どのような点を気に入っているのですか。本文中の言葉を使って答えなさい。

（　　　　）

〈東海大付属相模中―改〉

ハイクラス

時間 30分　合格点 70点　得点 点　（ 月 日）

1 次の文章を読んで、あとの問いに答えなさい。

じっさい、ヨーロッパに伝えられているシンデレラ物語は、*ミクマク族が気づいていたように、とても古い起源《きげん》を持っているのです。おそらくその起源は数万年も前の、旧石器時代にまでさかのぼるだろうと考えられており、その起源のとてつもない古さを語るように、地球のほぼ全域《ぜんいき》でさまざまな形をしたシンデレラ物語が、語りつがれてきました。インディアンの伝える『灰《はい》まみれの少年』の話も、ヨーロッパでよく知られた『シンデレラ』の物語も、地球全体にちらばっていったきわめて古い神話の末裔《まつえい》(子孫)にほかなりません。ですから、はじめてフランス人の口からシンデレラの物語を耳にしたミクマク族の人たちが、①これはどこかで聞いたことのある話だぞ、と感じたのは、深い根拠《こんきょ》があったわけです。

しかし、ミクマク族はその時同時に、ヨーロッパ人の語るこの物語には、②どうにもがまんのならないものがひそんでいるぞ、とするどく感じ取っていました。

なんというか、この話には人としての気高さや気品というものが欠けているのではないか、と感じられたのです。

そんなことがあってしばらくしてからできあがってきたのが、『*モカシン靴《ぐつ》のシンデレラ』の原型となる『肌《はだ》をこがされた少女』という物語だったのです。ミクマク族のすぐれた語り手は、ヨーロッパ版のシンデレラ物語に③だいたんな手を加えてそれを「正しい形」にもどそうとしました。新鮮《しんせん》な発想と深い内容を持ったこの新しいシンデレラ物語は、たちまちのうちにミクマク族の心をとらえて、彼《かれ》らが受けついできた世界のたいせつな在庫のうちに数えられるようになりました。

（ A ）、たき火のまわりにすわりこんで、ミクマク族の語るこの風変わりなシンデレラ物語に耳をかたむけていた白人たちも、そこに語られている思想の深さや美しさに感動して、この話を自分たちの言語に翻訳《ほんやく》して、広めるようになりました。

（ B ）、ミクマク版シンデレラは、すぐれた語りであるのです。

新しく創作《そうさく》されたミクマク版シンデレラ物語では、少女たちのあこがれの的である王子様は、なんと「見えない人」につくりかえられました。偉大《いだい》な狩人《かりゅうど》である「見えない人」は、ヘラジカ(シカの一種)の霊《れい》に守られていますから、たましいが清らかでないと見ることのできない、人間とは別の世界に住んでいるのです。

（ C ）、ただ外見が美しいというだけでは、「見えない人」の妻になることはできません。その資格を持った少女は、なによりも清らかなたましいをもって、世界のほんとうのすがたを見ることができる人でなければなりません。④最新のファッションで美しく着かざったヨーロッパのシンデレラは、あくまでも王子様の視線《しせん》に対して受け身の立場であったのに対して、ミクマク族のシンデレラは、見た人がいたらぷっとふきだしてしまうような珍妙《ちんみょう》なかっこうをして、ただ真一文字に前方を見つめながら、この世でもっとも清らかなものへむかって、ずんずんと歩いていくことのできる少女でした。

（中沢新一《なかざわしんいち》「モカシン靴のシンデレラ」一部改）

＊ミクマク族…カナダインディアンの一部族。
＊モカシン靴…カナダインディアンがはいていた、やわらかい革《かわ》で足を包むように作られた靴。

(1) （Ａ）～（Ｃ）にあてはまる言葉を次からそれぞれ選び、記号で答えなさい。(18点・一つ6点)

ア それなのに　**イ** そのために
ウ それだけは　**エ** そればかりでなく
オ それほどまでに

Ａ（　）Ｂ（　）Ｃ（　）

(2) ――線①「これはどこかで聞いたことのある話だぞ、と感じた」とありますが、なぜそう感じたのですか。その理由を、四十字以内で答えなさい。(20点)

(3) ――線②「どうにもがまんのならないものがひそんでいる」とありますが、ミクマク族はどういうことにがまんがならなかったのですか。本文中の言葉を使って三十字以内で答えなさい。(20点)

(4) ――線③「だいたんな手を加えて」とありますが、一番大きく変えたのはどのようなことですか。本文中の言葉を使って二十五字以内で具体的に答えなさい。（句読点や記号も字数に含《ふく》みます。）(20点)

(5) ――線④「最新のファッションで……受け身の立場であった」とはどういうことですか。その説明として最も適切なものを次から選び、記号で答えなさい。(22点)

ア 王子様に見てもらうために、積極的に最新ファッションを取り入れていること。
イ 美しく着かざって、王子様に見てもらうのを待っていること。
ウ 美しく着かざった姿《すがた》を、王子様に見せに行くということ。
エ 王子様の気に入るようなファッションで、自分を着かざっていること。

（　）

〔親和中―改〕

チャレンジテスト⑤・1

時間 40分　合格点 70点　得点　点　〔　月　日〕

1 次の文章を読んで、あとの問いに答えなさい。

いま私《わたし》が住んでいるのは田舎《いなか》の家だから、涼《すず》しい場所がいっぱいある。冬の外気の温度はマイナスで、玄関《げんかん》の風防室が零度《れいど》前後。廊下《ろうか》が二度から五度くらい。ふだん使わないが床《ゆか》暖房《だんぼう》を弱く入れてある応接間で十～十二度。夫婦それぞれの寝室兼仕事部屋《しんしつけんしごとべや》が十六～十七度といったところ。だからチルド*もパーシャル*も思いのままで、食材や料理はそれぞれに適した温度で保存《ほぞん》できるし、白ワインも赤ワインもセラー*は不要である。私が生まれ育った東京の家も(昔の東京の冬は寒かったから)①そうだったが、いまでも信州《しんしゅう》の田舎では家の中を寒風が吹《ふ》き抜《ぬ》けるのはあたりまえで、一個のコタツにみんなが足を突《つ》っ込《こ》んで暖をとり、障子《しょうじ》の外から声をかけると丹前《たんぜん》を着たお婆《ばあ》さんが裸足《はだし》で出てくるのだ。そんな家なら、添加物《てんかぶつ》の入っていないおせち料理でも、②かなり長いこと保存することができる。

だいたい、とっておいて古くなったものは、匂《にお》いを嗅《か》いでみればよいのである。

ヘンな匂いがしなければそのまま食べる。少し匂っても……妻は食べないが、私は食べてみる。食べてみて味もヘンだったら、よっぽどひどければ吐《は》き出すが、飲み込めるものは飲み込んでから、それ以上食べるのをやめる。妻はそれを見て、あら嫌《いや》だ、食べないほうがいいわよ、というが、そういいながら、どうも私のようすから腐敗《ふはい》の程度を判断しているようである。

もっとも私の場合、腐敗に関する感度がふつうの人よりも鈍《にぶ》いらしく、私が平気で食べたものを猫《ねこ》にやったら猫が食べなかった、ということもあったから、一般《いっぱん》の人は真似《まね》しないほうがいいかもしれない。

しかし、少なくとも③私はそうやって六十三年間を、腹《はら》を壊《こわ》すこともなく生きてきた。

きのうも賞味期限を十日過ぎた豆腐《とうふ》を冷奴《ひややっこ》で食べたが、おいしかった。

豆腐は古くなったらパックから出して、別の容器に新しい水を満たしてそこに移せばさらに生き延びる。鶏肉《とりにく》は、匂ってきたら表面を流水でよく洗《あら》うと寿命《じゅみょう》が延びる(このことは焼き鳥屋で働いていた友人から教わった)。刺身《さしみ》は、消費期限をそろそろ過ぎようとするものをわが家では「玄界灘《げんかいなだ》(限界だな)の魚」と呼《よ》んでいる。

消費期限は、製造日を含《ふく》めておおむね五日以内に品質が急速に劣化《れっか》しやすい生鮮《せいせん》な食品類(弁当、サンドイッチ、惣菜《そうざい》、食肉、生麺《なまめん》等)を対象とするもので、その日(時間の記載《きさい》がある場合は時間)を過ぎたら食べてはいけない、という期限。

賞味期限は、五日を超《こ》えても品質が比較的《ひかくてき》劣化しにくい加工食品（乳製品《にゅうせいひん》、ハム、ソーセージ、冷凍《れいとう》食品、即席《そくせき》めん類等）を対象とした、その日を過ぎても食べることはできるが、品質的に推奨《すいしょう》できない、という期限。

ややこしいが、消費期限でも賞味期限でも、多くの人は手にとった日が期限を過ぎていれば食べることをためらうだろう。とくに若《わか》い世代には、一日でも期限を過ぎていたら食べずに捨《す》ててしまう人が多いと聞く。たしかに食品の安全を守るには統一的な基準が必要かもしれないが、④そこまで厳密《げんみつ》に考えなくてはいけないものだろうか。

このあいだ、東京から雑誌《ざっし》の取材班《しゅざいはん》が撮影《さつえい》に来たとき、ちょうど昼どきに到着《とうちゃく》するので打合《うちあ》わせを兼《か》ねてみんなで食べる弁当を買ってきてもらうように頼《たの》んだ。朝早く出発するときに買いこんで来た、できたての弁当である。クルマから機材をおろし、お茶を入れて食べはじめたのが十一時四十五分。半分ほど食べ終わったときに、弁当箱の側面に小さな紙が貼《は》ってあることに気がついた。見ると、消費期限はその日の正午、と書いてある。時計を見ると、あと五分しかない。私は食べるのは早いほうなのでなんとか間に合ったが、ちょっと焦《あせ》った。もし消費期限に厳《きび》しい人だったら、正午になった瞬《しゅん》間《かん》に、まだ食べていないものは残したまま弁当箱ごと捨てるのだろうか。

私の子供《こども》の頃《ころ》は、消費期限とか賞味期限とかいう言葉は存《そん》在《ざい》していなかった。法律的《ほうりつてき》な用語としてはあったのかもしれないが、一般の人は誰も知らなかった。

私が生まれた家の向かいは魚屋さんで、よくお皿をもってお刺身を買いに行った。親父さんは手際《てぎわ》よく魚を切って私がもっていった皿に並《なら》べ、余った端《はし》っこをぺろっと自分の口に放り込んだ。それを見て、大きくなったらお魚屋さんになりたい、と私は強く思ったものだ。

肉屋さんで薄切《うすぎ》りの肉を買うと、竹の皮に包んでその端を千切った紐《ひも》でくるくると結んで渡《わた》してくれた。

ラップやトレイはどこにもなかった。

いま考えてみると、ラップもトレイもなかった頃は、⑤消費期限や賞味期限を書く場所がどこにもなかったことになる。竹の皮なら書けるかもしれないが、刺身の魚に直接字を書くわけにはいかないだろう。

地球上で石油が大量に消費されるようになったのは、第二次世界大戦後のことである。

石油の精製は十九世紀の後半からおこなわれるようになっていたが、二十世紀に入って自動車の普及《ふきゅう》や飛行機の開発とともに使用量が急激《きゅうげき》に増え、戦争を契機《けいき》としてその重要性がさらに高まった。それまでの主要生産国であったアメリカやロシアに加えて、中東諸国《しょこく》が産油国として名乗りを上げたのも戦後のことである。私たちは石油がなくては暮《く》らせない世の中に生きているが、そのはじまりは案外と新しいものなのだ。

いまから五十年ほど前、たしか小学校か中学校かの授業で、石油はあと五十年ほどで掘《ほ》り尽《つ》くされる、と教わったことがある。教科書にそう書いてあったかどうかはさだかでないが、同世代の人ならきっと記憶《きおく》にあるはずだ。私はそう聞いて子供心に不安になったことを覚えているが、⑥先生はとくに心配しているふうには見えなかった。日々の生活が、まだそれほど石油に依存《いぞん》していなかったので、大人にはリアルな不安として受け止められていなかったのだろう。

結局、次々と新しい油田が見つかり、技術の進歩によりそれまで掘削《くっさく》できなかったところでも生産されるようになったので、五十年のタイムリミットは誰《だれ》も気づかないうちに過ぎようとしている。いまでは、石油は「有限の資源《しげん》」であるといいながら。その「⑦消費期限？」を示す人はいない。

石油があらゆる場面で大量に使われるようになってから、日本では季節はずれの野菜が温室で栽培《さいばい》されるようになり、飛行機や船やトラックであらゆるものが遠くから運ばれてくるようになり、食品はプラスチックのラップとトレイで包装《ほうそう》されて売られるようになったのである。

そして便利になった生活の中で、冬は暖房を入れるので腐らないものが腐るようになり、夏は冷房を効かせるうえに冷《れい》蔵庫《ぞうこ》も進歩したので腐るものが腐らなくなり、さらに添加物が大量に加えられることによって、食べものの寿命は過去の経験だけからではわからないほど複雑な要素が絡《から》み合うものになってしまった。

消費期限や賞味期限の表示は、そうしたもろもろの積み重ねの上に存在しているのだ。

いつから、こんな面倒《めんどう》なことになってしまったのか。

スーパーの食品がいつからプラスチックのトレイに載《の》せられてラップで覆《おお》われるようになったのか、はっきり覚えている人はほとんどいないと思うが、いずれにしても戦後六十数年のあいだにこうなったのである。六十数年のあいだにこうなったものなら、⑧あと六十数年あれば、少しは元に戻《もど》せるだろうか。

（玉村豊男《たまむらとよお》「オジサンにも言わせろNPO」）

＊チルド・パーシャル…チルド（＝零度《れいど》前後の保冷）、パーシャル（＝マイナス三度前後の保冷）で、どちらも冷蔵庫の高機能としてうたわれているもの。

＊セラー…ワインの貯蔵所。

(1) ――線①「そうだった」とありますが、「そう」は何を指していますか。本文中の言葉を使って十五字程度で答えなさい。(12点)

(2) ――線②「かなり長いこと保存することができる」とありますが、その理由として最も適切なものを次から選び、記号で答えなさい。(12点)

ア 家の中が冷蔵庫みたいなものだから。

イ 高級な冷蔵庫の中に入れてあるから。

ウ　腐らない食材を使って作ってあるから。
エ　保存するための様々な技術が開発されているから。

(3)　——線③「私はそうやって六十三年間を、腹を壊すこともなく生きてきた」とは、どういうことですか。最も適切なものを次から選び、記号で答えなさい。(12点)
ア　猫と同じものを食べて生きてきたということ。
イ　腐敗していそうなものでも食べてきたということ。
ウ　腐敗に関して注意を払《はら》って生きてきたということ。
エ　腐っているものは食べないで生きてきたということ。
（　　）

(4)　——線④「そこまで厳密に考えなくてはいけないものだろうか」とありますが、この場面から感じられる筆者の考えとして最も適切なものを次から選び、記号で答えなさい。(13点)
ア　賞味期限や消費期限は製造業者が勝手にさだめているものなので、信用できるものではない。
イ　賞味期限や消費期限というように呼び名がいろいろあるものを、統一するべきである。
ウ　賞味期限や消費期限はあくまで目安であり、自分で安全と思ったら食べてもよい。
エ　賞味期限や消費期限があると、人々が不安を感じるので、表示をやめたほうがよい。
（　　）

(5)　——線⑤「消費期限や賞味期限を書く場所がどこにもなかったことになる」とありますが、このことからわかることとして最も適切なものを次から選び、記号で答えなさい。(12点)
ア　昔の人は、消費期限や賞味期限の意味を習っていなかったこと。
イ　昔の人は、腐ったものでも気にせず買っていたこと。
ウ　昔の人も、消費期限や賞味期限を気にしていたこと。
エ　昔の人は、食べられるかどうかを自分たちで判断していたこと。
（　　）

(6)　——線⑥「先生はとくに心配しているふうには見えなかった」とありますが、それは石油に対して何を感じていなかったからですか。本文中から六字でぬきだして答えなさい。(13点)

(7)　——線⑦「消費期限？」とは、ここではどのような期限を指していますか。二十字以内で答えなさい。(13点)

発展
(8)　——線⑧「あと六十数年あれば、少しは元に戻せるだろうか」とありますが、筆者はどうなることを望んでいるのですか。考えて答えなさい。(13点)
（　　）

チャレンジテスト⑤・2

時間	合格点	得点
40分	70点	点

〔　月　日〕

1 次の文章を読んで、あとの問いに答えなさい。

受験戦争。なんといやな言葉でしょう。

ほんとうの戦争ならば、敵があるはずです。けれど、実際には銃《じゅう》をとって戦わない受験戦争の敵は、いったい誰《だれ》なのでしょうか。高校または大学では、その学校の教育施設《しせつ》に見合うだけの生徒数を決めていますから、応募数《おうぼすう》の多い学校を目ざしたとき、その競争相手があなたの当面の敵となるわけでしょうか。とすると、仲のよい友だちと同じ学校に進みたいと思ったとき、仲のよいその友だちが敵になってしまいます。そんな悲しいことはいやですね。

“①よきライバル”という言葉がありますが、競い合う相手がいることは、自分のためにも相手のためにも［Ⅰ］ことです。けれども、競うことだけが目的になってしまった場合、結果は勝つか負けるかしかなくて、そこには、おたがいを高めあう魂《たましい》の交流はなくなってしまいます。同じとしごろの仲間と心が通じ合わなくなる……。なんと［Ⅱ］ことでしょう。

自然の法則としては、人間は年齢《ねんれい》の順に死んでいくのです。むろん、長寿《ちょうじゅ》の家系《かけい》に生まれても、*不測の交通事故などで若《わか》死《じ》にすることもあり、年齢順に死ぬなんて機械的な仮定ではありますが、私やあなたたちのご両親が、あなたたちより先に死ぬことのほうが、生物学的にみて自然である、という意味で言っているのです。

さて、②そのように、人間は順を追って死んでゆき、あなたたちの世代が日本という国を③左右する年齢に達したときのことを考えてください。同年代がすべて敵であったり、相手の考えが理解できないままであったら、日本はどうなってしまうのでしょう。そしてあなたたちの子どもは、誰の手によってそのまたつぎの世代をになうように育てられていくのでしょうか。（　A　）、大人になれば、④いやおうなく大きな人間関係にまき込《こ》まれてゆきます。そうしたなかでいつまでも相手の心がわからない⑤大人子どものままでいられるわけがありません。【　あ　】

幼稚園《ようちえん》のときから勉強勉強と*邁進《まいしん》し、高成績をおさめて、みごと一流大学に合格したとたん、がっくりきたり、その大学でなにを学ぶのかわからなくて、心を病む大学生が増えつつあるのを見ると、私は心が痛《いた》んでなりません。また、大学に入ってようやく受験戦争から解放され、心を病む代わりに、いままでの*代償《だいしょう》として思いっきり遊ぶ若者も増えています。

心を病む人たちより、*タフだといえるかもしれませんが、社会は社会の発展《はってん》に確実に役立つ若者を求めているという現実にぶつかります。就職《しゅうしょく》です。これもみごとに難関《なんかん》を突破《とっぱ》して、一流企業《きぎょう》に入れる優秀《ゆうしゅう》な若者がいます。ところが今度はそこで適応できない人がでてきます。⑥そうした若者の例を見ると、人とのつき合いで訓練ができていない人が多いようです。

【い】

そこで、社会に出てから、あらためて人間としての教育を再訓練されるのが最近ではふつうのようになってしまいました。もう学生ではありません。その会社の一員として働き、働きに見合ったお給料をもらうのですから、いままでのような甘《あま》えは許されません。大多数の若者は、⑦企業の人間教育にたいして、そういうものかと納得《なっとく》し、（　B　）あきらめたりして適応していきます。けれども、そんなはずではなかったと逃《に》げ出したり、心を病んだり、ときには自殺者を出したりすることもあります。

（　C　）、きびしい受験戦争に勝ちのこった者にしあわせな将来《しょうらい》が約束されるという思い込《こ》みは、ある部分、幻想《げんそう》だと思ってください。【う】

それは、企業が企業のためにする教育でも、学校がしてくれるものだけでもありません。生まれたときから、成長していく過程で、ていねいに身につけていく、生きていく心構えなのだと思います。

生きていく心構え――など、中学生や高校生にはむずかしすぎると思わないでください。（　D　）朝の挨拶《あいさつ》、食事の前後の挨拶だって、人間教育のもっとも基本的なものなのですから。【え】

⑧学校とは、勉強だけ教えてくれるところではありません。いろいろな個性をもった子どもたちが集まり、クラスを編成し、学年を構成していって、その全体のなかで自分を発見する場でもあるのです。

自分の発見とは、数学はA君より劣《おと》るけれど国語力は自分のほうが優《すぐ》れているとか、成績にはあまり自信はないけれど、いざというときクラスをまとめるにはぼくがいなくてはとても無理だ、とかいうこともあるでしょう。級友と論争《ろんそう》をしてみて、意外と自分に説得力のあることに気づくなど、一人で勉強部屋にこもっているだけではわからないことが、たくさんあるはずです。⑨学校とは、本来、ランクづけのためにあるのではありません。でも、現実には五段階《だんかい》、あるいは十段階方式で、あなたたちの能力は評価されます。【お】

私自身、また私の息子も、学期末に手渡《てわた》されるその評価表を見て、落ち込《こ》んだり、とび上がって喜んだりした覚えがあります。でも、私たち母子が、あまりその評価に左右されずに過ごしてこられたのは、いつまでもとらわれてはいない性格にもよるのでしょう。ときにはその評価に不満をもったこともあります。（　E　）、世の中には、絶対ということはありえないのだから、これが正しいと思うのはよそうと負け惜《お》しみを考えたり、思いがけずよい評価のときは、みんなドジったな、とほかの人のことを考えたものでした。いずれにしても、⑩これは一つの目安である、だから、あとは自分が努力するかしないかによって、来学期はまた変化するものである、と考えていました。

（小山内美江子《おさないみえこ》「21世紀を生きる君たちへ――日本の明日を考える」一部改）

＊不測…予測できないこと。
＊邁進…ひるまず突《つ》き進むこと。
＊代償…ある目的を達成するために支払《しはら》ったり、失ったりしたもの。
＊タフ…強靭《きょうじん》な。粘《ねば》り強い。

(1) （ A ）〜（ E ）にあてはまる言葉として最も適切なものを次からそれぞれ選び、記号で答えなさい。（同じ言葉は一回しか使えません。）（10点・一つ2点）

ア だから　**イ** でも　**ウ** たとえば
エ もちろん　**オ** あるいは

A（　　）B（　　）C（　　）
D（　　）E（　　）

(2) Ⅰ・Ⅱにあてはまる言葉として最も適切なものを次からそれぞれ選び、記号で答えなさい。（4点・一つ2点）

Ⅰ **ア** やさしい　**イ** たのしい　**ウ** うれしい
　エ すばらしい　**オ** つまらない
Ⅱ **ア** おそろしい　**イ** なさけない　**ウ** むずかしい
　エ はずかしい　**オ** わずらわしい

Ⅰ（　　）Ⅱ（　　）

(3) 本文中から次の一文がぬけています。あてはまる部分として最も適切なものを本文中の【あ】〜【お】から選び、記号で答えなさい。（4点）

・では、人間教育とはなんでしょう。

（　　）

(4) ——線①「よきライバル」とありますが、筆者が考える理想的な「よきライバル」とはどのような関係ですか。本文中の言葉を使って説明しなさい。（10点）

（　　）

(5) ——線②「そのように」とありますが、「その」とは何を指していますか。本文中からあてはまる部分を四十字以上四十五字以内で探《さが》し、その最初と最後の五字をぬきだして答えなさい。（8点）

□□□□□〜□□□□□

(6) ——線③「左右する」とありますが、ここでの意味として最も適切なものを次から選び、記号で答えなさい。（5点）

ア そばに置く　**イ** 世話をする　**ウ** 仕える
エ 動かす　**オ** 支配する

（　　）

(7) ——線④「いやおうなく大きな人間関係にまき込まれてゆきます」とありますが、筆者はこのことについてどのように考えていますか。最も適切なものを次から選び、記号で答えなさい。（8点）

ア 大きな人間関係で何が大切なのかは、受験戦争を勝ち抜いた人たちならば学ぶことができるので自信をもってほしい。
イ あなたたちが、日本の大きな人間関係にまき込まれていくころ受験戦争はなくなっているが、勉強の大切さを子どもに教えるべきだ。

ウ　人間は順を追って死んでゆくので、大きな人間関係にまき込まれていくあなたたちを助けてくれる人はいなくなる。

エ　相手の考えが理解できないまま大きな人間関係にまき込まれると、対応しきれず心を病んだり、自殺に追い込まれる場合もある。

（　　）

(8)　――線⑤「大人子ども」とありますが、どのような意味ですか。最も適切なものを次から選び、記号で答えなさい。（5点）

ア　大人と子ども　　イ　おとなしい大人

ウ　おとなしい子ども　　エ　大人のような子ども

オ　子どものような大人

（　　）

(9)　――線⑥「そうした若者」とは、どういう若者ですか。本文中の言葉を使って二十字以内で答えなさい。（8点）

(10)　――線⑦「企業の人間教育」とありますが、どのような教育のことですか。それを説明した次の文の[a]・[b]にあてはまる言葉を、本文中からaは七字、bは二字でぬきだして答えなさい。（10点・一つ5点）

・人間としての教育ができていない学生に、あらためて[a]方を[b]するということ。

a

b

(11)　――線⑧「学校とは、勉強だけ教えてくれるところではありません」、⑨「学校とは、本来、ランクづけのためにあるのではありません」とありますが、では、筆者は学校とはどのようなところだと考えていますか。本文中から、八字でぬきだして答えなさい。（8点）

(12)　――線⑩「これ」とは、何を指していますか。本文中からぬきだして答えなさい。（10点）

（　　）

(13)　本文中の内容と合っていないものを次から一つ選び、記号で答えなさい。（10点）

ア　仲のよい友だちと同じ学校に進みたいと思ったとき、仲のよいその友だちが敵になってしまう。

イ　幼稚園のときから勉強に邁進し、一流大学に合格し、一流企業に入れる優秀な若者は人とのつき合いで訓練ができている人が多い。

ウ　きびしい受験戦争に勝ちのこった者にしあわせな将来が約束されるという思い込みは、ある部分、幻想である。

エ　人間教育とは、生まれたときから成長していく過程で、ていねいに身につけていく、生きていく心構えである。

オ　学校とは、本来、ランクづけのためにあるものではないが、学期末に五段階あるいは十段階方式で能力が評価されるのが現実である。

（　　）

〈足立学園中―改〉

18 詩の解しゃく

学習内容とねらい

詩で描《えが》かれている情景を読み取り、それがどのように表現されているかを考えましょう。さまざまな表現の工夫も覚えておくようにしましょう。

〔　月　日〕

標準クラス

1 次の詩を読んで、あとの問いに答えなさい。

空をかついで　　石垣《いしがき》りん

肩《かた》は
首の付け根から
なだらかにのびて。
肩は
地平線のように
つながって。

人はみんなで
①空をかついで
（　　）からきょうへと。

子どもよ
おまえのその肩に
おとなたちは
きょうからあしたを移しかえる。
この重たさを
この輝《かがや》きと暗やみを
あまりにちいさいその肩に。

②少しずつ
少しずつ。

(1) この詩の形式として最も適切なものを次から選び、記号で答えなさい。

ア 文語自由詩　**イ** 文語定型詩
ウ 口語自由詩　**エ** 口語定型詩

（　　）

(2) （　　）にあてはまる言葉を考えて、ひらがな三字で答えなさい。

□□□

(3) ――線①「空をかついで」とありますが、「空」はいったい何を表していると考えられるでしょうか。「地球の□」という形で答えるとき、□にあてはまる漢字二字を考えて答えなさい。

地球の□□

(4) ——線②「少しずつ／少しずつ」とありますが、ここには作者のどんな気持ちが表れていますか。最も適切なものを次から選び、記号で答えなさい。

ア 今のこの世界を子どもにわたしても、子どもも困《こま》るだろうと心配する気持ち。

イ この世界のわたし方がわからないので、少しずつしか子どもにわたせないという気持ち。

ウ この世界をわたしたくないので、子どもにはまだ少しずつしかわたさないでおこうという気持ち。

エ 子どもたちの成長に合わせて、少しずつこの世界をわたしていこうという気持ち。

（　　）

2 次の詩を読んで、あとの問いに答えなさい。

からたちの花

北原白秋《きたはらはくしゅう》

からたちの花が咲《さ》いたよ。
白い白い花が咲いたよ。

からたちのとげはいたいよ。
青い青い針《はり》のとげだよ。

からたちは畑《はた》の垣根《かきね》よ。
いつもいつもとおる道だよ。

からたちも秋はみのるよ。
まろいまろい金のたまだよ。

からたちのそばで泣いたよ。
みんなみんなやさしかったよ。

からたちの花が咲いたよ。
白い白い花が咲いたよ。

(1) この詩の特色として最も適切なものを次から選び、記号で答えなさい。

ア 一行の音数に一定のリズムがある。

イ 一行の音数をさまざまに変えている。

ウ 連によって一行の音数を変えている。

エ 行末の表現をさまざまに変えている。

（　　）

(2) この詩に用いられている表現技法を次から一つ選び、記号で答えなさい。

ア 直喩《ちょくゆ**　イ** 擬人法《ぎじんほう》　**ウ** 倒置法《とうちほう》　**エ** 対句法《ついくほう》

（　　）

(3) 作者が自分の幼《おさな》いころの思い出をなつかしんでいることが最もはっきりと読み取れる連を詩の中から探《さが》し、ぬきだして答えなさい。

（　　　　）

ハイクラス

時間	合格点	得点
30分	70点	点

（　月　日）

1 次の詩を読んで、あとの問いに答えなさい。

蝶《ちょう》　はばたく朝　　成本和子《なるもとかずこ》

五月のひかりが
さざなみのようにゆれる朝
からたちの葉かげの
①ちいさな儀式《ぎしき》

ほろにがい葉に生かされ
たえてしのんだ②沈黙《ちんもく》の日日
わかばをかすめる風にはじらいながら
今　アゲハ蝶は羽化《うか》する

③自然のなかでかわされた
やくそくのときはみち
さなぎの背《せ》はさだめられたようにわれる
満身に力をこめて触角《しょっかく》をのばし
ふかくたたみこまれた（　a　）をひきだせば
生まれることのいたみが
せなかをひとすじはしる
何の力で生まれでたか

宇宙《うちゅう》のなぞも
この　いっぴきの蝶のなかへ
あつめられ　そして約され　また約され
④ふきこめられているのだ

ぬぎすてられた　さなぎのからに
うごきだしたばかりの
⑤黒糸のようにほそい足でとまれば
朝つゆにぬれた羽が
はばたくことのよろこびで　かすかにひかる

ゆっくり　ゆっくり　呼吸《こきゅう》をととのえ
かろやかになびく新しい羽に
⑥生まれでた重みのひとしずくをのせ
かがやく（　b　）のひかりにまねかれて
アゲハ蝶は　はばたいていく

(1) （　a　）・（　b　）にあてはまる言葉を詩の中から探《さが》し、それぞれ漢字一字でぬきだして答えなさい。（10点・一つ5点）

a（　　）　b（　　）

(2) ——線①「ちいさな儀式」とありますが、どんなことを

表していますか。十五字以内で答えなさい。（10点）

(3) ――線②「沈黙の日日」とありますが、いつのことを表していますか。説明しなさい。（10点）

（　　　　）

(4) ――線③「自然のなかでかわされた／やくそく」とありますが、何がどんなことを知っていることを表していますか。説明しなさい。（10点）

（　　　　）

(5) ――線④「ふきこめられているのだ」とありますが、何がふきこめられているのですか。最も適切なものを次から選び、記号で答えなさい。（10点）

ア アゲハ蝶
イ やくそくのとき
ウ 宇宙のなぞ
エ さなぎのから

（　　）

(6) ――線⑤「黒糸のようにほそい足」とありますが、この表現からどのようなことがわかりますか。最も適切なものを次から選び、記号で答えなさい。（10点）

ア 生まれたばかりのアゲハ蝶のたくましさ
イ 生まれたばかりのアゲハ蝶の足の黒さ
ウ 生まれたばかりのアゲハ蝶の羽のもよう
エ 生まれたばかりのアゲハ蝶の弱々しさ

（　　）

(7) ――線⑥「生まれでた重みのひとしずく」とありますが、何をこのように表していますか。詩の中から三字でぬきだして答えなさい。（10点）

(8) この詩について説明した次の文の空らんにあてはまる言葉を答えなさい。ただし、Aは五字以内で考えて、B～Eはあとの**ア**～**ク**の中から最も適切なものをそれぞれ選び、記号で答えなさい。（同じ言葉は一回しか使えません。）（30点・一つ6点）

アゲハ蝶が羽化して[A]までの様子が、わかりやすく描写《びょうしゃ》されている。また、アゲハ蝶を[B]化することで、作者の、生命の[C]に対する[D]や、小さないのちを[E]気持ちが効果的に表現されている。

ア 体言　**イ** 擬人《ぎじん》
ウ かわいがる　**エ** いつくしむ
オ 同情　**カ** 感動
キ 象徴《しょうちょう》　**ク** 神秘《しんぴ》

A

B（　　）　C（　　）
D（　　）　E（　　）

19 短歌・俳句《はいく》の解しゃく

〔　月　日〕

学習内容とねらい

短歌・俳句は古典的なものだけでなく、現代に書かれたものもたくさんあります。情景をつかみ、作者の心の動きを読み取りましょう。

標準クラス

1 次の短歌を読んで、あとの問いに答えなさい。

A　瓶《かめ》にさす藤《ふじ》の花房《はなぶさ》みじかければ畳《たたみ》の上にとどかざりけり　正岡子規《まさおかしき》

B　金色《こんじき》の小さき鳥のかたちして（　1　）散るなり夕日の丘《おか》に　与謝野晶子《よさのあきこ》

C　くれなゐの二尺伸《にしゃくの》びたる（　2　）の芽の針《はり》やはらかに春雨のふる　正岡子規

D　（　3　）は金の油を身にあびてゆらりと高し日のちひささよ　前田夕暮《まえだゆうぐれ》

E　いつしかに春の名残《なごり》となりにけり昆布干場《こんぶほしば》のたんぽぽの花　北原白秋《きたはらはくしゅう》

(1) 短歌はどのような音の並《なら》びになっていますか。漢数字で答えなさい。

（　　）（　　）（　　）（　　）（　　）

(2) A～Eの短歌で、字余りになっている短歌を一首選び、記号で答えなさい。（　　）

(3) （　1　）～（　3　）にあてはまる植物を次から一つずつ選び、記号で答えなさい。

ア さくら　**イ** ぼたん　**ウ** 銀杏《いてふ》
エ 薔薇《ばら》　**オ** うめ　**カ** 向日葵《ひまわり》

1（　　）2（　　）3（　　）

(4) Dの短歌で使われている表現技法を次から一つ選び、記号で答えなさい。

ア 体言止め　**イ** 比喩《ひゆ》
ウ 対句法《ついくほう》　**エ** 倒置法《とうちほう》

（　　）

(5) 次のa・bの解説は、A～Eのどの短歌について述べたものですか。最も適切なものをそれぞれ選び、記号で答えなさい。

a　病気で寝《ね》ている作者のさびしい気持ちが表れている。
b　花から感じる力強さや迫力《はくりょく》が表現されている。

a（　　）b（　　）

2 次の俳句《はいく》を読んで、あとの問いに答えなさい。

A 菜の花や月は東に日は西に　与謝蕪村《よさぶそん》

B さみだれや大河《たいが》を前に家二軒《いへにけん》　与謝蕪村

C うつくしや障子《しょうじ》の穴《あな》の天の川　小林一茶《こばやしいっさ》

D 赤い椿《つばき》白い椿と落ちにけり　河東碧梧桐《かわひがしへきごとう》

E 残雪やごうごうと吹《ふ》く松《まつ》の風　村上鬼城《むらかみきじょう》

F をりとりてはらりとおもきすすきかな　飯田蛇笏《いいだだこつ》

(1) A～Fの季語をそれぞれ答え、その季節を漢字一字で答えなさい。

	季語	季節
A	（　　）	（　　）
B	（　　）	（　　）
C	（　　）	（　　）
D	（　　）	（　　）
E	（　　）	（　　）
F	（　　）	（　　）

(2) A～Fで使われている切れ字をそれぞれ答えなさい。

A（　　）　B（　　）
C（　　）　D（　　）
E（　　）　F（　　）

(3) Aの俳句は一日のいつごろの様子を表していますか。

（　　）

(4) Cの俳句から感じられることとして最も適切なものを次から選び、記号で答えなさい。

ア 貧しい生活から早くぬけ出したいという強い思い。
イ 貧しい生活で心が打ちひしがれている様子。
ウ 貧しい生活の中にも楽しさを感じている様子。
エ 貧しい生活からぬけ出さなければとあせる気持ち。

（　　）

(5) Eの俳句と同じ季節を表す言葉を次から選び、記号で答えなさい。

ア 大根　**イ** 金魚　**ウ** 名月　**エ** つばめ

（　　）

(6) 次のa・bの解説は、A～Fのどの俳句について述べたものですか。最も適切なものをそれぞれ選び、記号で答えなさい。

a 自然の力のすさまじさに圧倒《あっとう》されている様子が表現された俳句である。

b 自然の厳《きび》しさの中にも、新しい季節の到来《とうらい》を予感させる俳句である。

a（　　）　b（　　）

1 次の短歌を読んで、あとの問いに答えなさい。

A　おり立ちて今朝の寒さを驚《おどろ》きぬ露《つゆ》しとしとと柿《かき》の落葉《おちば》深く　伊藤左千夫《いとうさちお》

B　ふるさとの訛《なまり》なつかし
停車場の人ごみの中に
そを聴《き》きにゆく　石川啄木《いしかわたくぼく》

C　ゆく秋の大和《やまと》の国の薬師寺《やくしじ》の塔《とう》の上なる一ひらの雲　佐佐木信綱《ささきのぶつな》

D　葛《くず》の花踏《ふ》みしだかれて色あたらしこの山道を行きし人あり　釈《しゃく》迢空《ちょうくう》

E　みづうみの氷は解けてなほ寒し三日月の影《かげ》波にうつろふ　島木赤彦《しまきあかひこ》

F　霜《しも》やけの小《ちひ》さき手して蜜柑《みかん》むくわが子しのばゆ風の寒きに　落合直文《おちあいなおふみ》

G　いちはつの花咲《さ》きいで、我目《わがめ》には今年ばかりの春行《ゆ》かんとす　正岡子規《まさおかしき》

---

(1)　AとBの短歌はそれぞれ何句切れですか。（10点・一つ5点）

A（　　）句切れ　B（　　）句切れ

(2)　Cの短歌に見られる表現の特徴《とくちょう》として最も適切なものを次から選び、記号で答えなさい。（5点）

ア　同じ音の繰《く》り返しから視点《してん》の動きを表現している。
イ　薬師寺のみごとさをたとえを使って表現している。
ウ　雲の変化する形をたくみに表現している。
エ　秋の様子を対句法《ついくほう》を用いて豊かに表現している。

（　　）

(3)　D～Gの短歌の説明として最も適切なものを次からそれぞれ選び、記号で答えなさい。（20点・一つ5点）

ア　寒さの中で、ふと自分の子どものことをなつかしく思い出している。
イ　草深い山道に人の気配を感じたときの驚きが描《えが》かれている。
ウ　張りつめるような寒さを感じさせる情景が描かれている。
エ　季節の変化を感じ、過ぎていく季節に寂《さび》しさを感じている。

D（　　）　E（　　）　F（　　）　G（　　）

2 次の俳句《はいく》を読んで、あとの問いに答えなさい。

A 山路《やまぢ》来て何やらゆかしすみれ草　松尾芭蕉《まつおばしょう》

B 五月雨《さみだれ》をあつめて早し最上川《もがみがは》　松尾芭蕉

C 凩《こがらし》や海に夕日を吹《ふ》き落《おと》す　夏目漱石《なつめそうせき》

D 赤蜻蛉《とんぼ》筑波《つくば》に雲もなかりけり　正岡子規《まさおかしき》

E 小春日や石を噛《か》み居《ゐ》る赤蜻蛉　村上鬼城《むらかみきじょう》

F 朝顔に釣瓶《つるべ》とられてもらひ水　加賀千代女《かがのちよじょ》

G 雪とけて村一ぱいの子ども哉《かな》　小林一茶《こばやしいっさ》

H 匙《さじ》なめて童《わらべ》たのしも夏氷　山口誓子《やまぐちせいし》

I 遠山に日の当《あた》りたる枯野《かれの》かな　高浜虚子《たかはまきょし》

J 行水《ぎょうずい》の捨《す》てどころなし虫の声　上島鬼貫《うえしまおにつら》

(1) A～Jの俳句の季語と季節を答えなさい。(40点・一つ2点)

A 季語（　　　）季節（　　）

B 季語（　　　）季節（　　）

C 季語（　　　）季節（　　）

D 季語（　　　）季節（　　）

E 季語（　　　）季節（　　）

F 季語（　　　）季節（　　）

G 季語（　　　）季節（　　）

H 季語（　　　）季節（　　）

I 季語（　　　）季節（　　）

J 季語（　　　）季節（　　）

(2) Aの「何やらゆかし」からどんな心情が感じられますか。最も適切なものを次から選び、記号で答えなさい。(5点)

ア 興味をひかれる　**イ** とてもさびしい

ウ たまらなくゆかいだ　**エ** 何となくなつかしい

（　　）

(3) Eの「赤蜻蛉」の様子として最も適切なものを次から選び、記号で答えなさい。(5点)

ア のびのびと空を飛んでいる。

イ 石にしがみついている。

ウ 石に止まったり飛んだりしている。

エ たくさんの赤とんぼが飛び交《か》っている。

（　　）

(4) A～Jの俳句で「切れ字」が使われているものをすべて選び、記号で答えなさい。(5点)

（　　　　　　）

(5) Fの俳句に詠《よ》まれている気持ちとして最も適切なものを次から選び、記号で答えなさい。(5点)

ア 思いやり　**イ** くやしさ

ウ ほほえましさ　**エ** ものがなしさ

（　　）

(6) Gの俳句から感じられるものとして最も適切なものを次から選び、記号で答えなさい。(5点)

ア 季節が変わる喜び　**イ** 季節が終わるさびしさ

ウ 子どもへの反発　**エ** 子どもと接するとまどい

（　　）

20 古典に親しむ

〔　月　日〕

学習内容とねらい

日本の伝統的な文章を学びます。現代では使われていない言葉の書き方や、現代の言葉との意味のちがいに注意して読みましょう。

標準クラス

1 次の――線の言葉の意味として最も適切なものを次からそれぞれ選び、記号で答えなさい。

(1) ここに入るべからず。（　　）

ア 入ってはいけない
イ 入ったほうがよい
ウ 入ってしまった
エ 入ったのだろう

(2) まさに言わんとす。（　　）

ア 言わない　**イ** 言いたくない
ウ 言おう　**エ** 言った

(3) 馬に乗って通る人ありけり。（　　）

ア 通る人がいた
イ 通る人はいない
ウ 通る人があるようだ
エ 通る人に会った

(4) 打ち割らんとすれど、たやすく割《わ》れず。（　　）

ア 簡単に割れてしまった
イ たくさんは割れなかった
ウ すぐに割れてしまった
エ 簡単には割れなかった

(5) 初心の人、二つの矢を持つことなかれ。（　　）

ア 二つの矢を持つほうがよい
イ 二つの矢を持ってはいけない
ウ 二つの矢を持ちたがるものだ
エ 二つの矢を持っているようだ

2 次の――線の言葉は昔のかなづかいで書かれています。現代のかなづかいに直して、すべてひらがなで書きなさい。

(1) 人目も草も　かれぬと思へば（　　）
(2) 花ぞ昔の　香《か》ににほひける（　　）
(3) 身のいたづらに　なりぬべきかな（　　）
(4) いまひとたびの　あふこともがな（　　）
(5) 高砂《たかさご》の　をのへの桜　さきにけり（　　）
(6) いづこも同じ　秋の夕ぐれ（　　）
(7) 世を思ふゆゑに　物思ふ身は（　　）
(8) からくれなゐに　水くくるとは（　　）

3 次の【古文】と【現代語訳《やく》】を読んで、あとの問いに答えなさい。

【古文】

①今は昔、②竹取《たけとり》の翁《おきな》といふものありけり。野山にまじりて竹を取りつつ、aよろづのことに使ひけり。名をば、さぬきのみやつことなむbいひける。

その竹の中に、もと光る竹なむ一筋《ひとすじ》ありける。③あやしがりて、寄りて見るに、筒《つつ》の中光りたり。それを見れば、三寸《さんすん》ばかりなる人、いとcうつくしうてゐたり。

（「竹取物語」）

【現代語訳】

（　＊　）、竹取の翁という者がいた。野や山に分け入って竹を取っては、いろいろなことに使っていた。名前を、さぬきのみやつこといった。

その竹の中に、根元の光る一本の竹があった。不思議に思って、近寄ってみると、筒の中が光っている。それを見ると、三寸(=約九センチメートル)ぐらいの(背丈《せたけ》の)人が、たいそうかわいらしい様子で座《すわ》っていた。

(1) この文章の【古文】に、現代のかなづかいでは原則として用いない字があります。その一字をぬきだして答えなさい。（　　）

(2) ――線①「今は昔」の意味として最も適切なものを次から選び、記号で答えなさい。

ア 今となっては昔のことだが
イ 今も昔も変わりはないが
ウ 今と昔ではまったくちがうが
エ 今から昔の話を始めるが

（　　）

(3) ――線②「竹取の翁」について、次の問いに答えなさい。

Ⅰ 名前を【現代語訳】からぬきだして答えなさい。（　　）

Ⅱ 「竹取の翁」が見つけたものは何ですか。【現代語訳】から九字で探《さが》し、ぬきだして答えなさい。

(4) ‖線a「よろづ」、b「いひける」を現代のかなづかいに直して、すべてひらがなで書きなさい。

a（　　）　b（　　）

(5) ――線③「あやしがりて」の意味を、【現代語訳】からぬきだして答えなさい。（　　）

(6) ‖線c「うつくしうてゐたり」を現代のかなづかいに直して書いたものとして最も適切なものを次から選び、記号で答えなさい。

ア うつくしうてえたり
イ うつくしいていたり
ウ うつくしゅうておたり
エ うつくしゅうていたり

（　　）

ハイクラス

時間 30分　合格点 70点　得点　　点

〔　月　日〕

1 次の【古文】と【現代語訳《やく》】を読んで、あとの問いに答えなさい。

【古文】

春はあけぼの。ₐやうやうしろくなりゆく山ぎは、すこしあかりて、紫《むらさき》だちたる雲のほそくたなびきたる。

夏は夜。月のころはさらなり、闇《やみ》もなほ、蛍《ほたる》の_bおほく飛びちがひたる。また、①ただ一つ二つなど、ほのかにうち光りて行くもをかし。雨など降るもをかし。

秋は夕暮《ゆふぐれ》。夕日のさして山の端《は》いと近うなりたるに、烏《からす》のねどころへ行くとて、三つ四つ、二つ三つなど飛びいそぐさへ②あはれなり。まいて雁《かり》などのつらねたるが、□小さく見ゆるは、いとをかし。日入り果てて、風の音《おと》、虫の音《ね》など、はた言ふべきにあらず。

（清少納言《せいしょうなごん》「枕草子《まくらのそうし》」）

【現代語訳】

春はあけぼの。だんだん白くくっきり見えてくる山ぎわが、少し明るくなって、紫がかった雲がほそくたなびいているの(がいい)。

夏は夜。月があるころは言うまでもない、闇もやはり、蛍がたくさん飛び交っているの(はいい)。また、ただ一匹二匹など、わずかに光って飛んで行くのも趣《おもむき》がある。雨などが降るのも趣がある。

秋は夕暮れ。夕日がさしてもう山の端《はし》すれすれになっている時に、烏がねぐらへ行くというので、三羽四羽、二羽三羽と飛んで急いで帰るのまで(＊)。まして雁などの列を作っているのが、とても小さく見えるのは、とても趣がある。日がすっかり沈《しず》んでしまって、風の音や、虫の音などが聞こえるのも、やはり言い表しようもなくよいものである。

(1) ═線a「やうやう」、b「おほく」を現代のかなづかいに直して、すべてひらがなで書きなさい。(14点・一つ7点)

a（　　　）　b（　　　）

(2) ──線①「ただ一つ二つなど、ほのかにうち光りて行く」ものは何ですか。【古文】からぬきだして答えなさい。(10点)

（　　　）

(3) ──線②「あはれなり」の現代語訳として最も適切なものを次から選び、記号で答えなさい。(10点)

ア しみじみとした感じがする

イ みっともない感じがする

ウ もの寂《さび》しい感じがする

エ おそろしい感じがする

（　　　）

(4)【古文】中の□には、現代語で「とても」という意味の言葉が入ります。□に入る言葉として最も適切なものを【古文】から探《さが》し、ぬきだして答えなさい。(10点)

（　　）

2 次の【古文】と【現代語訳】を読んで、あとの問いに答えなさい。

【古文】

春に遊ぶものの中には、胡蝶《こてふ》の軽《かろ》らかに、此《これ》見ゆる菜の花にところ得て①飛びかふは、何がしの夢もおぼえて②をかしきを、蜂《はち》の晴れたる日かげに何ごとにかあらん a歌ひて遊ぶは、bなほまさりて心地よげなり。

（伴《ばん》　蒿蹊《こうけい》「閑田文草《かんでんぶんそう》」）

【現代語訳】

春に遊ぶものの中には、蝶《ちょう》が軽やかに、そばに見える菜の花の周りを得意顔で飛び交《か》うのは、だれそれの夢も思われて（　＊　）、蜂が晴れた日差しにどんなことがあるのだろうか③歌いながら飛ぶ様子は、さらに心地よく思われる。

(1) ──線①「飛びかふ」の主語にあたる言葉を、【古文】の中からぬきだして答えなさい。(10点)

（　　）

(2) ──線②「をかしきを」の現代語訳として最も適切なものを次から選び、記号で答えなさい。(10点)

ア あわれなもので
イ 趣が深いもので
ウ 悲しみが感じられるもので
エ 寂しいもので

（　　）

(3) ═線a「歌ひて」、b「なほ」を現代のかなづかいに直して、すべてひらがなで書きなさい。(14点・一つ7点)

a（　　）　b（　　）

(4) ──線③「歌いながら飛ぶ」とは、蜂のどのような様子を表していますか。考えて答えなさい。(10点)

（　　）

発展

(5) この文章の内容の説明として最も適切なものを次から選び、記号で答えなさい。(12点)

ア それぞれの季節の味わい深いものを順に挙げて、そのよさを説明している。
イ 春に見られる虫に注目して、それぞれの様子から感じることを述べている。
ウ 虫の様子を不思議に思い、何とかしてそのなぞを解明しようとしている。
エ 春が過ぎてしまうことを残念に思い、そのときの心情を文章に表している。

（　　）

チャレンジテスト⑥

時間 40分　合格点 70点　得点　　点　（　月　日）

1 次の詩を読んで、あとの問いに答えなさい。

樹《き》　　吉野《よしの》　弘《ひろし》

人もまた、一本の樹ではなかろうか。
樹の自己《じこ》主張が枝を張り出すように
人のそれ(A)も、見えない枝を四方に張り出す。

身近な者同士、許し合えぬことが多いのは
枝と枝とが深く交差するからだ。
それ(B)とは知らず、いらだって身をよじり
互《たが》いに傷《きず》つき折れたりもする。

①仕方のないことだ
②枝を張らない自我《じが》なんて、ない。
しかも人は、生きるために歩き回る樹
互いに刃《やいば》をまじえぬ□。

③枝の*繁茂《はんも》しすぎた山野の樹は
風の力を借りて梢《こずえ》を激《はげ》しく打ち合わせ
密生《みっせい》した枝を払《はら》い落《お》す――と
庭師の語るのを聞いた事がある。

人は、どうなのだろう?
④*剪定鋏《せんていばさみ》を私自身の内部に入れ、小暗い自我を
刈《か》りこんだ記憶《きおく》は、まだ、ないけれど。

*繁茂…草や木がたくさんしげること。
*剪定鋏…枝の一部を切り取るためのはさみ。

(1) ――線A、B「それ」とありますが、それぞれ何を指しますか。組み合わせとして最も適切なものを次から選び、記号で答えなさい。(5点)

ア A「自己主張」　B「許し合えぬことが多い」こと
イ A「自己主張」　B「枝と枝とが深く交差する」こと
ウ A「自己主張」　B「互いに傷つき折れたりもする」こと
エ A「枝を張り出す」こと　B「許し合えぬことが多い」こと
オ A「枝を張り出す」こと　B「枝と枝とが深く交差する」こと
カ A「枝を張り出す」こと　B「互いに傷つき折れたりもする」こと

（　　　）

(2) ——線①「仕方のないことだ」とありますが、何が仕方のないことなのですか。最も適切なものを次から選び、記号で答えなさい。（5点）

ア 身近な者どうしが自己主張し合って、互いに傷つき折れたりすること。

イ 樹が見えない自己主張の枝を四方に張り出して人を傷つけること。

ウ いらだって身をよじるようにゆれれば、四方に伸《の》びた枝どうしがぶつかること。

エ 身近な者にとどくように枝をはりめぐらすことは、互いに迷惑《めいわく》だということ。

オ 樹の目には見えない自己主張を読み取ることができれば傷つく必要はないということ。

（　　）

(3) ——線②「枝を張らない自我なんて、ない。」とありますが、ここでの「自我」とはどのような意味だと考えられますか。最も適切なものを次から選び、記号で答えなさい。（5点）

ア 自分を深く見つめること

イ 自分をより良く高めること

ウ 自分のために働くこと

エ 自分の気持ちを我慢《がまん》すること

オ 自分の望みどおりにすること

（　　）

(4) □にあてはまる言葉として最も適切なものを次から選び、記号で答えなさい。（5点）

ア 事もある　イ 筈《はず》はない　ウ 定めだろう

エ に決まっている　オ 証《あかし》なのだ

（　　）

(5) ——線③「枝の繁茂しすぎた……払い落す」とありますが、庭師のこの話から、作者は払い落す理由をどのように想像しましたか。最も適切なものを次から選び、記号で答えなさい。（6点）

ア 樹が大きくなりすぎたので、目立たないようにするため。

イ 樹が自分自身の姿や形を美しくするため。

ウ 樹自身が他に迷惑《めいわく》をかけないように生きるため。

エ 樹が生長しようとして養分を行きわたらせるため。

オ 樹が風で枝の先を折られないように身を守るため。

（　　）

(6) ——線④「剪定鋏を……ないけれど。」とありますが、これに込《こ》められた作者の気持ちとして最も適切なものを次から選び、記号で答えなさい。（6点）

ア 人も樹と同じように無駄《むだ》なことをしてはいけないかという疑問。

イ 人には樹よりも良いことをしてほしいという希望。

ウ 人は樹よりもかなり劣《おと》っているのではないかという不安。

エ 人は樹から学ぶ点があるのではないかという反省。

オ 人は一本の樹であった昔にもどるべきだという提案。

（　　）

〈共立女子中—改〉

2 次の俳句《はいく》を読んで、あとの問いに答えなさい。

A 雪たのしわれにたてがみあればなほ《お》　桂《かつら》　信子《のぶこ》

B 人*あまた泳《い》がせて海笑ひけり　鈴木《すずき》真砂女《まさじょ》

C 滝《たき》の上に水現《あらわ》はれて落ちにけり　後藤夜半《ごとうやはん》

*あまた…たくさん。

(1) 字余りの句をA〜Cから選び、記号で答えなさい。(3点)

（　　）

(2) A〜Cの句の切れ字をそれぞれ答えなさい。ただし、切れ字がない場合は、なしと答えなさい。(6点・一つ2点)

A（　　）B（　　）C（　　）

(3) Aの句について、次の問いに答えなさい。

① この句の区切れを答えなさい。(3点)

（　　）

発展 ② 作者は「たてがみあれば」どうだというのでしょうか。「たてがみ」が表すものを明らかにした上で答えなさい。(8点)

（　　）

(4) Bの句について、次の問いに答えなさい。

① この句で使われている表現技法を次から選び、記号で答えなさい。(2点)

ア 反復法　イ 省略法

ウ 擬人法《ぎじんほう》　エ 体言止め

（　　）

② この句をわかりやすく理解するために、「を」と「が」を一字ずつ句中に入れます。入れる場所のすぐ前の一字を、それぞれぬきだして答えなさい。(一問5点)

を □　が □

(5) Cの句について、次の問いに答えなさい。

① この句の季語を答えなさい。(5点)

（　　）

② 作者は水のどのような点に感動しているのですか。最も適切なものを次から選び、記号で答えなさい。(5点)

ア いつもはあまり水量がない滝だが、なぜか今日は春の日に照らされてあふれるばかりに流れている。その自然のきまぐれに心ひかれている。

イ 春の雪解けの頃《ころ》ひとり散策《さんさく》していた作者は、まだ凍《こお》ったままの滝の上の方にほんの少し解けて流れている水を発見し、その細やかな音に驚《おどろ》いている。

ウ 夏、滝を下からでも見上げているのだろうか。見つめた水はゆっくりと落ちてきて、作者はその映画のような美しさやすがすがしさに感動している。

エ 滝の上に上がってみた作者が、夏の日差しの中できらきらと輝《かがや》く水面を見て、その水量の豊富さと水の透《とう》明感《めいかん》に強く心を動かされている。

（　　）

〔芝浦工業大中―改〕

3 次の【古文】と【現代語訳《やく》】を読んで、あとの問いに答えなさい。

【古文】

孔子《くじ》の、弟子《でし》どもを具《ぐ》して、道をおはしけるに、垣《かき》より、馬《むま》、かしらをさしいでてありけるを見て、「牛よ」とのたまひ《い》ければ、弟子ども、あやしと思ひて、あるやうあらむと思ひて、道すがら、心を見むと思ひけるに、顔回《がんくわい》といひける第一の弟子の、一里を行きて、心得たりけるやう、「日よみの午《むま》といへる文字《もんじ》の、かしらさしいだして書きたるをば、牛といふ文字になれば、人の心を見むとて、のたまふなりけり」と思ひて、問ひ申しければ、「しか、さなり」とぞ、答へ給ひける。

（源　俊頼《みなもとのとしより》「俊頼髄脳《ずいのう》」）

【現代語訳】

孔子《こうし》が、弟子たちを①連れて、道を歩いておられますと、垣根から、馬が、頭を出していたのを(孔子が)見て、「牛よ」とおっしゃられたので、弟子たちは、奇妙《きみょう》に思って、何か理由があるのだろうと思って、道の途中《とちゅう》で、孔子の考えを知ろうと思っていると、顔回という孔子の一番弟子が、約四キロほど行った時、わかったというように、「十二支の［②］という文字が、頭を出して書いてあるのが、［③］という文字になったので、みんなの（④）を知ろうと思って、おっしゃったのだ」と思って、⑤申し上げると、「そう、そのとおり」と、⑥お答えになったのである。

(1) ――線①「連れて」は【古文】ではどのように書かれていますか。ぬきだして答えなさい。（5点）

（　　　）

(2) ［②］、［③］にあてはまる漢字一字をそれぞれ【古文】からぬきだして答えなさい。（一問5点）

②［　］　③［　］

(3) （④）にあてはまる最も適切な言葉を次から選び、記号で答えなさい。（5点）

ア 行動力　イ 表現力
ウ 推理力《すいりりょく》　エ 読書力

（　　　）

(4) ――線⑤「申し上げると」、⑥「お答えになったのである」はそれぞれ誰《だれ》の動作ですか。（6点・一つ3点）

⑤（　　　）⑥（　　　）

(5) 顔回の能力の高さを表現した言葉として最も適切なものを次から選び、記号で答えなさい。（5点）

ア 一を聞いて十を知る
イ 生き馬の目を抜《ぬ》く
ウ 雀《すずめ》百まで踊《おど》りわすれず
エ 飛んで火に入る夏の虫

（　　　）

(6) この孔子の言葉を収《おさ》めた書物として最も適切なものを次から選び、記号で答えなさい。（5点）

ア 枕草子《まくらのそうし》　イ 論語《ろんご》　ウ 徒然草《つれづれぐさ》　エ 土佐《とさ》日記

（　　　）

21 長文の読解

学習内容とねらい

長文が出題されたときは、まず全体の構成をつかむことを考えて読みましょう。本文を通読したのちに、設問に応じて細部を読み込《こ》むようにしましょう。

〔　月　日〕

標準クラス

1 次の文章を読んで、あとの問いに答えなさい。

〈妻の淳子《じゅんこ》の入院により、息子の勇輝《ゆうき》と二人で生活している修一《しゅういち》だが、勇輝との関係は今ひとつしっくりいっていない。ある日、帰宅《きたく》の遅《おそ》い勇輝を心配し、街に探《さが》しにいった。〉

夜の街を自転車で飛ばした。淳子がふだん買い物に使っている、いわゆるママチャリ——ハンドルカバー付き。格好は良くないが、とにかく息を切らして走った。勇輝が心配で、というわけではない。悪い仲間から連れ戻《もど》そうというのとも違《ちが》う。見つけても声はかけないかもしれない。物陰《ものかげ》からそっと盗《ぬす》み見てひきあげるだけかもしれない。ただ、リビングで帰りを待つだけの父親ではいたくなかった。

最初は、ゆうべの電話で警官《けいかん》が話していたコンビニに向かった。次に、駅前のハンバーガーショップ。学校のほうに引き返す途中《とちゅう》で、公園を覗《のぞ》いてみた。学校とレンタルビデオ店、再び駅前に戻って、ドーナツショップとゲームセンターと本屋とコンビニを二軒《けん》。

どこにも、勇輝はいなかった。思い当たる場所は、あとは塾《じゅく》しかない。まさかとは思いながら、線路沿《せんろぞ》いの道をしばらく進み、塾の入っている雑居ビルの前で自転車を停《と》めた。夜九時を過ぎているのに、塾のある四階の窓《まど》には＊煌々《こうこう》と明かりがともっていた。中の様子は、道路からはなにもわからない。

線路に面した窓に、大きく電話番号が書いてある。修一は携帯《けいたい》電話を取り出した。事務室に、電話がつながる。「お電話ありがとうございます、入塾のお問い合わせでしょうか？」と、いかにもマニュアルめいた若《わか》い男の声をかわして、授業日のローテーションを訊《き》いた。

中一の基礎《きそ》クラスは——「月曜と木曜ですが」と男は言った。

「火曜日と金曜日じゃないんですか？」

「あ、それ、十二月までなんです。一月からは三年生の生徒さんが受験の追い込《こ》みに入るんで授業が増えるんですよ、それで、教室の都合で一年生の基礎クラスには曜日を移ってもらったんです」

「じゃあ……いま、授業中ですか？」

「ええ。あと二、三分で終わりますが」

街じゅう走り回った疲《つか》れがいっぺんにのしかかって、その場にしゃがみこんでしまいそうになった。①ため息と苦笑いが頰《ほお》からいっしょに漏《も》れる。考えすぎだってば、とあきれる淳子の顔が浮《う》かんだ。

額の生え際ににじんだ汗《あせ》を手の甲《こう》で拭《ぬぐ》っていたら、ビルの*エントランスが急に騒《さわ》がしくなった。②授業を終えた生徒たちが外に出てきたのだ。

③修一は自転車を漕《こ》いで、少し離《はな》れた暗がりで停めた。

生徒たちは自転車を取りにビルの裏《うら》に回ったり立ち話をしたりして、なかなか帰ろうとしない。教室から出てくる生徒の流れも途切れず、無意味な大声をあげたり、もっと無意味に追いかけっこをしたりして、修一にも覚えがある、昼休みの学校の廊下《ろうか》のようなにぎわいだった。

そのなかに、勇輝も、いた。

ダッフルコートを着た女の子と二人でしゃべっていた。

笑っている。照れくさそうに、だが淳子や修一に見せるときとは違う、頰をゆるめきらない笑顔《えがお》だった。べつにうっとうしそうでもないのに、何度も前髪《まえがみ》を搔《か》き上げる。ちょっとすねたようにズボンのポケットに手を入れて、斜《しゃ》にかまえて肩《かた》を揺《ゆ》らす。なにを話しているかは聞こえないが、きっと、④おとなの声だ。

女の子は、じゃあねバイバイ、というふうに手を振《ふ》って、小走りに修一のほうに向かってきた。

まずい――と思う間もなく、彼女《かのじょ》を見送る勇輝と目が合った。

逃《に》げるのは、やめた。勇輝も驚《おどろ》いた顔で、まっすぐ修一を見つめていた。女の子が修一の脇《わき》を通り過ぎる。ショートヘアにつけたカチューシャが似合う、目のくりっとした女の子だった。

一人になった勇輝は、エントランスの階段《かいだん》に座《すわ》って話していた⑤男子のグループに、こっち来いよ、と手招かれた。しぐさも、派手《はで》な色使いの*サテンのジャンパーを羽織ったいでたちも、あまりまじめそうな連中ではない。*竹内《たけうち》という同級生も、そこにいるのかもしれない。

勇輝は、気まずそうに修一から目をそらし、階段《かいだん》のほうを振り向いた。さっきまでと同じようにワルぶったポーズをつけていても、親にはわかる、根っこのところで*媚《こ》びて、もっと根っこを探《さぐ》ればおびえて、横顔がヘヘッと薄《うす》く笑う。

修一は自転車のハンドルを握《にぎ》りしめた。⑥がんばれ、と唇《くちびる》を結ぶ。

勇輝は、連中と二言三言、言葉をかわした。

「なんでだよお」連中の一人が、粘《ねば》つくような声を張り上げた。「いいじゃんよ、行こうぜ」

ごめんごめん、と片手拝《かたておが》みを返した勇輝は、修一のほうに駆《か》け出しながら、顔だけ彼《かれ》らに残して言った。

「悪い、オヤジと帰るから！」

⑦初めて聞いた。

一瞬《いっしゅん》、それが自分のことだとはわからなかった。

勇輝は修一のすぐそばまで来て、立ち止まった。⑧うつむいて、ちらりと上目遣《うわめづか》いで修一を見て、くすぐったそうにもぞもぞして、またうつむく。

修一は自転車を降《お》りて、「帰ろう」と言った。

勇輝は黙《だま》ってうなずいた。

「カレー、残ってるぞ」

返事はなかった。修一もそれ以上はなにも言わず、自転車を押《お》して歩きだした。⑨わざとゆっくりと、勇輝に先を歩かせるようにした。
⑩道路に伸《の》びる影《かげ》は、だから、息子《むすこ》の背丈《せたけ》が父親を少しだけ越《こ》していた。

（重松《しげまつ》　清《きよし》「はずれくじ」）

＊煌々と…きらきらとまぶしく光るようす。
＊エントランス…入り口。玄関《げんかん》。
＊サテン…表面にたて糸またはよこ糸を浮き出させた、つやのある絹《きぬ》織物。
＊竹内…勇輝の友人。
＊媚びて…すりよって。

(1)　――線①「ため息と苦笑い」とありますが、この時の修一の気持ちとして適切なものを次から二つ選び、記号で答えなさい。（10点・一つ5点）
ア　塾の時間を教えない勇輝に対して腹《はら》が立つ気持ち。
イ　勇輝が塾の中にいるとわかり、安心する気持ち。
ウ　曜日の変更《へんこう》を知らせない塾に対していらだつ気持ち。
エ　勇輝の居場所を淳子に報告できるとほっとする気持ち。
オ　塾の時間を把握《はあく》していない自分を情けなく思う気持ち。

（　　）（　　）

(2)　――線②「授業を終えた生徒たちが外に出てきた」とありますが、その騒がしさを何にたとえていますか。本文中から九字で探《さが》し、ぬきだして答えなさい。（10点）

(3)　――線③「修一は自転車を漕いで、少し離れた暗がりで停めた」とありますが、修一が「少し離れた暗がり」に移動したのはなぜですか。考えて答えなさい。（10点）

（　　　　　　　　　　）

(4)　――線④「おとなの声だ」とありますが、どのような声ですか。最も適切なものを次から選び、記号で答えなさい。（10点）
ア　相手の女の子にさとすように丁寧《ていねい》に語りかける、気持ちのこもった声。
イ　相手と話していることがうれしくてたまらず、感情をおさえきれない声。
ウ　相手の女の子に気を遣い、周囲の目を気にしながら話す声。
エ　相手を意識しているが、わざと気取ってそっけなく話す声。

（　　）

(5)　――線⑤「男子のグループ」とありますが、このグループに対する修一の気持ちとして最も適切なものを次から選

び、記号で答えなさい。（10点）

ア 大人っぽい感じのよい子たちだと思っている。
イ あまりいい子たちだとは思えない。
ウ 勇輝と仲良くしてほしいと思っている。
エ 勇輝にはちょうどよい友達だと思っている。

（　　）

(6) ――線⑥「がんばれ、と唇を結ぶ」とありますが、修一が「がんばれ」と思ったのはなぜですか。最も適切なものを次から選び、記号で答えなさい。（10点）

ア 勇輝がおびえているのを感じ取ったから。
イ 勇輝が自分に助けを求めていると感じたから。
ウ 勇輝が塾の勉強で疲れきっていると感じたから。
エ 勇輝がグループになじみきれていないと感じたから。

（　　）

(7) ――線⑦「初めて聞いた」とありますが、どのようなことを「初めて聞いた」のですか。わかりやすく説明しなさい。（10点）

（　　）

(8) ――線⑧「うつむいて、ちらりと上目遣いで修一を見て、くすぐったそうにもぞもぞして、またうつむく」から読み取れる勇輝の気持ちを、わかりやすく説明しなさい。（10点）

（　　）

(9) ――線⑨「わざとゆっくりと、勇輝に先を歩かせるようにした」とありますが、ここから読み取れる修一の気持ちとして最も適切なものを次から選び、記号で答えなさい。（10点）

ア 息子に受け入れられたくて必死だったが、歩み寄ることをあきらめている気持ち。
イ 息子の不器用な思いを感じ取り、すこしずつ息子と心を通わせていこうと思う気持ち。
ウ 息子を気がかりに思いつつもそれを器用に表現できず、自分自身にいらだつ気持ち。
エ 息子の成長を目にし、ようやく父としての重荷を下ろせることにほっとする気持ち。

（　　）

(10) ――線⑩「道路に伸びる影は、だから、息子の背丈が父親を少しだけ越していた」という表現は、どのようなことを暗示していますか。最も適切なものを次から選び、記号で答えなさい。（10点）

ア 息子は今後も心を開かず、冷え切った関係のまま二人は人生を生きていくだろうということ。
イ 成長していく息子と修一が、不器用ではあっても互《たが》いを思って生きていくだろうということ。
ウ 息子はやがて修一に反発するようになり、今よりも関係は離れていくだろうということ。
エ 息子はいずれ大人になり、修一とは関係のない世界で生きていくのだろうということ。

（　　）

時間 40分　合格点 70点　得点　点

（　月　日）

1 次の文章を読んで、あとの問いに答えなさい。

「うまうま」とか「いやいや」とか、「おてて」とか、子供《こども》は母親から少しずつ言葉を教えられる。「お菓子《かし》をあげる」とか、「お菓子をくださった」という言葉も耳にする。子供は「あげる」という言葉が敬意《けいい》をこめた表現だとは、はじめのうちは気づかない。また、①「お菓子をくださった」といえば、その相手は自分より上の人なのだとも気づかないかもしれない。（　A　）、やがて子供は、「あげる」という言葉が、お餅《もち》を神棚《かみだな》にあげるとか、荷を舟から陸にあげるとかにも使われることが分《わか》ってくる。

「くださる」という言葉は、「（　B　）」と関係が深い。「（　B　）」とは、力あるもの、社会的な位置や、程度や価《か》値《ち》の高いものを、力の弱い、価値の少ない、程度の悪いところへ、かまわず落下させることであり、上から下への力が強く、普通《ふつう》ではその力に抵抗《ていこう》できないことを指すと、子供はやがて分ってくる。「命令を（　B　）」「おなかを（　B　）」という表現も、その本来の意味によることだと分るようになる。そして、「（　C　）」は、意識的に、下につくまで注意を保って運ぶこと、従《したが》って「重荷を（　C　）」と使うこと。また、「おとす」は、高い所にあるはずの物を、手放して、それが下についた結果、どうなろうと構わないときに使う言葉だということも、次第に区別できるようになる。

人に物を与《あた》え、渡《わた》すことを敬意をこめて言うには、日本語では、物を上にあげ、下にくださるという言葉を使う。それは日本人の社会の構造が、②絶えず上下関係に深い注意を払《はら》う社会である結果である。子供はそれを、アゲル、クダサルという言葉とともに、知らず知らずのうちに理解する。子供は自分で言葉を作ることも、稀《まれ》にあるが、それよりも、すでに出来ていて、大人によって受けつがれて来た言葉の*体系《たいけい》を教え込《こ》まれ、その言葉全体のワクの中に入れられて、それが使いこなせるようにと仕向《しむ》けられる。その結果、子供はその単語や文法のワクに従って、自然界や、人間界の、あらゆる物事を区別し、判断するようになる。

この言葉のワクは、どこの国でも同じというわけではない。例えば、日本語では、「子供が申しますには……」と「子供が言いますには……」とで、はっきり違《ちが》う。「子供が申しますには……」という言葉から、人々は、母親が先生と話している場面を想像する。

「子供が言いますには……」と母親が先生と話しているなら、その母親は言葉に対する心づかいが細かくないということになろう。しかし、③この「申す」と「言う」の相違《そうい》にぴったりあたる言い方を、英語・ドイツ語に求めても、それを引き出すことはできない。英語・ドイツ語には、日本語にあるこの区別が無く、「申す」も「言う」も一つの単語で表現する。それは、英語・ドイツ語の社会に「申す」と「言う」にあたる観念《かんねん》の区別がないからである。

もちろん、日本語の方がいつも言葉の数が多く、ヨーロッパ語の方がいつも少ないというのではない。ヨーロッパ語にあって、日本語に欠けている言葉もある。例えば、英語には、「自然」という言葉がある。④ネイチュアnatureがそれである。このネイチュアにあたる言葉は、日本語では「自然」という他、何も言いようがない。中国語やヨーロッパ語から借り入れたものではない、もともとの日本語をヤマト言葉*と呼《よ》べば、ヤマト言葉に「自然」を求めても、それは見当《みあた》らない。何故、ヤマト言葉に「自然」が発見できないのか。

それは、古代の日本人が、「自然」を人間に対立する一つの物として、対象として捉《とら》えていなかったからであろうと思う。自分に対立する一つの物として、意識のうちに確立していなかった「自然」が、一つの名前を持たずに終《おわ》ったのは当然ではなかろうか。「申す」と「言う」の観念の区別がない所では、その言葉の区別がない。「自然」が一つの対象として確立されなければ、そこにはその名前がない。

「自然」が「人間」に対立する一つの物として捉えられなかったのは、日本民族においては、深い遠いa由来《ゆらい》を持つ事柄《ことがら》である。だから、「自然」という中国語を学んだ後でも、長い間、日本人は「自然」を一つの物と見る考え方を身につけずに来た。それは、単に遠い歴史の時代だけでなく、現代の日本人の間でも、根強いことのように見える。

〈中略〉

いつも自然と共にあること、これが日本人の自然に対する対し方である。自然と共にいるというよりも、「自然」と溶け合い、「自然」に対して自と他という、はっきりした区別を持たない。

若《わか》いうちには、いろいろな活動をした人でも、日本人は年をとると、山の麓《ふもと》の静かな所に小屋を建て、そこにひっそりと生きたいと願う人が少なくない。人々はそれを、よいことのように思う。「隠棲《いんせい》する」という言葉がある。人間が、自然の風景――大きな林、水の流れ、広々とした草原、そこに立つ一本の大樹《たいじゅ》――その中に自分を持って行き、その自然の一つの風物となって生きること、それが隠棲である。それは日本人が「自然」と「人生」に対して持つ、根深いこころざしの一つの姿《すがた》であると言えるように思う。

これには、他のさまざまの原因もあろう。しかし私は、これを、言葉の問題に引きつけて考えている。日本語のヤマト言葉に「自然」という単語がないこと。日本人が自然を利用の対象と見ず、自然と人間との間をb明瞭《めいりょう》に分けずに、融《と》け合おうとすること。⑤それら二千年前のあり方が、長い歴史の時代を通じて日本人の間に生きており、今日も依然《いぜん》として

尾《お》を引いて、そのような姿をとって現《あら》われるもののように私は見る。

＊体系…一定のきまりでまとまっているもの。
＊ヤマト言葉…古代に中国から入ってきた言葉ではなく、日本古来の言葉。

（大野《おおの》 晋《すすむ》「日本語の年輪」）

(1) ＝＝線a「由来」、b「明瞭」とありますが、これらの意味として最も適切なものを次からそれぞれ選び、記号で答えなさい。（6点・一つ3点）

a「由来」
ア あるものがなにかの役に立つ証拠《しょうこ》。
イ 人間が自然を大事にする真の目的。
ウ 物事が今までにたどってきた筋道《すじみち》。
エ あるものが存在《そんざい》しなくなった理由。
（　　）

b「明瞭」
ア 物事にしっかりと取り組むこと。
イ はっきりしていてあきらかなこと。
ウ バランスがよくとれていること。
エ 考え方がするどくてかしこいこと。
（　　）

(2) ――線①「『お菓子をくださった』といえば、その相手は自分より上の人なのだ」とありますが、次の文は、その理由を表したものです。□にあてはまる内容を二十字以内で答えなさい。（14点）

・「くださる」とは、□ことに敬意をこめた表現だから。

(3) （ A ）にあてはまる言葉として最も適切なものを次から選び、記号で答えなさい。（8点）

ア だから　イ そして　ウ または　エ しかし
（　　）

(4) （ B ）、（ C ）にあてはまる言葉を、それぞれひらがな三字で答えなさい。（8点・一つ4点）

B
C

(5) ――線②「絶えず上下関係に深い注意を払う」とありますが、その具体例として最も適切なものを次から選び、記号で答えなさい。（10点）

ア 中学生が電車内で高齢者《こうれいしゃ》の足を踏《ふ》んだところ、すぐに「すみません」と謝《あやま》った。
イ 中学生が登校中に校長先生に会ったので、中学生のほうからあいさつをした。
ウ 中学生の男の子が、松葉杖《まつばづえ》をついた小学生の女の子に、バスの座席《ざせき》をゆずった。
エ 中学生の太郎君は、初対面の同級生に対して、敬語で会話することにしている。
（　　）

(6) ――線③「この『申す』と『言う』の相違にぴったりあたる言い方を、英語・ドイツ語に求めても、それを引き出すことはできない」とありますが、それによって言葉についてどのようなことが理解できますか。それを説明した次の文の[　]にあてはまる内容を、本文中から二十五字以内でぬきだして答えなさい。(14点)

・その言葉を使う人々(国、共同体)によって、[　]ための体系がちがうということ。

(7) ――線④「ネイチュアnature」とありますが、この言葉は、本文中でどのような役割《やくわり》で用いられていますか。最も適切なものを次から選び、記号で答えなさい。(10点)

ア もともとの日本語であるヤマト言葉には言葉の数が多かった例として用いられている。

イ 中国語やヨーロッパ語から借り入れた言葉の例として用いられている。

ウ ヨーロッパ語にあって、日本語に欠けている言葉の例として用いられている。

エ ヨーロッパ語と日本語の観念の区別を説明する例として用いられている。

（　　）

発展 (8) ――線⑤「それら二千年前のあり方が、長い歴史の時代を通じて日本人の間に生きており、今日も依然として尾を引いて、そのような姿をとって現われる」とありますが、これはどのようなことですか。「ヤマト言葉」、「一体化」、「隠棲の思想」の三語を使って説明しなさい。(20点)

（　　）

(9) 本文で筆者が述べようとしていることはどういうことですか。最も適切なものを次から選び、記号で答えなさい。(10点)

ア 相手との関係によって「申す」と「言う」のどちらを使用するかを決定する日本語という言葉は、他の国の言葉にはあるのにそれにあたる日本語がないことが多く、その意味で特異《とくい》な言葉である。

イ 子供はおもに母親から言葉を学習することによって、社会に目を開いてゆくのだが、やがて年をとると人間社会から離れて、自然の中で隠棲するようになり、言葉から遠ざかってしまうのである。

ウ 日本語に「申す」と「言う」という言葉の相違に見られる、外国語にはない日本独自の敬語があるように、言葉とは、それを使う国(社会)の人々のもののとらえ方や考え方と密接《みっせつ》な関係がある。

エ 言葉のワクにしたがって生きていくようにと、日本人は子供に教えこむのだが、子供は自ら新しい言葉をどんどん作り出すので、言葉どうしの観念の区別が外国語と異《こと》なってしまうようになった。

（　　）

〈逗子開成中――改〉

22 作文・記述の問題

（　月　日）

学習内容とねらい
作文・記述の問題では、与《あた》えられた条件に従《したが》って、ていねいに文章を書きます。正しい言葉の使い方や表現の仕方を、日ごろから身につけておきましょう。

標準クラス

1 例にならって、次の条件を満たした短文を作りなさい。なお、ことばの順番を変えたり、活用(文の流れのなかでことばの形を変化させること)させたりしてもかまいません。

例 「春」「のびやかに」ということばを使った主語・述語の整った文。
→春が来たので、野原ではのびやかに小鳥たちがさえずっている。

(1) 「自然」「多数決」ということばを使った主語・述語の整った文。
（　　）

(2) 「不安だ」「とっさに」ということばを使った主語・述語の整った文。
（　　）

(3) 「積極的」「都合」ということばを使った主語・述語の整った文。
（　　）

(4) 「科学」「さほど」ということばを使った主語・述語の整った文。
（　　）
〈聖セシリア女子中〉

2 次の(1)・(2)に挙げられた言葉をすべて使って、それぞれ文章を作りなさい。ただし次の条件に従《したが》うこと。

条件
・(1)・(2)とも文章は二文以上とすること。
・□で囲んだ言葉は言葉の形が変化してもかまわない。
・それぞれの言葉は順番を入れかえて使用してもかまわない。

例 サッカー　眠い　なぜなら
→今日は朝からとても眠かった。なぜなら、昨日の夜、テレビでサッカーの試合を遅《おそ》くまで見ていたからだ。

(1) 値段　景色　本　しかし
（　　）

(2) 心　ことわざ　明るい　たとえば
（　　）
〈自修館中〉

3

次の手紙は、生徒から音楽の先生にあてて書かれたものです。以前、お世話になった先生に演奏会のお知らせを出しました。手紙を読んで□にあてはまる文を、三十字以内で考えて書きなさい。(句読点も字数に含《ふく》みます。)

> こんにちは
>
> 先生、お変わりなくお過ごしでしょうか。わたしもようやく中学入試が終わり、ひと安心しているところです。
>
> さて、小学校生活もあとは卒業式を残すだけとなりましたが、六年○組では卒業式の前日に演奏会を催《もよお》したいと考えて、これまで練習をしてきました。難《むずか》しい曲ですが、なんとかみんなで力を合わせてしっかり演奏できるようになりました。これも先生が私たちに楽器を演奏する楽しさを教えて下さったからだと思っています。
>
> ついては、先生に、私たちの演奏をぜひ聞いてもらいたいと思いまして、お招《まね》きすることになりました。これはクラス全員の願いでもあります。みんなも久しぶりに先生に会えるのを楽しみにしています。
>
> それでは□。さようなら。
>
> 六年○組一同より

(慶應義塾中―改)

4

次の文章を読んで、あなたの意見や考えを百字以内でまとめなさい。

デジタル技術の発達により、看板やポスターもパソコン書体に取って代わりました。それらの方がスピードも効率も上がり、情報を大量に配信できるのでとても便利です。しかし便利さを追求するあまり、大事なものまで失ったような気がします。一人一人に思いを込《こ》めて、ていねいに手書きのお手紙を書くという行為《こうい》が激減《げきげん》している事実は、人間同士のコミュニケーションは広がりはしたものの、同時に薄《うす》っぺらくしてしまったという印象も残します。しかし今後もデジタル書体は増え続け、手書き文字は減っていくでしょう。

このままではパソコン書体(活字)が氾濫《はんらん》し、手書き文字がなくなってしまうのではないか…というのは冗談《じょうだん》で、私は「手書き」というものは人間が人間である限り、なくならないと思っています。そして、こういう時代だからこそ、手書きの文字が重要になってくるのです。

(武田双雲《たけだそううん》「『書』を書く愉《たの》しみ」)

(横浜中)

ハイクラス

時間 40分　合格点 70点　得点 点

（　月　日）

1 あなたは科学者です。苦労を重ねて「タイム・マシン」を発明しました。さて、あなたはこのタイム・マシンに乗って、過去と未来のどちらに行ってみたいと思いますか。またその理由を百字以内で書きなさい。(15点)

〈横浜中〉

2 私たちは何かを調べるのに「本」や「インターネット」を使います。本とインターネットには、それぞれすぐれている点があります。

そこで、本とインターネットそれぞれのすぐれている点をメモにした上で、(1)本の方がすぐれている、(2)インターネットの方がすぐれている、という二種類の意見を書くこととしました。二種類の意見を、それぞれメモの内容をすべて入れて答えなさい。ただし(1)は「私は本の方がすぐれていると考える。なぜなら」、(2)は「私はインターネットの方がすぐれていると考える。なぜなら」の書き出しで始めること。

メモ
・本…校正や編集、出版社→情報の信頼度《しんらいど》高い。
　書き込《こ》みやマーク　→気付いたことを残せる。
・インターネット…検索《けんさく》　→目的の情報すぐに。
　映像《えいぞう》が見られる。

(1)

(13点)

(2)

(13点)

〈自修館中〉

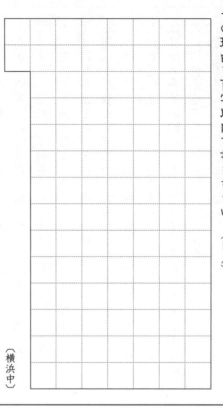

3 「若いときの苦労は、買ってでもせよ」ということばの意味を、具体例をあげて百字以内で説明しなさい。（15点）

〈西大和学園中〉

4 次の文章を読んで、あとの問いに答えなさい。

ふろふきの食べ方　　長田《おさだ》　弘《ひろし》

自分の手で、自分の
一日をつかむ。
新鮮《しんせん》な一日をつかむんだ。
スがはいっていない一日だ。
手にもってゆったりと重い。
いい大根のような一日がよい。

それから、確かな包丁で
一日をざっくりと厚く切るんだ。
日の皮はくるりと剥《む》いて
面とりをして、そして一日の
見えない部分に隠《かく》し刃《ば》をする。
火通りをよくしてやるんだ。

そうして、深い鍋《なべ》に放《ほう》りこむ。
底に夢を敷《し》いておいて、
冷たい水をかぶるくらい差して、
弱火でコトコト煮込《にこ》んでゆく。
自分の一日をやわらかに
静かに熱く煮込んでゆくんだ。

こころさむい時代だからなあ。
自分の手で、自分の
一日をふろふきにして
熱く香《こう》ばしくして食べたいんだ。
熱い器《うつわ》でゆず味噌《みそ》で
ふうふういって。

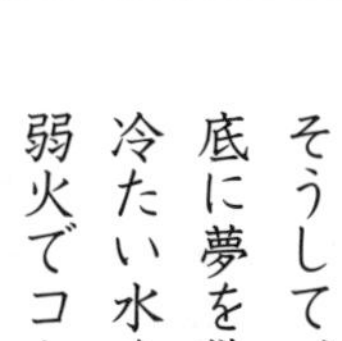

発展　――線「自分の手で……ふうふういって」から読み取れる作者の生き方について答えなさい。（14点）

〈灘中〉

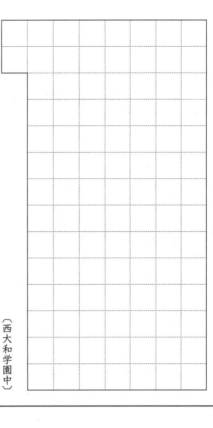

5 次の文章を読んで、あとの問いに答えなさい。

「歴史に『もしも』はない」というのはよく口にされる言葉です。

たしかに、「起きなかったこと」は起きなかったことですから、「起きなかったこと」なんか考えてもしかたがないのかも知れません。

でも、どうして「あること」が起きて、「そうではないこと」は起きなかったのか。その理由について考えるのは①なかなかにたいせつな知性の訓練ではないかと私は思っています。

どうしてかというと、過去の「(起こってもよかったのに)起こらなかったこと」について想像するときに使う脳の部位は、未来の「起こるかもしれないこと」を想像するときに使う部位とたぶん同じ場所のような気がするからです(解剖学《かいぼうがく》的《てき》にはどうか知りませんけれど)。

歴史の勉強をすると、「出来事Aがあったために、出来事Bがその後に起きた」というふうに書いてあります。歴史的事件はまるで因果関係に基《もと》づいて整然と配列されているかのようです。けれども、ほんとうにそうなのでしょうか。というのは、私たちの世界で今起きている出来事の多くは「そんなことがまさか現実になるとは思いもしなかったこと」だからです。

例えば、第二次世界大戦が始まる前に、ヨーロッパはいずれフランスとドイツを中心とした国家連合体になり、パスポートも国ごとの通貨もなくなるだろうと予測していた人はほとんど存在《そんざい》しませんでした。同じように、太平洋戦争が始まった頃《ころ》に日米の緊密《きんみつ》な同盟《どうめい》関係が戦後の日本外交の基軸《きじく》になると予見していた人もほとんど存在しませんでした。

でも、「そういうこと」がいったん現実になってしまうと、みんな「そういうこと」が起こるのは必然的であったというようなことを言います。

でも、歴史上のどんな大きな事件でも、それを事前に予見できた人はいつでもほとんどいません。

同じことが未来についても言えるだろうと私は思います。私たちの前に拡《ひろ》がる未来がこれからどうなるか、正直言って、私にはぜんぜん予測ができません。わかっているのは「あらかじめ決められていた通りのことが起こる」ということは絶対にないということだけです。後になってから「きっとこうなると私ははじめからわかっていた」と言う人がいても(たくさんいますが)、私はそんな人の話は信じません。

未来はつねに未決定です。

今、この瞬間《しゅんかん》も未決定なままです。

一人の人間の、なにげない行為《こうい》が巨大《きょだい》な変動のきっかけとなり、それによって民衆や大陸の運命さえも変わってしまう。そういうことがあります。歴史はそう教えています。誰《だれ》がその人なのか、どのような行為がその行為なのか。それはまだ私たちにはわかりません。ということは、その誰かは「私」

かも知れないし、「あなた」かも知れないということです。

過去に起きたかもしれないことを想像することはたいせつだと私は最初に書きました。それは、今この瞬間に、私たちの前に広がる未来について想像するときと、知性の使い方が同じだからです。

歴史に「もしも」を導入するというのは、単にSF的想像力を暴走させてみせるということではありません（それはそれで楽しいことですけれど）。それよりはむしろ、一人の人間が世界の運行にどれくらい関与《かんよ》することができるのかについて考えることです。

私たちひとりひとりの、ごくささいな選択《せんたく》が、実は重大な社会的変化を引き起こす引き金となり、未来の社会のありかたに決定的な影響《えいきょう》を及《およ》ぼすかもしれない、その可能性について深く考えることです。もしかするとほかならぬこの自分が起点になって歴史は誰も予測できなかったような劇的《げきてき》な転換《てんかん》を遂《と》げるかもしれない。

そういう想像をすることはとてもたいせつです。

何より、「私ひとりががんばって善《よ》いことをしても、何が変わるわけでもない」とか「私ひとりがこっそり悪いことをしても、何が変わるわけでもない」というふうに②自分の歴史への参与《さんよ》を低く見積もって、なげやりになっている人に比べて、今この瞬間においてはるかに人生が充実《じゅうじつ》しているとは思いませんか。

（内田《うちだ》 樹《たつる》「もしも歴史が」）

(1) ――線①「なかなかにたいせつな知性の訓練ではないかと私は思っています」とありますが、筆者がそう考える理由を、本文全体をふまえ、百字以内で説明しなさい。（15点）

発展 (2) ――線②「自分の歴史への参与を低く見積もって、なげやりになっている人に比べて、今この瞬間においてはるかに人生が充実しているとは思いませんか」と筆者は文章を結んでいますが、「自分」と「歴史」と「人生の充実」の関係について、この文章と異《こと》なる考え方もいくつか成り立ちます。そのひとつを自分なりに考えて述べなさい。（15点）

（開成中）

チャレンジテスト⑦

時間	合格点	得点
40分	70点	点

〔　月　日〕

1 次の文章を読んで、あとの問いに答えなさい。

人間がキツネにだまされなくなった理由として、「科学の時代」における①人間の変化をあげる人々もいる。

敗戦のときに日本の人々がいだいた気持《きもち》のひとつは、アメリカの生産力、科学、技術の力の前に、「日本的精神」とか「大和魂《やまとだましい》」とかいうものが太刀《たち》打ちできなかったという思いだった。たとえば日米戦争がはじまる頃《ころ》の日本とアメリカの鉄を生産する能力は、ほぼ一対十の割合である。すなわち、日本はアメリカの十分の一しか鉄を生産できない状況《じょうきょう》で、日米戦争を開始した。当時の言葉を使えば日米の「物量」の差は明確なものがあった。戦争をすることがよいか悪いかの問題を棚上《たなあ》げしたとしても、この状況下で日米戦争を開始することは無理があったという他ない。

ところが日本では、この「物量」の差を埋《う》めるものとして、日本、ならびに日本人の「すぐれたもの」が*喧伝《けんでん》されたのである。日本は神国日本であるという語り、つまり日本は神が護《まも》る国だとされた。*蒙古襲来《もうこしゅうらい》のときも「神風《かみかぜ》」が吹《ふ》いて日本は守られたという語りである。

もうひとつ言われていたのは、日本人の優秀《ゆうしゅう》さという語りであった。それは「大和魂」などに象徴《しょうちょう》される、*天照大神《あまてらすおおみかみ》の子供としての日本人の精神力の高さという喧伝であり、もうひとつは日本人の器用さという喧伝であった。そういうものがあることによって、「物量」だけでは測れない力が日本にはある、とされたのである。確かに一面では*零戦《ゼロせん》(零式艦上《れいしきかんじょう》戦闘機《せんとうき》)のような「すぐれた」戦闘機がつくりだされており、さらには敵の艦船に体当たりしていく「すぐれた」精神力をもった兵士の戦い方はアメリカを驚《おどろ》かせてもいたが、そういったものが「物量」面での日本の不利を補い、逆転させる力として語られていた。

だが②その結果は、虚《むな》しく惨《みじ》めな敗戦であった。「神国日本」や「日本人の優秀さ」では「物量」の壁《かべ》を越《こ》えられなかったのである。経済《けいざい》成長や科学、技術の振興《しんこう》に対する戦後の人々の強い希求は、この教訓の上に成立したといってもよい。そしてそのことが、科学的に説明のつかないことを「迷信」「まやかし」として否定《ひてい》する戦後の精神風土をつくりだした。

私が小、中学生時代を過ごした一九五〇年代後半から六〇年代前半の頃は、「すぐれた子ども」は理工系に進むのが当然だ、というような社会的風潮《ふうちょう》があった。科学的な思考、分《ぶん》析《せき》方法を身につけ、そのことによって新しい技術を開発し、生産力の発展《はってん》に寄与《きよ》していく。そういう人間に向かって進んでいく子どもが③「すぐれた子ども」の像だったのである。

本当は、科学とは科学的方法によってものごとを考察していく学問にすぎない。そこからは科学的方法によってとらえられた真理がみえてくる。それを私たちは科学的真理と呼《よ》んでいる。だがそのことは、科学とは別の方法をとおしてみえてくる真理もまた存在《そんざい》するということを示しているはずである。たとえば人間はなぜ生きているのか、というような問いに対して科学は無力である。科学ができるとすれば、人間が生きているということを身体的《しんたいてき》構造のなかで明らかにすることだけであり、それを科学的真理として承認《しょうにん》することに異議《いぎ》はないが、この方法では人間の生きる意味はとらえられない。それは科学とは別の方法でつかみとられていくものである。

　ところが戦後の日本には④そんな議論は通用しない雰囲気《ふんいき》があった。科学的に説明できないものはすべて誤《あやま》りという風潮が広がっていったのである。それが非科学的な「神国日本」とか「大和魂」「日本人の器用さ」などを信じた末に訪《おとず》れた惨めな敗戦を経験した、戦後の日本の人々の信条であった。

　⑤このような信条からの自分の世界のとらえ直しが、すみずみにまで及《およ》んでいったのが一九六〇年代前半である。そしてキツネにだまされることが当たり前の話から迷信へと変わっていくのも、この時代のなかにおいてであった。もちろんそれ以前から、それを迷信だと思っていた人々もいるだろう。キツネに遭遇《そうぐう》することのない都市の人々にとっては、それは遅《おく》れた田舎《いなか》の人々の迷信だとしか思えなかったに違《ちが》いない。また農山村の人々のなかにも、科学的真理を唯一《ゆいいつ》の真理だと考える合理主義者はいたはずだ。だがこの頃から、キツネの暮《く》らす自然との間に科学的な認識《にんしき》を超越《ちょうえつ》した関係を築いていた「（　⑥　）の人々」の間にも、科学的にとらえることを進歩的態度とみなす精神が広がっていったのも事実だった。

そのことが、科学ではとらえられない世界をつかむことのできない人間たちをつくっていったと多くの人々が語る。そこにこそ、一九六五年頃から人間がキツネにだまされなくなった大きな理由があるのだ、と。

（内山《うちやま》　節《たかし》「日本人はなぜキツネにだまされなくなったのか」）

＊喧伝…盛《さか》んに言いふらすこと。

＊蒙古襲来…鎌倉《かまくら》時代中期に、モンゴル帝国《ていこく》によって、二度に渡《わた》り攻撃《こうげき》を受けたが、暴風雨が吹《ふ》き荒《あ》れ、モンゴル軍は撤退《てったい》した。

＊天照大神…日本神話に登場する神。皇室《こうしつ》の祖神として、伊勢神宮《いせじんぐう》にまつられている。

＊零戦（零式艦上戦闘機）…第二次世界大戦期における、日本海軍の代表的な戦闘機。

(1)　——線①「人間の変化」とありますが、どのような人間に変わったのですか。本文中から二十字以上二十五字以内でぬきだして答えなさい。（10点）

(2)　——線②「その結果」とありますが、どのようにした結果ですか。「～結果。」に続くように五十字以内で答えなさい。（10点）

結果。

(3) ――線③「『すぐれた子ども』の像」とありますが、この表現についての説明として最も適切なものを次から選び、記号で答えなさい。(10点)

ア 「すぐれた子ども」としてこれ以上なく適切な存在であり、「すぐれた子ども」であるための要素は、それ以外にありえないと断言している。

イ もし実在すればまちがいなく「すぐれた子ども」であったのだろうが、実際にはそのような子どもはいなかったということを残念がっている。

ウ 「すぐれた子ども」とみなされるだけであって、そのような子どもが本当に「すぐれた子ども」であるわけではないという皮肉を表している。

エ 一人だけ「すぐれた子ども」が存在しても意味がなく、何人も存在することでようやく社会の役に立つという実態を歯がゆく感じている。

(　　)

(4) ――線④「そんな議論」とありますが、どのような議論ですか。五十字以内で説明しなさい。(10点)

(5) ――線⑤「このような信条」とありますが、どのような信条ですか。説明しなさい(10点)

(　　　　)

(6) (　⑥　)にあてはまる最も適切な言葉を次から選び、記号で答えなさい。(10点)

ア 科学の時代　**イ** 経済成長期　**ウ** 日米戦争

エ 戦後の日本　**オ** 伝統社会

(　　)

(ラ・サール中―改)

2

自修館に通っている一年生のカンタロウ君は、小学校でお世話になった先生から「中学校の生活を小学生達に紹介《しょうかい》してほしい」とお願いされています。大勢の小学生の前で説明しなければならず、現在、説明原稿《げんこう》を作成しています。説明会は二日後にせまっています。

さて、あなたはカンタロウ君の立場になって、メモの内容をすべて使って説明原稿を完成させなさい。メモの表現は必要があれば変えても構いません。(20点)

メモ

○中学校生活

①勉強

・先生が教科ごとに変わる

・授業 → 進度が速い → 予習・復習が大切

・テスト → 学期末ごと。七科目も(大変!)

②学校生活

・部活動 → 種類多い。放課後(僕《ぼく》は野球部)

・通学は制服で

③その他

・「先輩《せんぱい》」という言葉(↑上級生に対して)

→ 恥《は》ずかしい → 今は少し大人の気分

〔自修館中〕

3 次の文章を読んで、あとの問いに答えなさい。

電車に乗りこむと、きまって、

「ケイタイ電話はまわりの方のご迷惑《めいわく》になります。ご遠慮《えんりょ》下さい」

という。このごろはすこし文句を変えて、

「ケイタイ電話は優先席の近くでは電源をお切り下さい。そのほかのところではマナーモードにして、通話はご遠慮下さい」

といっている。

どうして、ケイタイがまわりの人の迷惑になるのか、わからない人が多い。しかし、文句もいわないできいている。実際、車内でケイタイをかけている人はほとんどいない。たまに、かける人、受ける人がいると、まわりがとげのある目で見る。

(外山滋比古《とやましげひこ》「大人の日本語」)

――線について、なぜ電車内でケイタイ電話が周りの人の迷惑になるのですか。あなたが考える理由を百字以内で答えなさい。(20点)

〔横浜中〕

総仕上げテスト 1

時間 30分　合格点 70点　得点　　点

（　月　日）

1

次の――線のかたかなを漢字に直しなさい。（15点・一つ3点）

① この寺は和様建築のテンケイだ。

② いったいだれのシワザだ。

③ ついに師匠《ししょう》の技法をエトクした。

④ どうしても絵のコウズが決まらない。

⑤ 決勝に備え、力をオンゾンする。

〈浦和実業学園中―改〉

2

次の――線の漢字の読み方を書きなさい。（15点・一つ3点）

① 明日の社会を担う若者。

② 病気回復の兆しが現れる。

③ 犠牲《ぎせい》を強いるのはよくない。

④ 弁舌《べんぜつ》に長けている生徒会長。

⑤ 半ばあきらめてしまった。

〈浦和実業学園中〉

3

次の各組の文の中で、――線の漢字が異なるものをそれぞれ一つ選び、記号で答えなさい。（6点・一つ3点）

① ア 意味シン長な微笑《ほほえ》みを浮《う》かべる。

イ シン刻な事態を迎える。

ウ シン海魚の生態を研究する。

エ シン剣に取り組む。

オ シン夜に火事が起きる。

② ア レジで会計をセイ算する。

イ 文章を作セイする。

ウ セイ巧な機械を作る。

エ 彼《かれ》は物理学にセイ通していない。

オ 玄米《げんまい》をセイ米する。

〈芝浦工業大柏中〉

4

次の熟語《じゅくご》と組み立てが同じ熟語として最も適切なものを次からそれぞれ選び、記号で答えなさい。（8点・一つ4点）

① 均整

② 点灯

ア 停止　イ 高低　ウ 残暑

エ 未納　オ 県営　カ 転居

〈日本大藤沢中〉

5

次の四字熟語の組み合わせの中で、上と下の□に同じ漢字が入るものを二つ選び、記号で答えなさい。（一問4点）

ア 五里□中―広大□辺

イ 疑心《ぎしん》暗□―□想天外

ウ 竜頭蛇《りゅうとうだ》□―首□一貫《いっかん》

エ 一□両得―□国一致《いっち》

オ □天白日―□耕雨読

〈日本大藤沢中〉

6 次の言葉について、（　）内に「類義」とあれば同じような意味のものを、また、「対義」とあれば反対の意味のものをあとの【語群】からそれぞれ選び、記号で答えなさい。（20点・一つ4点）

① 紺屋《こうや》の白袴《しろばかま》（類義）（　　）
② 人を見たら泥棒《どろぼう》と思え（対義）（　　）
③ 一攫千金《いっかくせんきん》（類義）（　　）
④ 旅の恥《はじ》はかき捨《す》て（対義）（　　）
⑤ 自業自得《じごうじとく》（類義）（　　）

【語群】
ア 河童《かっぱ》の川流れ　イ 立つ鳥跡《あと》を濁《にご》さず
ウ ぬれ手で粟《あわ》　エ 泣きっ面《つら》に蜂《はち》
オ 医者の不養生　カ 渡《わた》る世間に鬼《おに》はない
キ 急がば回れ　ク 身から出た錆《さび》

〈浦和実業学園中〉

7 「空」の意味には、「むなしい。からっぽ。おおぞら」などがあります。それをふまえて、「机上《きじょう》の空論」の意味として最も適切なものを次から選び、記号で答えなさい。（4点）

ア 理想を徹底《てってい》的に追求する意見。
イ 実際には役に立たないような案や意見。
ウ 現実とは正反対の議論。
エ 人間には推測のできない考え。

（　　）

〈国府台女子学院中〉

8 ——線をふさわしい敬語《けいご》に直しなさい。ただし、（　）内に指定された字数のひらがなで答えなさい。（20点・一つ4点）

① 先生はいつも何時に寝《ね》ますか。（十字）（　　）
② 冷めないうちに、どうぞ食べてください。（六字）（　　）
③ 毎日こんなに早く来るのですか。（六字）（　　）
④ 恐《おそ》れ入りますが、明日、来てください。（三字）（　　）
⑤ あなたが言うことはもっともです。（五字）（　　）

〈浦和実業学園中〉

9 ——線と同じ言葉のはたらきのものを次からそれぞれ選び、記号で答えなさい。（8点・一つ4点）

① 雨にふられる。
ア 小さくても着られる。
イ みんなに笑われる。
ウ ふるさとがしのばれる。
エ 先生が本を書かれる。
（　　）

② 私にさえわかる。
ア 元気でさえいてくれればよい。
イ 雨が降《ふ》り、風さえ出てきた。
ウ ひらがなさえ読めない。
エ 牛乳さえあればよい。
（　　）

〈かえつ有明中〉

総仕上げテスト 2

時間 40分　合格点 70点　得点 　点

（　月　日）

1 次の文章を読んで、あとの問いに答えなさい。

周作《しゅうさく》は手ぬぐいで露《つゆ》を取ってもらってから、うちにはいろうとすると、①かれの腕《うで》には父の手があった。

「やい、こっちへ来い。」

周作は、突然《とつぜん》なので（　A　）とした。

「こっちへ来るんだ。」

かれはおやじになぐられるのかと思った。しかし、父の腕は、ただかれを（　B　）引っぱっていくだけだった。かれは、どこへ引っぱっていかれるかわからなかった。まもなく、ふたりは＊及川《おいかわ》の玄関《げんかん》に立った。

「……どうも申しわけがございません。おぼっちゃんにおけがをさせましたそうで、なんともおわびの申しようもございません。どうも、こいつがきかねえがきだもんですから……」

主人の＊坑内《こうない》係長が出てくると、周作の父親はばったのように腰《こし》を曲げて、平あやまりにあやまった。

周作は、それを見ると②情けなくなった。なんだって、あんなに頭を下げるんだろう。かれにはおやじの気が知れなかった。

「ちゃん、違《ちが》うよ。悪いのはむこうなんだ。しっかりかけあっておくれよ。」

と言いたかった。しかし、父親は、頭を上げることを忘れてしまった人間のように縮《ちぢ》こまっていた。さっき自分をしかりつけた父親とは③似ても似つかない態度だった。それが周作には歯がゆかった。かれは父親を世の中で最も強い人と思っていた。だから父親にならおこられたってぶたれたって、かれはちっともいやではなかった。むしろ父親ってものは、④そういうことをする力をもっている人だと思っていた。

それだけに、その力のある人が、他人の前でぺこぺこ頭を下げることは、かれには堪《た》えがたい侮辱《ぶじょく》だった。自分がやっつけられたよりも、もっともっとたまらなかった。

が、それよりも何よりも、かれがいちばんつらかったことは、相手の子が、その父親といっしょに玄関に出てきて、後ろの方から、かれを見おろしていることだった。

「どうだい、おれにはかなわないだろう。」

という、⑤その目つきだった。かれはそれがくやしかったからわざと相手から目をそらした。

その時、突然、

「さ、おわびを申すんだ。」

と、父の大きな手が、かれの頭をぎゅっと前へのめらせた。

しかし、周作は反動的に、⑥頭をぐんと後ろにそり返らせた。

「どうも強情《ごうじょう》な野郎《やろう》でござんして。」

父親は笑いながらそう言った。そうすると、そこにいる者も、また、みんな（　C　）と笑った。

「何がおかしいんだい。」

周作はそう言いたかった。しかし、おとなの前では何も言えなかった。かれは急に、「わぁ。」と⑦泣きだした。

「ばか、*うぬがけんかをして、泣くやつがあるか。」

父親は、かれをどなりつけた。そのくせ、先方に対してはいやに腰を低くして、

「どうもまことに申しわけございません。これからは気をつけさせますから、どうかこのたびのところは……。」

そんなことを言って、ていねいにおじぎをして、そこをひきあげた。

周作は、道々泣けて泣けてしかたがなかった。いくら涙《なみだ》を止めようとしても止まらなかった。かれは、心では、けんかをした相手の前で泣いたことを、この上もない恥辱《ちじょく》だと思った。それを思うと、なおいっそうくやし涙がこぼれた。

「やい、いつまで泣いていやがるんだ。」

不意にまきの束《たば》のようなものが、周作の口の中に押《お》し込《こ》まれた。かれは息が詰《つ》まりそうになった。しかし、それは道ばたの駄菓子屋《だがしや》で買ったかりんとうの棒《ぼう》だった。やがて、油と砂糖《さとう》が口の中で溶《と》け始めた。周作はのどの奥《おく》で、なんともいえない［　］の心を読んだ。

（山本有三《やまもとゆうぞう》「かりんとう」）

＊及川…坑内係長のむすこで、周作より一つか二つ年上である。及川が周作をムチで打ったことから、けんかになった。

＊坑内…石炭を採掘《さいくつ》するために掘《ほ》られた穴《あな》の中。周作の両親は二人とも坑内で働く労働者であった。

＊うぬ…「おのれ」「みずから」など、自分自身を指す言葉。

---

(1)（　A　）〜（　C　）にあてはまる言葉として最も適切なものを次からそれぞれ選び、記号で答えなさい。（6点・一つ2点）

ア がたがた　**イ** ぐんぐん　**ウ** がつん

エ どっ　**オ** のろのろ　**カ** びくっ

A（　　）　B（　　）　C（　　）

(2) ――線①「かれの腕には父の手があった」とは、どういうことですか。説明しなさい。（5点）

（　　　　　　　　）

(3) ――線②「情けなくなった」周作の気持ちが具体的に述べられている連続した二文を本文中から探《さが》し、最初と最後の五字をぬきだして答えなさい。（句読点は字数に含《ふく》みません。）（5点）

［　　　　　］〜［　　　　　］

(4) ――線③「似ても似つかない態度だった」とありますが、これは父親のどんな態度を指していますか。本文中から二十五字で探し、最初と最後の五字をぬきだして答えなさい。（句読点も字数に含みます。）（5点）

［　　　　　］〜［　　　　　］

(5) ――線④「そういうこと」とありますが、どういうことを指していますか。本文中のことばを使って答えなさい。（5点）

（　　）

(6) ――線⑤「その目つきだった」とありますが、その目つきを周作はどのように感じていましたか。それがわかる表現を本文中から九字でぬきだして答えなさい。（5点）

(7) ――線⑥「頭をぐんと後ろにそり返らせた」とありますが、このときの周平の気持ちとして最も適切なものを次から選び、記号で答えなさい。（5点）

ア 悪いのは自分ではなくて向こうのほうだから、絶対に頭を下げたくないと抵抗《ていこう》する気持ち。

イ 自分を信じてかばってくれないような父親の言うことなどききたくないと反抗する気持ち。

ウ ケンカ相手に対して、自分が父親にしかられている姿《すがた》を見られたくないといきがる気持ち。

エ 大勢のおとながいる前だからこそ、悪いのは向こうで自分は無実だと主張しようと強がる気持ち。

（　　）

(8) ――線⑦「泣きだした」とありますが、それはなぜですか。四十字以上五十字以内で答えなさい。（5点）

(9) □にあてはまる言葉を本文中から二字でぬきだして答えなさい。（5点）

〈聖望学園中―改〉

2 次の詩を読んで、あとの問いに答えなさい。

二つの心　　室生犀星《むろうさいせい》

誰《だれ》にでも親切でありたい
誰とでも戦えるようになりたい
そういう二つの心が
①いつも心をゆききしている
底の底ではめったに②ひけをとらない
必ずいいものが書けそうな気がする
③そればかりがいつも脈《かわ》うっている
④私の本統《ほんとう》をささやき交している

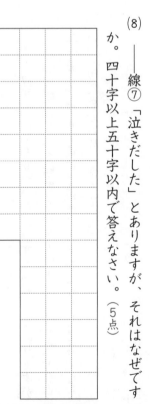

(1) この詩の形式として最も適切なものを次から選び、記号で答えなさい。(4点)

ア 文語定型詩　イ 文語自由詩
ウ 口語定型詩　エ 口語自由詩

(　　)

(2) この詩で用いられている表現上の特徴《とくちょう》は何ですか。最も適切なものを次から選び、記号で答えなさい。(4点)

ア 対句《ついく》(対になる言葉を使い、対照的に表現する)
イ 擬態語《ぎたいご》(身ぶり・様子の感じを表す)
ウ 倒置法《とうちほう》(語順を入れかえて強調する)
エ 体言止め(文末を体言で止め、余韻《よいん》を残す)

(　　)

(3) ――線①「いつも心をゆきさしている」とありますが、どのようなことですか。最も適切なものを次から選び、記号で答えなさい。(4点)

ア 相手を大切にする心と自分を大切にする心が常に対立して、気持ちが分裂《ぶんれつ》している状態。
イ 人を許し受け入れる心と自分の意地を通したい心が、日ごとに現れたり消えたりする状態。
ウ 友人にやさしくしようと思う心と負けまいと思う心がぶつかり合って悩《なや》んでいる状態。
エ 周囲の人に対して、思いやる心と譲《ゆず》らない心とが絶えず交差して、せめぎ合っている状態。

(　　)

(4) ――線②「ひけをとらない」の語句の意味として最も適切なものを次から選び、記号で答えなさい。(4点)

ア 変化しない。　イ 引っ張り合わない。
ウ 負けない。　エ 線引きをしない。

(　　)

(5) ――線③「それ」は何をさしますか。最も適切なものを次から選び、記号で答えなさい。(4点)

ア 親切　イ 心
ウ いいもの　エ 書けそうな気

(　　)

(6) ――線④「私の本統をささやき交している」とありますが、どういうことですか。最も適切なものを次から選び、記号で答えなさい。(4点)

ア 作者自身が、二つの心に惑《まど》わされないことに自信を抱《いだ》いていて、その強さを表現している。
イ 詩人としての自分へのゆるぎない強い気持ち、あふれるような自信がひそかにうたわれている。
ウ いい作品が書けたときの歓喜《かんき》と、一方で冷静な自身の態度がまじり合った時の状況《じょうきょう》を再現している。
エ 次々と浮《う》かんでくる自身の良い詩でもって、本当はこの世界を統一したいという気持ちを詠《よ》んでいる。

(　　)

〔明治学院中〕

3 次の俳句《はいく》を読んで、あとの問いに答えなさい。

夏草や兵《つわもの》どもが夢の跡《あと》　松尾芭蕉《まつおばしょう》

(1) 季語をぬきだして答えなさい。(4点)
（　　）

(2) 切れ字はどれですか。ぬきだして答えなさい。(4点)
（　　）

(3) この俳句の解釈《かいしゃく》として最も適切なものを次から選び、記号で答えなさい。(4点)
（　　）

ア 武将《ぶしょう》たちが手に入れた夏草が生《お》い茂《しげ》っていた地に、夢に描《えが》いていた御殿《ごてん》が建ったことを喜びあった。

イ 夏草の上に寝転《ねころ》ぶとあまりにも気持ちが良かったので、ついつい寝てしまった武将たちであった。

ウ 手柄《てがら》を立てるために戦ってきた武将たちの夢もはかなく消え、残ったのは生い茂る夏草ばかりである。

エ 派手な生活を送っている武将たちだが、夢は夏草の上で横になって静かな日々を過ごすことである。

(4) 芭蕉は江戸《えど》時代に活躍《かつやく》した俳人です。代表作として最も適切なものを次から選び、記号で答えなさい。(4点)
（　　）

ア 奥《おく》の細道《ほそみち》　イ 万葉集《まんようしゅう》
ウ 徒然草《つれづれぐさ》　エ 大鏡《おおかがみ》

（明治学院中）

4 次のA～Gの俳句の（　）にあてはまる言葉として最も適切なものをあとからそれぞれ選び、記号で答えなさい。（同じ言葉は一回しか使えません。）(14点・一つ2点)

A 名は（　）ものの見事に散ることよ　夏目漱石《なつめそうせき》

B 山は暮《く》れて野はたそがれの（　）かな　与謝蕪村《よさぶそん》

C 山暮れて（　）の朱《あけ》を奪《うば》いけり　与謝蕪村

D しぼるほどぬれてしだるる（　）かな　谷《たに》 木因《ぼくいん》

E 紫《むらさき》のふっとふくらむ（　）かな　正岡子規《まさおかしき》

F うつむいて何を思案の（　）の花　正岡子規

G （　）咲《さ》けどうぐいす鳴けどひとりかな　小林一茶《こばやしいっさ》

ア かしわ　イ ききょう　ウ さくら
エ すすき　オ もみじ　カ やなぎ
キ うめ　ク たけ　ケ まつ　コ ゆり

A（　）B（　）C（　）D（　）
E（　）F（　）G（　）

（灘中）

ひっぱると，はずして使えます。

ハイクラステスト 小6 国語

答え

答え

小6 ハイクラステスト 国語

1 漢字の読み書き ①

標準クラス 2~3ページ

1 ①浴 ②翌日 ③郵送 ④幕末
⑤空腹 ⑥系統 ⑦はな ⑧くんれん
⑨まちな ⑩きてき ⑪ふんべつ
⑫ふしあな

2 ①往復 ②人工衛星 ③同窓会
④痛手 ⑤乱雑 ⑥成績 ⑦推測 ⑧垂
⑨さいく ⑩おさなご ⑪げらく
⑫けいちょう ⑬がんらい ⑭しりぞ
⑮うらばなし

3 ①ホウモツ ②かわぎし(かし)
③ねいろ ④くにざかい
⑤モッカ ⑥こがね

4 ①**イ** ②**ア** ③**イ** ④**エ**

5 ①㋐負ける ㋑負う
②㋐生かす ㋑生える
③㋐治める ㋑治す
④㋐絶える ㋑絶つ
⑤㋐直る ㋑直ちに
⑥㋐過ぎる ㋑過ち
⑦㋐消える ㋑消す

6 率いる

考え方

1 ①「谷」の形に気をつけましょう。③「郵」の横画の本数に気をつけましょう。④「幕末」…江戸《えど》時代の末期。⑤「複」「復」「腹」の書き分けに注意しましょう。⑩「笛」の音読みは「テキ」です。⑪「ぶんべつ」と読むと「ごみなどを分類する」という意味になります。

2 ①ともに「ぎょうにんべん」であることに注意しましょう。②「衛」の形に気をつけましょう。③「同窓」は同じ学校で学んだ人たちのことです。⑥「績」を使う熟語《じゅくご》として、「成績」「業績」「功績」などを覚えておきましょう。⑪「からく」と読まないようにしましょう。

4 ①**イ**のみ「ギョウ」、あとは「コウ」と読みます。②**ア**のみ「サ」、あとは「サク」と読みます。③**イ**のみ「て」、あとは「シュ」と読みます。④**エ**のみ「タイ」、あとは「お」と読みます。

注意

3 それぞれの漢字の音読みと訓読みを区別して覚えておきましょう。また、「『目下《もっか》』…目の前。現在。『目下《めした》』…地位や年齢《ねんれい》が自分より下であること。」というように、意味が大きく異《こと》なるものもあるので注意しましょう。

5 訓読みがいくつかあるものは送りがなにも注意しましょう。

6 「率《ひき》いて」という形でも問われるので覚えておきましょう。

ハイクラス 4~5ページ

1 ①てんこ ②じょうじゅ ③あんぴ
④もしゃ ⑤はいしゃく ⑥ちょめい
⑦けいだい ⑧こうみょう

2 ①反映 ②簡単 ③拡張 ④警報
⑤高層 ⑥専門 ⑦負担 ⑧働

3 ①機→器 ②究→求 ③義→議
④勢→精 ⑤生→星 ⑥図→測
⑦初→始 ⑧関→感 ⑨要→用

4 ①かごん ②ぎょうそう ③ゆらい
④たいとう ⑤ほっさ ⑥ごうじょう
⑦おかん ⑧ようじょう ⑨すあし
⑩えとく ⑪しゅうとくぶつ
⑫はやがてん

5 ①逆らう ②○ ③○ ④帯びる
⑤○ ⑥導く ⑦○ ⑧断る

6 ①**ウ** ②**ア** ③**イ** ④**ウ**

7 ①おさ(める)・修復 ②むら(がる)・群生 ③あ(げる)・快挙 ④へ(る)・経由 ⑤あ(る)・健在 ⑥はぶ(く)・省略

考え方

1 ①「点呼」は一人一人の名前を呼《よ》んで、いるかどうか確かめること。④「模写」は、絵画などを似せて写すこと。⑦「境内」は神社やお寺の敷地《しきち》の中。

3 ①「機械」は、人の力を必要とせず、動力によって動くしかけや道具。「器械」は、人の力によって動かすしかけや道具。②「追究」は、調べてつきとめること。「追求」は、手に入れようと求めること。③「異義」は、意味がちがうこと。「異議」は、他の人とはちがう意見や考えのこと。④「精を出す」とは、一心にはげむこと。⑤「衛生」は、健康のために努めること。「衛星」は、地球などの周りを回っている星。また、中心となる都市のまわりにある都市として、「衛星都市」という言葉もあります。⑥「図る」は、「計画する」「くわだてる」の意味で用いる。「測る」は、長さや広さをはかるときに用いる。⑦「初め」は、ものごとのはじめの部分のこと。「始め」は、何かをしはじめること。⑧「関心」は、ものごとに強く心をひかれること。「感心」は、心に深く感じること。⑨「所要」は、ある物事をするのに必要なこと。「所用」は、用事、用件などのことです。

4 ②「形相」とは、顔つきのこと。⑧「養生」とは、からだをじょうぶにするように努めること。⑫「早合点」とは、人の話を全部聞かないうちに、もうわかったつもりになること。

6 ①ウのみ「ガン」、あとは「ゲン」と読みます。②アのみ「びき」、あとは「イン」と読みます。③イのみ「あぶら」、あとは「ユ」と読みます。④ウのみ「ソウ」、あとは「まど」と読みます。

7 ②「群生」とは、植物が一つの所に群がって生えていること。③「快挙」とは、気持ちのよいふるまいのこと。④「経由」とは、ある所を通って行くこと。⑤「健在」とは、それまでと変わりなく十分に能力を発揮《はっき》していることです。

注意

1 ⑧「明」という字の読み分けに注意しましょう。「明暗(めいあん)」「明朝(みょうちょう)」「夜明け(よあけ)」などがあります。

2 ⑥「専門」の「専」に点をつけたり、「専問」と書いたりしないようにしましょう。⑧「働く」の送りがなを正しく覚えましょう。

5 送りがなだけでなく、読み方もまちがえやすいので、正しく覚えましょう。

2 漢字の読み書き ②

6~7ページ

標準クラス

1 ①十三画 ②六画 ③九画 ④五画 ⑤十三画

2 ①一画 ②四画 ③三画 ④二画 ⑤二画 ⑥二画 ⑦一画 ⑧三画

3 ①てへん ②りっしんべん ③くにがまえ ④あなかんむり ⑤えんにょう

4 ①梅 ②評 ③府 ④老 ⑤敗

5 ①宀・うかんむり ②氵・さんずい ③⻌・しんにょう(しんにゅう) ④艹・くさかんむり

6 ①㋐努 ㋑務 ②㋐治 ㋑納 ③㋐織 ㋑折

7 ①イ ②ウ ③ア

8 ①㋐解放 ㋑快方 ②㋐期間 ㋑機関 ③㋐現象 ㋑減少

9 ①イ ②エ ③ウ ④ア ⑤ウ

考え方

1 ①「しんにょう」は、三画で書きます。②六画目を、一画で書くことに注意。③「及」は、三画で書きます。

2 ①「皮」の一画目は「丿」です。②真ん中のたて画は、四画目に書きます。下までつき出ないようにしましょう。③横画を二本書いてから、たて画を二本書きます。④先に左側を書いてしまってから、右側を書きます。⑤「片」は、左の「丿」から書き始めます。⑦「州」は、左から順に書きます。

6 ①「努める」は、努力すること。「務める」は、役目を受け持つこと。②「治める」は、支配すること。「納める」は、しまうことや、品物などを相手にわたすこと。③「織る」は、糸を組み合わせて布をつくること。「折る」

は、曲げて重ねること。

7 ①**イ**は「映す」に直します。②**ウ**は「指す」に直します。③**ア**は「換える」に直します。

8 ①「解放」は、解き放して自由にすること。「快方」は、病気やけがが良くなること。②「機関」は、団体などが目的をとげるためにつくった仕組みのことです。

9 ①「異動」は、地位や、仕事をする場所が変わること。②「干渉」は、立ち入って他から口出しや手出しをすること。③「施行」は、法律を行きわたらせること。④「対象」は、めあてや目標となるもののこと。⑤「既製」は、すでにつくってあることです。

注意

3 ④「空」は、「うかんむり」ではなく、「あなかんむり」です。

4 部首名を見て、その形がすぐに思いうかぶように、正しく覚えましょう。

5 それぞれの漢字に部首を加えて書いて、確かめるようにしましょう。

ハイクラス　8~9ページ

1 ①幼→成→似→垂　②建→孫→眼→痛　③乳→奏→俵→断　④推→策→愛→察　⑤最→蒸→際→導

2 ①**イ**　②**イ**　③**イ**　④**イ**

3 筋・許・鉱・時・舌

4 ①**ウ**　②**エ**　③**オ**　④**カ**　⑤**イ**　⑥**ア**

5 ①臨(む)　②治(す)　③供(える)　④勤(める)　⑤採(る)

6 ①**イ**　②**ア**　③**イ**　④**ウ**

7 ①㋐感染　㋑幹線　②㋐拡張　㋑格調　③㋐構想　㋑高層

考え方

1 ①「垂」の横画の数に注意しましょう。②「えんにょう」は、三画で書きます。③「乳」の右側は、一画で書きます。⑤「蒸」の「了」のあとは、左側の「㇇」は一画で、右側の「く」は二画で書きます。

2 ①「層」の中の「田」はたて画を先に書きます。②「口」の次にたて画を書いてから横画を三本書きます。③「血」の次には「イ」を書きます。④四画目はたて画です。

5 ①「望む」は、願うこと。「臨む」は、向かい合う、出会う、という意味です。③「備える」は、前もって用意すること。「供える」は、神や仏に供え物としてさし出すことです。⑤人を雇《やと》う(採用する)ときには「採る」と書きます。

6 ①は「尊重」、**ア**は「調整」、**イ**は「重複」、**ウ**は「前兆」、**エ**は「登頂」と書きます。②は「機会」、**ア**は「会談」、**イ**は「改革」、**ウ**は「正解」、**エ**は「全快」と書きます。③は「景気」、**ア**は「形勢」、**イ**は「景観」、**ウ**は「模型」、**エ**は「直径」と書きます。④は「退治」、**ア**は「対応」、**イ**は「待望」、**ウ**は「減退」、**エ**は「交代」と書きます。

注意

3 他にも、「加」や「明」などの漢字が作れますが、「すべての漢字を一回ずつ」という条件にあてはまるように、組み合わせに注意しましょう。

7 意味と合わせて、正しく漢字を覚えましょう。

3 熟語の問題

標準クラス　10~11ページ

1 ①**ウ**　②**イ**　③**ア**　④**エ**

2 ①**イ**　②**エ**　③**ウ**　④**ア**　⑤**オ**

3 ①温厚　②音信　③賛成　④専制　⑤先達

4 ①保・新　②集・散　③産・消　④具・象　⑤拡・小

5 ①利他　②義務　③悪評　④辞任　⑤現実

6 ①**ウ**　②**キ**　③**コ**　④**オ**

7 ①公開　②観測　③保障　④羽化　⑤聴衆　⑥復旧

考え方

1 「未」は、「まだ～ない」。「無」は、「～がない」。「非」は、「正しくない」。「不」は、「～でない」「～しない」という意味を表します。

2 ①「収支」は、「収入」と「支出」で反対の意味の漢字の組み合わせになっています。②「計測」は、「計る」と「測る」で似た意味の漢字の組み合わせです。③「山頂」は、「山のいただき」という意味で、上の漢字が下の漢字を修飾《しゅうしょく》しています。④「就職」は、「職に就《つ》く」という意味で、下の漢字から上の漢字に返って読みます。⑤「未熟」は、「まだ熟していない」という意味で、上の漢字が下の漢字の意味を打ち消しています。

3 ①「円満」も「温厚」もおだやかな様子を表します。④「専制」とは、自分勝手にものごとを行うことです。⑤先達は「せんだつ」と読みます。

4 ①「保守」とは、今までのならわしや考え方を変えようとしないこと。「革新」とは、古い習慣や制度などを改めて新しくすることです。

5 ①「利他的」とは、自分以外の人に利益となるように考えて行動すること。④「辞任」とは、役目や地位を自分から辞めることです。

6 ①「活字」とは、印刷のための文字の型のこと。③「報復」とは、仕返しをすることです。

注意

7 ヒントの漢字の意味から、文脈に合う熟語を作りましょう。

ハイクラス①

12〜13ページ

1 ①**ウ** ②**イ** ③**ウ** ④**ア**

2 ①(例)彼は、全部自分で片付けないと気がすまない性分らしい。②(例)規律を守った正しい行動をする。③(例)私は、外国の文化にとても関心がある。④(例)実験結果についての私の所見を述べる。⑤(例)正しい判断のための指標を示す。

3 ①**アとエ** ②**イとオ** ③**イとオ** ④**ウとオ**

4 ①動作 ②行進 ③相手 ④上陸 ⑤出演

5 ①**オ** ②**ウ** ③**エ**

6 ①拡張 ②意義 ③主観 ④能率

7 ①進 ②経 ③利 ④実 ⑤報

考え方

1 ①似た意味の漢字を組み合わせたものを選びます。②反対の意味の漢字を組み合わせたものを選びます。③上の漢字が下の漢字を修飾しているものを選びます。④下の漢字から上の漢字に返って読むと意味が通じるものを選びます。

4 ③「相手(あいて)」は、入れ替えると「手相(てそう)」と読み方が変わります。

5 ①**オ**以外は、全て類義語の組み合わせになっています。②**ウ**以外は、全て対義語の組み合わせになっています。③**エ**以外は、全て対義語の組み合わせになっています。

---

7 ①「躍進《やくしん》」とは、すばらしい勢いでつき進むことです。②「読経」は「どきょう」と読みます。③「砂利」は「じゃり」と読みます。「利殖《りしょく》」とは、利子や配当金などで財産をふやすことです。④「如実《にょじつ》」とは、現実のままであることをいいます。⑤「民報」とは、民間で発行する新聞のことです。「朗報《ろうほう》」とは、よい知らせのことです。

ハイクラス②

14〜15ページ

1 ①**キ** ②**エ** ③**ウ** ④**カ** ⑤**イ**

2 ①形式 ②起点 ③急性 ④複雑 ⑤平和

3 ①善悪 ②勝敗 ③出入 ④前後

4 ①**イ** ②**イ** ③**ア** ④**ア** ⑤**イ** ⑥**イ**

5 ①大会→会場→場所→所有→有名→名前 ②姿勢→勢力→力作→作品→品物→物体 ③器用→用意→意見→見学→学問→問屋

6 ①番 ②乱(線) ③設 ④知 ⑤代

考え方

1 ①「問題」は「問う題材」と上の漢字が下の漢字を修飾《しゅうしょく》しています。③「功罪」は、「功績と罪過」という意味で、反対の意味の漢字の組み合わせになっています。④「短大」は「短期大学」が省略されています。

4 ①「会心の作」は、出来栄《ば》えが自分の思いどおりで、満足できる作品のことをいいます。

6 ①「番頭」とは、商店や旅館で働いている人の中で一番上の人のことです。②「動乱」とは、世の中がさわぎ乱《みだ》れることです。④「英知」とは、優《すぐ》れた知恵《ちえ》のことです。

4 三字・四字熟語

標準クラス

16〜17ページ

1 ①住 ②一 ③松 ④登 ⑤理 ⑥二 ⑦場 ⑧空 ⑨雪

2 ①天 ②刀 ③油 ④気 ⑤首 ⑥長

3 ①同音・オ ②一日・エ ③日進・ア ④馬耳・イ ⑤直入・ウ

4 ①二 ②千 ③六 ④一 ⑤八 ⑥四

5 ①完全 ②材・所 ③七・八 ④石・鳥 ⑤夢中

6 ①オ ②ウ ③イ ④カ ⑤ア ⑥エ

7 ①男女 ②晩 ③古今 ④疑心

考え方

1 ④「登竜門《とうりゅうもん》」は、そこを通ればえらくなったり有名になったりするという関門のことをいいます。⑥「青二才」とは、年が若《わか》くてものごとの経験が少ない人のことを指していいます。

4 ④「一衣帯水」とは、両者の間に一筋《ひとすじ》の細い川ほどの狭《せま》い隔《へだ》たりがあるだけで、きわめて近接していることのたとえを表します。

---

7 ①「老若男女」は「ろうにゃくなんにょ」と読みます。②「大器晩成《たいきばんせい》」とは、優れた素質をもった人は、あとになって大成するということを意味します。④「疑心暗鬼《ぎしんあんき》」とは、疑《うたが》ってかかるとなんでも疑わしく見えて信じられなくなることを意味します。

注意

2 ⑥「深長」を「慎重」と書かないように注意しましょう。

5 ⑤「五里霧中」は「霧中」と書きますが、「無我夢中」は「夢中」と書きます。正しく覚えましょう。

ハイクラス①

18〜19ページ

1 ①コとカ ②キとエ ③サとク ④アとシ ⑤ウとオ ⑥ケとイ

2 ①ウ ②カ ③キ ④ア ⑤エ

3 ①意気投合・オ ②音信不通・ア ③天変地異・キ ④平身低頭・カ ⑤心機一転・ウ ⑥理路整然・エ ⑦博学多才・ク

4 ①画期的 ②高飛車 ③天王山 ④臨場感 ⑤過不足

5 ①先 ②金

考え方

1 ①「広大(＝広くて大きい)」と「無辺(＝果てしないこと)」という似た意味の熟語が重ねられています。②「晴耕(＝晴れたら耕す)」と「雨読(＝雨なら読書する)」という反対の意味の熟語が重ねられています。③「本末」が「転倒」するという、主語述語の関係になっています。④「我田」に「引水」するという修飾・被《ひ》修飾の関係になっています。⑤「利↔害」と「得↔失」という反対の意味の漢字の組み合わせの二字熟語が重ねられています。⑥「花・鳥・風・月」という四字が対等の関係で並んでいます。

2 ②「急転直下」とは、様子が突然《とつぜん》変わって事件や問題が終わりへ向かうことを表します。

4 ②「高飛車」とは、相手を頭からおさえつけようとする態度のことをいいます。③「天王山」とは、勝ち負けが決まる大事なときのたとえです。

ハイクラス②

20〜21ページ

1 ①意・消 ②画・点 ③臨・機 ④当・千 ⑤羊・頭 ⑥品・方 ⑦一・心 ⑧一・期

2 ①有・無 ②死・生 ③海・山 ④里・中 ⑤博・多 ⑥故・新

3 ①志→私 ②意→以 ③真→信 ④我→画 ⑤光→公

4 ア

5 ①画 ②不 ③無 ④大 ⑤半

6 ①一目散　②好敵手　③正念場
④無意識　⑤門外漢

考え方

2 ②ほとんど望みのない状態から、奇跡《きせき》的に勢いを取りもどすことを「起死回生」といいます。③いろいろな経験を積んで、世の中の事情をよく知る人のことを「海千山千」といいます。④ものごとの手がかりがなく、困《こま》ってしまうことを「五里霧中」といいます。

4 **ア**「一意専心」は、ひたすらひとつのことに心を集中すること。**イ**「一日千秋」は、待ち遠しく思うこと。**ウ**「一朝一夕」は、非常に短い間のこと。**エ**「一石二鳥」は、一つの行為《こうい》から、同時に二つの利益・効果を得ること。**オ**「一触即発」は、非常に切《せっ》迫《ぱく》している状態を意味します。

5 ③「感無量」とは、感慨《かんがい》がはかり知れないほど大きいことをいいます。④「大黒柱」とは、家や国をささえている中心となる人をいいます。

注意

3 ②「以心伝心」は、「意心伝心」と書き間違えやすいので注意しましょう。

チャレンジテスト①・1
22～23ページ

1 ①安否　②改修　③討論　④省(いて)
⑤すこ(やかに)　⑥はず(れた)

2 ⑦げねつ　⑧ざこ　⑨にな(い)
①㋐公正　㋑後世　㋒構成　②㋐気候
㋑紀行　㋒起工　③㋐生産　㋑精算
㋒成算　④㋐帰省　㋑気勢　㋒規制

3 ①庫　②郡　③特　④額

4 **エ**

5 ①**カ**　②**ウ**　③**イ**　④**ア**

6 ①当　②視　③減　④原

7 ①天　②物　③書

8 **オ**

考え方

2 ②「紀行」は、旅で経験したことや見聞きしたことなどを書いたもの、「起工」は、新しい工事に手をつけることを意味します。③「成算」とは、ものごとがうまくいくという見込《こ》みのことです。④「気勢」とは、意気込みのことです。

4 **ア**「承わる」→「承る」、**イ**「向う」→「向かう(向こう)」、**ウ**「費す」→「費やす」がそれぞれ正しい送りがなです。

5 ①「政を行う」で、下から上に返って読む組み立てです。②「激しい流れ」で、上の字が下の字を修飾《しゅうしょく》しています。③「分ける＝別れる」で、似た意味の漢字の組み合わせです。④「問い↔答え」で、反対の意味の漢字の組み合わせです。

8 **ア**は「異口同音」で、「口」は三画。**イ**は「温故知新」で、「故」は九画。**ウ**は「一長一短」で、「長」は八画。**エ**は「以心伝心」で、「以」は五画。**オ**は「大器晩成」で、「器」は十五画です。

チャレンジテスト①・2
24～25ページ

1 ①りっしんべん・8(画)
②とます・6(画)　③ふるとり・6(画)

2 ①呼応　②内閣　③進退　④迷子
⑤かくさく　⑥かざあな　⑦きんもつ
⑧けはい

3 ①潔い　②省みる　③冷ややか
④失う　⑤明るい　⑥短い

4 ①**エ**　②**カ**　③**ア**　④**オ**

5 ①箇　②整　③両　④番　⑤状

6 温暖と寒冷・簡単と複雑(順不同)

7 方法と手段・敬服と感心(順不同)

8 **ウ**

9 ①現　②決　③相

10 ①**ウ→イ→ア→エ→オ**
②**イ→オ→エ→ウ→ア**
③**イ→ア→ウ→オ→エ**

考え方

4 ①は「操」、②は「層」、③は「創」、④は「装」と書きます。また、**ア**は「創」、**イ**は「奏」、**ウ**は「窓」、**エ**は「操」、**オ**は「装」、**カ**は「層」と書きます。

5 ①「書簡」とは、手紙のことです。

8 ア「入試」は「入学試験」、イ「高校」は「高等学校」、エ「国連」は「国際連合」の略です。

10 ①ア「八方美人」、イ「再三再四」、ウ「三位一体」、エ「九死一生」、オ「千差万別」です。②ア「千変万化」、イ「一部始終」、ウ「百発百中」、エ「三拝九拝」、オ「四六時中」です。③ア「朝三暮四」、イ「心機一転」、ウ「三々五々」、エ「千客万来」、オ「一日千秋」です。

注意

1 ② 「料」の部首は、「米(こめへん)」ではなく「斗(とます)」です。注意しましょう。

2 ⑥ 「かぜあな」ではなく「かざあな」と読みます。

3 どれも送りがなの間違《まちが》えやすい漢字です。正しく覚えましょう。

5 ことわざ・慣用句

標準クラス 26～27ページ

1 ①九 ②二 ③三 ④七

2 ①三度 ②五分 ③千里 ④万事

3 ①Aカ Bウ ②Aク Bオ ③Aオ Bイ ④Aエ Bク ⑤Aキ Bカ

4 ①カ ②ア ③エ ④オ ⑤イ

5 ①帯・カ ②矢・ア ③石・オ ④筆・イ

6 ①口 ②足 ③顔 ④頭 ⑤指

考え方

1 ② 「二の足を踏む」とは、決断がつかずためらうことです。

2 ② 「五分」を「五部」と書かないように注意しましょう。④「万事休す」とは、何もかも終わりであるという意味です。

4 ア「身に余る」は、自分の力や値打《ねう》ちをこえること。ウ「身につまされる」は、心を動かされること。オ「身の毛がよだつ」は、身体中の毛が立つほどおそろしいことをいいます。

ハイクラス 28～29ページ

1 ①カ・サ ②ウ・ソ ③キ・タ ④ア・シ ⑤ク・ケ ⑥エ・ス ⑦イ・コ ⑧オ・セ

2 ①イ・口 ②エ・目 ③ア・足 ④ウ・指

3 ①ア・F ②オ・B ③イ・C ④ウ・E ⑤カ・D ⑥エ・A

4 ①エ ②ウ ③ア

5 ①ア ②エ ③ア ④イ

考え方

2 ①イのみ「口」で、他には「鼻」が入ります。②エのみ「目」で、他には「顔」が入ります。③アのみ「足」で、他には「手」が入ります。④ウのみ「指」で、他には「首」が入ります。

4 ①ア「耳を傾ける」は、熱心に聞くこと。イ「目を細くする」は、かわいらしいものを見たときなどに、目をうっとりさせること。ウ「木で鼻をくくる」は、めんどくさそうに冷たい態度を取ること。エ「首を長くする」は、待ちこがれることを意味します。②ア「肩で風を切る」は、得意そうに歩くこと。イ「目も当てられない」は、あまりにもひどい状態で見ていられないこと。ウ「かたずをのむ」は、事のなりゆきを緊張《きんちょう》しながら見守ること。エ「音を上げる」は、弱音をはくことを意味します。③ア「鶴の一声」は、力のある人の一言で、ことが決まってしまうこと。イ「牛の歩み」は、進み方が遅《おそ》いこと。ウ「梨のつぶて」は、何の便りもないこと。エ「犬猿の仲」は、非常に仲が悪いことを意味します。

5 ①「足を洗う」とは、悪いことを辞めるという意味です。③「腰が低い」とは、相手に対してへりくだっている様子を表します。

6 言葉の意味

標準クラス 30～31ページ

1 ①イ ②ア ③エ

2 ①エ ②イ ③オ ④ウ ⑤ア

3 ①延 ②築 ③帯 ④唱 ⑤望

4 ①ア ②ウ ③ウ ④ア ⑤イ

5 ①ウ ②ア ③ア

6 ①カ ②オ ③エ ④ア ⑤ウ ⑥イ

7 ①丸 ②刻 ③打 ④食 ⑤巻

考え方

2 ①「てんで」は「全く」という意味を表し、「〜ない」につながります。②「とくとくと」は「得々と」と書き、得意そうな様子を表します。

5 ①ア「持続」は、ある状態が続くこと。イ「存続」は、引き続いて存在すること。ウ「断続」は、時々とぎれながら続くことです。②ア「ひけらかす」は、得意そうに見せること。イ「見せかける」は、それらしく見せること。ウ「ほのめかす」は、それとなく言葉や態度に表して示すことです。

7 ①「丸めこむ」は、相手を自分の思う通りに操《あやつ》ることを意味します。

ハイクラス

32〜33ページ

1 ①でも ②から ③ばかり

2 ①B・イ ②C・ウ ③A・ア

3 ①やおもて ②めんもく(めんぼく) ③にがて ④るいじ

4 ①カ ②エ ③オ ④ア ⑤ウ

5 ①エ ②ウ

6 ①ア ②エ ③ウ

7 ①Aうえ Bした ②Aだい Bしょう ③Aうみ Bやま ④Aや Bたて ⑤Aかげ Bひなた

考え方

3 ①「矢面」とは、正面から敵の矢が飛んでくるところを表し、きびしい質問や非難《ひなん》を受ける立場のことをいいます。

4 ①黙《だま》って口をつぐむことを「口を一文字に結ぶ」といいます。③まゆ毛を八の字にして顔をしかめることを「八の字を寄せる」といいます。⑤親子三人が並《なら》んで寝《ね》ている様子を「川の字で寝る」と表現します。

5 ①の「つかう」は、単に「用いる」という意味ではなく、あることのために、それを手段《しゅだん》として役立てるという意味です。②の「はしる」は、ある方向に傾《かたむ》くという意味です。

7 ③「海の物とも山の物ともつかぬ」とは、物事の正体・本質がつかめず、どっちとも決めかねることです。④「矢も盾《たて》もたまらず」とは、あることをしたいという気持ちがおさえられないことです。⑤「陰《かげ》になり日向《ひなた》になり」とは、人に知られないところでも、知られたところでも、かばったりえん助したりする様子。

7 言葉のきまり

標準クラス

34〜35ページ

1 ①ウ ②ア ③ア ④イ ⑤イ

2 ①エ ②イ

3 ①イ ②ウ ③エ ④ウ

4 ①落とす ②分かれる ③流す ④広がる ⑤止める

5 ①イ ②エ ③オ ④ア ⑤ウ ⑥カ

6 ①ような ②たとえ(いくら・もしも) ③もし ④ぜひ ⑤たぶん(きっと・まさか・よもや) ⑥なぜ ⑦おそらく

7 ①イ ②ウ ③イ

8 ウ

考え方

3 ①イのみ、ものの名前を表す言葉(名詞《めいし》)で、他は動きを表す言葉(動詞)です。②ウのみ、言い切りの形が「だ」で終わる「形容動詞」で、他は言い切りの形が「い」で終わる「形容詞」です。③エのみ、名詞を修飾する「連体詞」で、他は名詞の代わりに用いる「代名詞」です。④ウ以外は、つなぎことば(接続詞)です。

4 上段《じょうだん》は「〜を」という、動作の対象や目的を表す語を必要としない動詞(自動詞)で、下段は「〜を」という動作の対象や目的を表す語を必要とする動詞(他動詞)になっています。

5 ①前の文の結果をあとの文で表すはたらきの言葉が入ります。②前かあとかのどちらかを選ぶはたらきの言葉が入ります。③前の文と反対の意味を表すはたらきの言葉が入ります。④前の文に説明をおぎなうはたらきの言葉が入ります。⑤前の事がらとあとの事がらを並べるはたらきの言葉が入ります。⑥前の文につけ加えるはたらきの言葉が入ります。

6 ①「まるで」を受ける文節は、かならず「〜ようだ」となります。②③「〜ても、〜ば」の仮定を表す言葉には「たとえ・いくら・もし」があります。⑤「〜まい」の打ち消しの推量《すいりょう》を表す言葉には、「まさか・よもや」があります。⑦「〜だろう」の推量を表す言葉には、「たぶん・おそらく」があります。

7 ①同時の動作を表す「ながら」を選びましょう。②伝聞を表す「らしい」を選びましょう。③形容詞の「ない」を選びましょう。

8 **ウ**「参りました」は謙譲《けんじょう》語です。先生など、目上の人の動作には尊敬《そんけい》語を使います。

ハイクラス

36〜37ページ

1 ①**イ** ②**ウ** ③**エ** ④**ア** ⑤**イ**

2 ①待った ②見た

3 ①**イ** ②**ウ** ③**エ** ④**ア** ⑤**ウ**

4 ①**ウ** ②**ア** ③**エ**

5 ①おそれられている ②かべを ③いただいた

6 ①**ウ** ②**エ**

7 ①**イ** ②**ウ** ③**ア** ④**エ** ⑤**オ**

8 **エ**・めしあがって

考え方

1 ①述語は「減り続けている」なので「どうする」の意味を表します。②述語は「ない」なので、「ある(ない)」の意味を表します。③述語は「兄だ」なので、「なんだ」の意味を表します。④述語は「明るい」なので、「どんなだ」の意味です。⑤述語は「歌い始めるでしょう」なので、「どうする」の意味です。

3 ④述語は「言いました」なので、この文の主語は、「水が」ではなく、「兄も」となります。いつも「〜が」の部分が主語になるとは限らないので注意しましょう。

4 ①**ウ**以外は、それぞれ一つの「動詞」ですが、**ウ**は動詞「着る」に助動詞「られる」がついた形の言葉です。②**ア**のみ「形容動詞」で、他は、「名詞」に助動詞の「だ」がついた形の言葉です。③**エ**のみ「形容詞」で、他は「動詞」です。

6 ①限定の意味の「ばかり」を選びましょう。②「こと」と言いかえてみて、意味が通じるものを選びましょう。

7 ①「〜すると」という意味のつなぎ言葉のはたらきをしています。②「〜といっしょに」という意味を表しています。③「期待」と「不安」という前後のものを並《なら》べるはたらきをしています。④言ったり書いたりした内容や考えなどを表しています。⑤変化や結果を表しています。

8 **エ**は、相手に対しての言葉です。「いただく」は謙譲語なので、尊敬語の「めしあがる」に直します。

チャレンジテスト②

38〜39ページ

1 ①**ウ** ②**キ** ③**オ** ④**ア** ⑤**エ**

2 **ア**

3 ①おしま ②しのば ③あやぶま

4 **ア**

5 ①**イ** ②**オ** ③**ウ** ④**ア**

6 ①うそをついたことです ②私は、本を読みながら音楽をきいている弟を呼んだ。

7 ①**エ**・**オ** ②**イ**・**エ**(順不同)

8 **エ**

考え方

1 ①「手を加える」とは、直したり補《おぎな》ったりすること。②「手が足りない」とは、人手が足りないということ。③「手に乗る」とは、策略《さくりゃく》にまんまと乗せられること。④「目もくれない」とは、見向きもしないこと。⑤「目にあまる」とは、程度がひどくて見ていられないことを意味します。

2 **ア**のみ「白」が入り、他は「青」が入ります。

3 ①「おしむ」とは、それを失うことを残念に思うという意味。②「しのばれる」とは、自然と思い出されるという意味。③「あやぶまれる」とは、心配されるという意味です。

4 **ア**のみ「自動詞」で、他は、「〜を」という動作の対象や目的を表す語を必要とする

「他動詞」です。

7 ①アは可能、イは自発（自然におこるという意味）、ウは尊敬、エとオは受け身の意味を表しています。②アは「立派だ」の「だ」が変化した形の一部、イは原因、ウは理由を表す「ので」の一部、エは原因、オは「読む」にくっついて補助《ほじょ》的に意味を表している言葉です。

8 アは、犬に対して「さし上げる」という謙《けん》譲《じょう》語は使わないので、不適切です。イは相手に来ていただくので、「うかがって」という謙譲語は不適切です。「いらっしゃって」が正しい表現です。ウは、先生が話すので、「申して」という謙譲語は不適切です。「おっしゃって」が正しい表現です。

8 説明・論説の読解 ①

40〜41ページ

標準クラス

1 (1)Ⅰ美味しくて体にもよい（こと。）

Ⅱ（例）悪臭を放ち、飲食すると食中毒になること。

(2)（例）微生物が栄養をとるために、食べ物を身体に取り入れて分解する過程で別の物質を生みだす働き。

(3)エ・オ

(4)ある程度の水分や湿気がある（地域）

(5)（例）ヨーロッパは乾燥した地中海性気候のため、カビが発生しないから。

考え方

1 (1)Ⅱ腐った状態について述べられている部分に着目しましょう。(2)21行目に「これが発酵です」とあることに着目しましょう。(3)直前に「……がつけば」とあることに着目し、味噌や醤油、納豆などにつかない微生物を選びます。(4)カビが繁殖する条件に着目して考えます。(5)直前に「そのため」とあることから、これより前に理由が述べられているとわかります。

ハイクラス

42〜43ページ

1 (1)（例）米作りのために行う草取り。

(2)「木」…タイヌビエ

「森」…（例）田んぼにあるたくさんのイネ

(3)ア　(4)イ

(5)（例）たくさんのイネ

(6)（例）田んぼでの人間とのやり取りを通じて、抜かれて命を失う可能性のある状況の中で生き抜く性質を身につけるうちに、他の場所での生存競争に勝てなくなってしまったから。

(7)イ

考え方

1 (1)田んぼが雑草（タイヌビエ）にとってなぜかなりきびしい環境なのかを読み取りましょう。(2)「木」は隠したいもの、「森」は隠すところを意味しています。(3)この部分までタイヌビエがとても大変な環境の中でやっと生き残っている状況《じょうきょう》を述べてきました。それを表現する言葉があてはまります。(4)来たるべきときに備えてきたタイヌビエの登場に感心している表現です。(5)タイヌビエはイネにとてもよく似ていることから考えます。タイヌビエという怪盗がイネという警官に変装していたのです。(6)田んぼには、人間という敵がいるにも関わらず、タイヌビエは田んぼ以外の場所で暮らせなくなったことを「皮肉」と述べています。(7)イネに変装していたタイヌビエが穂を出すときに種明かしをするように、自己《じこ》主張をする様子として、イが最も適切です。

9 説明・論説の読解 ②

44〜45ページ

標準クラス

1 (1)荒川選手の金メダルは

(2)順位

(3)勝者

(4)イ　(5)エ　(6)イ

(7)本質を見極

考え方

1 (1)この文章では、二段落《だんらく》目で、荒川選手の金メダルが単に金メダルにとどまらない意味を持つ、という意見を述べたあと、その意見についての説明が続き、最後の段落で結論《けつろん》をまとめています。(2)「＝数字」と述べられています。ここで出てくる数字は「1」「2」「3」であり、これらは順位を表しています。(3)「(B)」が出るためには、敗者が存在」とあるので、「敗者」の反対の意味を表す言葉があてはまることがわかります。(4)三段落目では、他人とくらべて順位がつくことが述べられています。そして四段落目では「順位」では捉えきれないよろこびについて述べられています。それらを(D)の段落にまとめると、「うれしさ」は他人とくらべて順位をつけることと関係がないということになります。(5)一番になるということは、よろこびやうれしさを感じたときにそこについてくるものだと述べています。(6)「けっして〜ではない」という表現で、「一番」という数字が「うれしさ」の本筋ではないということを強調しています。(7)この本文は、荒川選手の金メダルを例に挙げて説明している部分と数字の捉え方の一般論の大きく二つに分けることができます。

ハイクラス

46〜49ページ

1

(1)ア　(2)ウ　(3)エ　(4)イ

(5)落ち着いていろいろな思想や主張を吟味すること

(6)(例)著者の意見を自分の意見として確信を抱いてしまい、絶対の自信をもってしまうこと。

(7)エ　(8)イ　(9)イ

(10)効率が悪いこと

(11)ためらうこと

(12)ウ　(13)ウ　(14)ア

(15)ア・エ(順不同・完答)

考え方

1 (2)「狭い」プレゼンテーションの原因となっている「同じ著者の作品」をヒントに、三段落目の「多くの本を読めば……」と「好きな著者の本を読むだけでは……」に着目しましょう。「狭い」といわれているプレゼンテーションは、同じ著者の本を選んだ結果のことを述べているので、多くの本を読めば得られるはずのことを得られていないことがわかります。(3)すぐに確信を得てしまい、ためらうことができないことを「危険だ」と表現しているのです。(4)——線④の次の文に「落ち着いていろいろな思想や主張を吟味することができるようになる」とあります。これは、多くの本に書かれていた内容をそれぞれに個々のものとして理解していないと不可能なことで、そのことを——線④のように表現しているのです。(5)「こうした」のような指示語が指している内容は、まずその前の部分を読んで探《さが》すようにしましょう。(6)著者に同一化しているということは、二段落目の中ごろで著者の意見に確信を抱いているという表現で説明されています。すると「舞い上がる」は「自信をもってしまう」ことだとわかります。(7)前の部分にある「進みつつも、ためらう」ことをゲーテの言葉を用いて表現しているのです。(8)他のものを認めないという意味で用いられています。他の言い方をあてはめて比べてみるとわかりやすいです。アは「決して」、ウは「全く」と言いかえられ、エは意味合いが異《こと》なります。(9)与《あた》えられた文が「しかし」からはじまること、「傾倒」についての内容であることから、あてはまるところの前の部分には「傾倒」について書かれていると推察《すいさつ》できます。(10)「ためらう」ことを否定《ひてい》している部分を探せばよいです。すると、最後の段落に「ためらうことや溜めることを、効率が悪いこととして排除しようと」が見つかります。(11)同じ段落の最初の文に「ためらうことは力を溜めることでもある」とあります。——線⑨は「……プロセス」となっているので、「ためらう」ではなく「ためらうこと」と答えることに注意しましょう。(12)文章それぞれのはたらきを考えます。Aは考えたことをまとめた内容、Bはこれから話題にする考え、Cは前に述べられたことと反対の内容、Dは前に述べられた考えに付け加える内容です。A「その溜めたもの」、C「その気持ち」、D「あのときに感じた違和感」に着目すると、B→C→A→Dとなります。(13)ここでの「摩擦」とは、物事がスムーズにすすまないことを表しています。⑭——線⑪の前の部分の、自分とは違う意見も溜めておける容量の大きさが懐の深さを表していることを読み取りましょう。⑮ア…二段落目の内容なので適切です。イ…「絶対的な主張」を作るのではないので誤《あやま》りです。ウ…プレゼンテーションの効果は述べられていないので誤りです。エ…本文で作者がいいたいことなので適切です。

10 説明・論説の読解 ③

標準クラス　50~51ページ

1
(1)(例)世の中には、個人個人の力ではできないことが多数あるから。
(2)義務教育として政府が実施する必要がある
(3)(例)貯金をするなどして老後に備えることができないので、将来生活ができなくなってしまうから。
(4)(例)義務教育の実施(社会保障の充実)
(5)**ウ**

考え方

1 (1)7・8行目に「世の中には、個人個人の力ではできないことも多数あります」とあることに着目しましょう。(2)——線②を含《ふく》む段落の最後の一文「こう考えると……必要があることがわかります」に、筆者の考えがまとめられています。(3)何ができないことで「悪夢」となるのか、前後から読み取りましょう。(4)——線④よりも前の部分から、何が必要だと述べているのかを読み取り、字数に合う答えを考えましょう。(5)格差をなくすとどういう社会になると述べられているのかを読み取りましょう。

ハイクラス　52~55ページ

1
(1)**ウ**
(2)(例)アマゾン流域に住む人々も、本当は原生林を切り拓いて農地にした方が住み易いから。
(3)②開発　③南米アマゾンの流域
④お金を払う(方)
(4)里山(の生態系)
(5)**ア**
(6)カタクリ
(7)(例)天然記念物にして採集を禁止するといったやり方。
(8)**エ**　(9)**エ**　(10)経済的利益　(11)**イ**

考え方

1 (1)農耕が自然生態系を破壊したという負の面と、人類を飢えの恐怖から解放したという正の面という反対の内容をつないでいます。(2)直前の「そうであれば」が指す内容をそれより前の部分から読み取りましょう。(3)②…二行前に「開発を止める」とあることに着目しましょう。③…「そこに住む人々」とあることから、どこに住む人々のことが述べられているのかを、直前を読んで探《さが》しましょう。④…前の部分を読むと、「お金を払う」(方)と「京都議定書」が比べられていて、「京都議定書」よりいいと述べていることがわかります。(4)三段落目に「人間の手入れによって、安定的な生物多様性を維持している典型例は里山」とあることに着目しましょう。(5)[ー]の二つ前の文に「アラカシ……といった常緑広葉樹」、一つ前の文に「伐採し続けるとコナラ……の落葉広葉樹」とあることから考えます。(6)——線⑥の直後の「たとえば……カタクリのような草が繁栄する。」という文から考えます。(7)——線⑦の直前の「……といった」という表現に着目し、その前の部分から答えを探しましょう。(8)里山が日本の伝統的な農業形態によって出現したことから考えると「必然的」があてはまります。(9)筆者は「里山」について「存続した方がよい」と考えているので、本心からめでたいと思うわけではなく、皮肉を言っているのであるとわかります。(10)「市場に組み込む」とあるので、本文中でお金に関する内容が述べられている部分を探すと、「経済的利益が上がるような方途」という表現が見つかることからわかります。(11)**ア**…里山には生物多様性があるので不適切です。ウ…農耕によって自然生態系は破壊されましたが、生物多様性が失われたわけではありません。エ…京都議定書より別な方法の方がよいと述べています。

チャレンジテスト③・1
56〜59ページ

1
(1)(例)常にケータイを自分のそばに置いておかないと落ちつかない(と思う点。)
(2)(例)昔は意見の交換によって敵意や連帯感が生まれたが、今は、メッセージがもたらされるチャンネルを互いに確保していることで連帯感が形成されるようになった。
(3)**ア** (4)**ウ** (5)**イ** (6)**ウ** (7)無数の外部
(8)a選択の幅 b拡大する c豊富 dとまどって e追従するだけ

考え方

1 (1)直後の文に書かれている内容をまとめればよいです。(2)「だが、今は」と、逆接の接続語が使われていることに着目します。直前の部分から昔の様子、直後の部分から今の様子を読み取りましょう。(3)五段落目で述べられている内容に着目しましょう。また、――線③の三つあとの段落には「コミュニケーションにおける対面的状況の重要性を決定的に破壊した」とあり、ケータイによって、決定的に破壊される前から、このような兆候が見えはじめたということを述べています。(4)直前に「個と個が直接に……ラジオの発明以前の状況へ戻ったよう」とあることから、ラジオの発明以前とケータイが発明された現在とを比べて、同じ点と違う点を述べているとわかります。(5)Aの前に書かれている「集団のまとまりを表示する境界というものが……完全にとっぱらわれてしまった」や「自分たちが属しているというコミュニティーの輪郭が見えない」という状況を最もよく表している表現を選びましょう。集団、コミュニティーという話をしているので、「一そう」や「たった一人」という表現はふさわしくありません。また、「輪郭が見えない」といっているので、内と外との境界線がはっきりしている「エレベータ」のたとえもふさわしくありません。(6)「私は異なるBを……」という判断がされることはほとんどないということは、みんなが同じものを選ぶということを表しています。(7)「膨大な人間をネットワークに含んで」いるケータイは、人と人とを結びつけることができるのです。(8)「珍妙」とは、変わっていておかしいことを意味します。筆者が現在の状況をおかしいと感じている理由をまとめるとよいです。あらかじめ示されている「技術の進歩」や「情報量」「選択」などのキーワードをヒントに、筆者の主張を読み取りましょう。

チャレンジテスト③・2
60〜63ページ

1
(1)(例)誤りだといわれたことばでも、大半の人が長年使えば、公認されて慣用になってしまうということ。
(2)Ⅰできる Ⅱ話し
(3)A**イ** B**エ** C**ウ**
(4)(例)「とても」ということばは、本来否定のことばで結ばれるものだったから。
(5)世の中が忙しくなり、テンポが早くなる(から。)
(6)**イ**
(7)**ア**
(8)(例)自分の絶対語感を確認し、本来の絶対語感との相違の理由や原因を知っておくこと。

考え方

1 (1)最初の段落《だんらく》で述べていることを、続く段落で具体例を挙げて説明し、その次の段落の最後で、誤りであったことも大半の人が長い間使っていると公認されるとまとめています。(2)Ⅰ…例として挙げられているものは「たべることができる」、「寝ることができる」「受けることができる」「乗せることができる・行くことができる」という意味で用いられています。Ⅱ…「〜ことば」には書きことばと話しことばがあります。直前に「文章では、いまもいやがる人もあるようですが」とあるので、この続きには、「文章」と反対の意味の言葉があてはまるとわかります。(3)A…直前に「否定のことばで結ばれるもの」とあり、その具体例が直後に書かれています。B…直前で「みな『る』に退化しようとしている」という状況を述べ、直後では、「改まった文章では、やはり……」と、前で述べた内容に条件をつけるような表現がつけ加えられています。C…直前の文には「……知っている人が、どれほどいるでしょうか」とあり、直後の文には「知る人もほとんどいない」とあることに着目しましょう。前で述べた内容に、さらにつけ加えています。(4)「とても」ということばの正しい用法をふまえて答えましょう。(5)——線③に続く三つの段落では、ことばがなるべく短くされている例が述べられています。そして、さらに次の段落に、ことばが短くされる理由が書かれています。(6)「一目おく」とは、自分よりもすぐれたものとして、相手に敬意《けいい》をはらうという意味のことわざです。(7)JRが何の頭文字か大半の人が知らないことや、NTTの略を知っている人がどれほどいるか、ということが述べられているので、**ア**が適切です。**イ**は誤解する人はいても、それを危険とまでは述べていないので不適切です。**ウ**・**エ**のような内容は述べられていません。(8)——線⑥にある「これまでのことばとどのように異なるか」を反省するとは、現状と本来の用法を知り、なぜ変化したのかを理解しておく必要があるということです。

11 物語・小説の読解 ①

標準クラス 64～65ページ

1

(1)A**エ** B**イ** C**オ** D**カ** E**ク** F**ア**

(2)aほらあなの中
bニ十頭にちかいシカのむれと、十五、六頭のサル

(3)**エ**

(4)(例)ほらあなの中にたくさんの動物がかたまりあっているのを見つけて、おどろいた気持ち。

(5)(例)ふつうなら、人間を見てにげたりさわいだりするはずだから。

(6)(例)おたがいのからだに、おなじような危険がおそいかかってきた場合には、おたがいにたすけあうというような性質。

考え方

1 (4)「ぎくっとした」=「おどろいた」ですから、その理由を中心に、「ぼくたち」の見た光景と結びつけてまとめます。(5)「ふしぎ」とは「ふだんなら考えられないこと」という意味。ふだんであればほらあなの中に人間が入りこめばそこにいる動物がどうなるかを考えます。(6)シカをねらって山に入ってきた「ぼくたち」が動物たちのどんな姿《すがた》に感動したのかを考えるようにします。

ハイクラス 66～67ページ

1

(1)いじめの風向きが私に向く

(2)(例)すこしわがままを言えば、みんなが自分の機嫌をとってくれるのが、たまらなく心地よかったから。

(3)(例)前川さんが、いじめを苦にして学校を去ることになったこと。

(4)**ウ**

(5)(例)自分がいじめの標的になるのが嫌で、前川さんのいじめを見過ごしてきた態度。

考え方

1 (1)あとの文にある「いじめの風向き」という表現が、いじめの向けられる先、すなわち、いじめの対象を意味していることに注意します。(2)——線②を含《ふく》む段落《だんらく》に、「私」が学校でどのような態度をとってきたか、なぜそのようにしたのかが書かれています。(3)前川さんが、ずっといじめられていたこと、遠くに行くわけではなく、ただ隣の小学校の校区に移ることなどから、状況《じょうきょう》を読み取ります。(4)直前に、「持ち物が重なることは珍しいことではない」とあることから、本当は、同じシャーペンを持っていることを特に気にしていないことがわかりま

す。(5)中心となるのは、「私」が自分を責める気持ちです。前川さんへのいじめを良くないと思いながらも、自分にいじめが向くことをおそれて、結果的にいじめに荷担《かたん》したことを、卑怯だと感じているのです。

12 物語・小説の読解 ②

標準クラス
68〜69ページ

1 (1)(例)母の容体が悪いことを悲しむ気持ちと、遠足に行けない弟がかわいそうであるという気持ち。
(2)ウ
(3)Aア　Bウ
(4)エ

考え方

1 (1)直前の姉のせりふから、気持ちを考えましょう。姉は、お母さんの容体が悪いことを真剣《しんけん》に受け止め、悲しい気持ちになっています。また、「ほんとにすまないけど」とあることから、楽しみにしていた遠足に行かせてあげられないことをかわいそうに思う気持ちも読み取ることができます。(2)直前に「生まれて初めて、級友と一泊旅行に出るということが、少年にとってどんなに魅力をもっているか！」とあるように、このときの「ぼく」には、母が死ぬかもしれないという考えはなく、遠足に行けないことからの涙なのです。(3)A…直前に「いらいらした気持ち」とあり、直後に「いすへ身を投げ込む」とあることから考えます。勢いよく、身を投げ込んでいる様子を表す言葉があてはまります。B…直後に、「布団を敷き連ねた」とあることから、多くの布団が大広間一面に敷かれている様子を表す言葉があてはまります。(4)直後に「反省した」とあることから、反省すべき性質であることを考えます。よって、アの「気持ちのやさしい性質」は、ふさわしくありません。また、このときの「ぼく」の状況を考えると、イの「中途半端」やウの「おおざっぱ」は、表現としてふさわしくありません。

ハイクラス
70〜73ページ

1 (1)何よりも自分を信じているという力強さ
(2)Aウ　Bア
(3)ウ　(4)イ　(5)イ　(6)ウ
(7)①(例)義足のせいでバランスがとれなかったから。
②(例)弟が僕の前にいて、しかも暗くなりかけていたから。
(8)エ　(9)エ
(10)(例)自分も片目を塞がれたことでハンデを負い、ありのままの自分を受け入れてほしいというあーちゃんの思いがわかりかけていた。
(11)ア・オ

考え方

1 中心となっているのは、「あーちゃん」に対する「僕」の心情です。「あーちゃん」はどのように扱《あつか》ってもらいたいのか、また、「僕」はそれをどのように感じ取り、どのように接していったのかを考えましょう。(1)直後の一文に着目しましょう。(2)A…「僕」は、やっかいなことになったと思って「小さくため息をついた」のです。B…前後を読み、「あーちゃんの足のことも考えずに山を登ってしまったこと」を素直に「すまんかった」と謝っていることから考えます。(3)「目をぱちくりさせた」という表現から、あーちゃんが、事態を理解出来ずに驚《おどろ》いている様子が読み取れます。(4)直後に、「僕はそれ以上は何も言えなかった」とあることから「僕」の気持ちを読み取りましょう。(5)・(6)――線④のあとに続く文から、「あーちゃん」のために「僕」がどんな判断をしたのかを読み取り、その為《ため》にどんな気持ちになっているのかを考えましょう。(7)――線⑥を含《ふく》む段落《だんらく》に、「あーちゃんが投げた石が目に入り危うく失明しそうになった」ときの出来事がくわしく説明されています。(8)前の部分に「義足のせいでバランスがとれなかった」とあることから、「わざとやったのではなく、思いがけない事故」であったことをつかみましょう。

(9)「僕」が、「両親や他の子供たちの母親が取るだろう態度」が気になって、両親に目のことを内緒にしておこうと考えていたことから、「僕」がどのようなことを恐《おそ》れていたのかを考えましょう。(10)直前に「片方の目を塞がれたことで」とあることから、「僕」もハンデを負うことで、「あーちゃん」の気持ちがわかりかけたのだということを読み取ります。「あーちゃん」は、「僕らが差し出す手には絶対頼ら」ず、急な斜面も登れないとは言わずに、「なんなその手は」と、「僕」が差し出した手を拒否《きょひ》しました。この行動には、自分だけ特別扱いをするのではなく、みんなと同じように受け入れて欲しいという思いが表れているのです。(11)「痛々しいほど時間をかけて一人で起き上がる」という行動から、「ねばり強さ」が読み取れます。また、急な斜面を登ることが出来なかったときに「親戚の人んちへいかなならんけん」と言っていることから、「意地っ張り」な性格だと読み取ることができます。

13 物語・小説の読解 ③

74～75ページ

標準クラス

1
(1)ウ (2)エ
(3)ウ (4)エ
(5)ア

考え方

1 (1)先生の話が何か良くないことだという予想をしていることを読み取ります。(2)もし子供が怪我をしたことを伝える電話ならば、先生の声がどうなるかを考えます。冷たい、熱意がない、落ち着いた、などの様子にはならないはずです。(3)妻はくたびれきっていたのにも関わらず、岳が自室へ入ったことをたしかめてから、先生から聞いた話を伝えています。不安でいっぱいで、早く伝えたがって焦っていることを推察《すいさつ》しましょう。(4)「私」が、「高山くんのお母さんはどうして岳がお金を盗ったなんて断言できるんだろう」と言っていることから、自分の子が根拠《こんきょ》もないのに盗《ぬす》んだと決めつけられたことに不快感をもったことを読み取りましょう。(5)ア…「私」が言った「まさか」や、妻の「急に言われても信じられないし、本人にもまだ聞いてみなければわからないし」などのせりふから、子供を信頼しつつも、心配している様子が読み取れます。イ…「信じられない」と思いつつも、「我が子の正当性のみを主張」している訳《わけ》ではありません。ウ・エ…この文章からはこのような内容は読み取れません。

ハイクラス

76～79ページ

1
(1)エ (2)ウ
(3)(例)連を走らせたいが、医者の診断に従わなければならない
(4)③ア ⑤イ
(5)イ (6)ウ
(7)神谷
(8)(例)自分に期待している守屋さんと一緒に走りたいという思いがあったから。

考え方

1 (1)連が、ケガをしているにも関わらず、全力で走っていることと、このあと、みっちゃん(三輪先生)が爆発していることから考えます。(2)怒った自分に対し、冷静な連を見て、自分も冷静になって説得しようと考えたのです。(3)先生の気持ちは、十一行前からのせりふ「確かに、走れるかもしれない……悲しかったりしないとでも思うのか?」から考えましょう。先生は連を試合に出したいのです。しかし、医者からは止められており、連の身体のことを考えると、今は無理をさせられないと思っているのです。(4)③…走ることを止められていたにも関わらず、全力で走ったことを指しています。⑤…どんなに怒られても、自分の考えを曲げず、先生の指示に逆らっている様子を指しています。(5)守屋さんの心情は「俺自身が一ノ瀬に期待していたのかもしれません……」のせりふから読み取りましょう。「もし、こいつに何かあったら…」とあるように、今、無理して走ることで、選手生命が終わってしまうようなことにな

ったら…と心配になっているのです。(6)連は、守屋さんのために無茶をしてでも走りたいと思っていました。けれど、守屋さんが、連に負担をかけてしまったと後悔《こうかい》していることがわかり、連の中で、気持ちが変わっていったのです。(7)リレーに出る選手四名の名前が挙げられていることに着目します。守屋さん以外の、桃内、神谷、根岸の中で、「根岸も、桃内もかたまったように黙っていた」とあるので、「俺」は「神谷」だとわかります。(8)守屋さんのせりふ「俺自身が一ノ瀬に期待していた」や、「守屋さんのために、連は走りたがっていた」という記述などから考えましょう。

チャレンジテスト④・1

80～83ページ

1
(1)ウ　(2)ウ
(3)不発弾探し
(4)イ
(5)(例)幼稚園からずっと友達(幼い頃からの友達)
(6)(例)予想外のことを高井が言ったので、驚きとまどっている。
(7)どうせ　(8)ウ
(9)Aエ　Bウ　Cオ　(10)イ

考え方

1 (1)けんかをした根岸くんの名前を突然出されたことや、「ほっぺたを膨らませて」という行動などから「僕」の心情を読み取りましょう。(2)「僕」がスイカの種を庭の遠くへ吹き出していたことと比べて考えます。種を「丁寧に置いた」という表現に着目しましょう。(3)この一つ前の高井くんのせりふに「みんなで不発弾探しを再開しよう」とあることから、高井くんがやろうと言っているのは「不発弾探し」であることがわかります。(4)「雄ちゃんに意地悪されていた」にも関わらず言った言葉であることから考えます。(5)——線④は、直前の「幼稚園のときからな」という「僕」のせりふを受けての言葉です。(6)直前の「はぁ？」という言葉からもわかるように、「僕」は驚《おどろ》いて「手が止まっ」ています。「羨ましい」という返事は、とても思いがけないものだったのです。(7)「僕」が「なんだ、それ？」と、理由をたずねているので、それに対する高井くんの答えから読み取ります。(8)「ああ、考えておく」と返事をしたのは、高井くんの言葉が、単なる説得ではなく素直な本心だと感じ、納得《なっとく》したからです。(9)A…直前の「ちょっと行ってみるか」からまだ、謝ろうと決めたのではないことに注意しましょう。よって、エの「謝るんじゃない、ただ様子を見に行くだけだ」があてはまります。B…続く言葉に「僕は言葉が見つからず」とあるので、謝る言葉を考えていることがわかります。よって、ウの「もし会ったら最初になんて言えばいいんだ？」があてはまります。C…雄ちゃんちを訪《たず》ねられないまま家の前を何度も通過し、おばさんが出てきたのを見つけると気づかないフリをしてスピードを落としました。ここから、相手に先に見つけてほしいと願っていることがわかります。よって、オの「向こうから僕を……くれないかな。」が入ります。(10)「予期せぬ先制パンチ」とは、おばさんにいきなり「ごめんね、ブンちゃん」と言われたことです。

チャレンジテスト④・2

84～87ページ

1
(1)Aウ　Bイ
(2)(例)未熟であるという思い。(半人前であるという思い。)
(3)(例)一年の見習いを経て成長していること
(4)③エ　④イ
(5)イサム　(6)誉める
(7)エ
(8)(例)店の大切な古備前の器を割ってしまい、事の重大さにどうすればよいのかわからなかったから。
(9)ウ　(10)ウ
(11)・イサムは悠を三年までは誉めまいと決めていた。　・そこは職人の立つ所だ。
(12)イ

1 考え方

(1)A…直後に「洩らした言葉」とあることから考えます。B…「いいえ、まだ自分は、……」と遠慮《えんりょ》がちに返答したあとの様子であることから考えます。(2)悠がイサムのもとに弟子入りして一年になるということから考えます。「まだ、自分は」のあとの「……」には、まだ修行の身であるために、「未熟《みじゅく》である」「半人前である」などの気持ちが表れていると読み取れます。(3)——線②の四行あとに書かれている「この人は悠が店に来て一年になるのを覚えていてくれたんだ……」から、イサムが何を嬉《うれ》しいと感じたのかを読み取りましょう。(4)③…「頃合い」とは、「何かをするのにちょうどよい時期」という意味ですが、ここでは、燗の加減についてのことなので、「ちょうどよい程度」という意味になります。④…「怪訝」とは、不思議がる様子を表す言葉です。(5)——線②の「桃治の気遣いが嬉しかった」や、——線③の直後の「一年という歳月の加減なのだろうと思った」など、イサムの目線から書かれた文体であることをとらえましょう。(6)「言わずもがなと思っていた言葉」とは、直後の「ユウ、一年よく頑張ったな……」という言葉です。本当は誉める言葉は言わないでおこうと思っていたのです。(7)「いらぬ了見」とは、「実際とはかけはなれ、必要以上に自分の能力や技術が高いのではと思い上がってしまうこと」を表しています。(8)この五分の間に何があったのかを読み取り、なぜ悠が下に下りることができなかったのかを説明しましょう。(9)——線⑦の三行あとに「そう言えばユウちゃんが……食事をしましょうよ」というミサエのせりふがあることから考えると、ミサエは悠に対して嫌《いや》な気持ちを持っている訳《わけ》ではないと考えられます。よって、「叱る絶好の機会だ」「失敗であることを強調しよう」「弁償させよう」などの気持ちではなく、単に「気が動転している」ために「金切り声を上げ」てしまったのだと考えられます。(10)「肩をそっと叩いた」というイサムの行動から気持ちを読み取りましょう。大事な古備前を割《わ》ってしまい、罪悪感でいっぱいになっている悠に対しての行動なので、「いたわり」「なぐさめ」の気持ちからくる「やさしさ」であって、「はげまし」は不適切です。(11)イサムの職人としての考えがよく表れている言葉や行動を探しましょう。(12)大事な古備前を割ってしまったにも関わらず、イサムが「肩をそっと叩い」てやさしく接してくれたことで、ますます涙が止まらなくなっているのです。

14 随筆の読解①

標準クラス

88～89ページ

1

(1)ウ

(2)(例)ハンディキャップを補う設備がととのっている環境。

(3)イ　(4)イ

1 考え方

(1)「リハビリ機器とか福祉機器」に合わないものを選びます。(2)障害をもつ人が暮らしやすいように、スウェーデンではどのような環境になっているのかをまとめましょう。(3)「音楽の流れる交差点しか渡らないのでしょうか」には、日本では「部分的にしか設備が設けられていない」ことに対する批判が込《こ》められています。(4)——線③の批判に対して、——線④には、スウェーデンの「視覚障害者へのやさしい気遣い」が表れています。

ハイクラス

90～91ページ

1

(1)築二百年の～りだった。

(2)ウ

(3)おもちゃをあてがわれて遊んでいたような感じ

(4)最近僕は暇～ています。

(5)いらないものは外しておけばいいんだ

(6)Bウ　Cカ(順不同)

1 考え方

(1)直前に「日本での生活との較差に戸惑い」とあることに着目し、日本との較差が具体的に述べられている一文を探します。(2)「弟」は、「今どきの若いモン」であるので、

「今どきの若いモンの暮らし方」をしているという当然の結果を表しています。(3)「弟」が自分の日本での暮らしを振《ふ》り返り、「〜のような」とたとえて表現している部分を探しましょう。(4)「弟」の手紙の中で、最近どんなことを楽しむようになったかが具体的に書かれている一文を探します。(5)「弟」が店の親父にどう言われたのかを読み取ります。(6)「目を閉じ耳を塞いで、鼻だけで考え事をする」には、どのような力が必要かを考えます。目や耳からの情報無しに、「鼻だけ」で考えるには「集中力」が必要で、「匂い」から、「風向き、天気の予想」など、様々なことを「想像」するのです。

15 随筆の読解②

標準クラス　92〜93ページ

1
(1)エ
(2)イ、ウ(順不同)
(3)オ、キ、ク(順不同)
(4)ビッキ
(5)(例)ビッキと呼んで頭をなでると、いつものようにガブリとかみつくということ。

考え方

1 (1)死んだ愛犬にそっくりな犬を見たときの心の動きが最もよく表れているものを選びます。(2)あり得ないことに対する自分のかん違いに気がついたときの気恥ずかしさから「照れたように苦笑」したのです。(3)ア…筆者の家族、イ…本文中では関わっていないお年寄りたち、ウ…ラリーのかい主、エ…ラリーのかい主、カ…ラリーのかい主を指しています。(4)ビッキ(ガブリエル)の頭をなでながら「あなた」と呼びかけていることをつかみましょう。(5)「ガブリエル」という名前の由来を考えましょう。

ハイクラス　94〜95ページ

1
(1)昼か夜か
(2)点　(3)イ
(4)自分が都市〜な気がする
(5)都市の内臓・都市の血液(順不同)
(6)ウ　(7)エ

考え方

1 (1)二段落《だんらく》目に「不思議な感覚」の説明があります。(2)二段落目の最後に「闇の底で点になってしまったような感覚である」とあります。(3)「都市が大きく息をしはじめたのだ」という文が続いているので、イの「目覚めてしまうということ」が適切だとわかります。(4)「生きものの内臓の軟らかな肉のように見えることがある」もありますが、筆者の心境ではないので不適切です。「自分が都市のひとつの呼吸になったような気がする」は、筆者が地下鉄と同化してしまったかのような心境になっていると考えられます。(5)八段落目に、都市が人間の身体に似ていると書かれており、「地下鉄は都市の内臓なのだ」、「地下鉄は都市の血液だという言い方もできる」と表現されていることに着目しましょう。(6)ア…タクシーは渋滞に巻き込まれるので不適切です。イ…地下鉄は渋滞に巻き込まれないので不適切です。エ…筆者は地下鉄に乗っていると「都市のひとつの呼吸になったような気がする」と述べているので、絶えず乗客に緊張感を抱かせているとは考えていません。(7)タクシーやプラットホームのことが述べられているのではないので、アとイは不適切です。また、交通渋滞の原因を述べている訳《わけ》ではないので、ウも不適切です。

16 随筆の読解③

標準クラス　96〜97ページ

1
(1)(例)集中して、納得するジャンプをし、いい記録を出すための緊張した気持ち。
(2)ふわりと長く感じられる
(3)最高の自己表現
(4)(例)障害のことを考えず、競技に対するひたむきな姿勢をもった選手たち。
(5)障害者に対するイメージを変えていく
(6)・(例)世界屈指のアスリートが、障害に関係なく、ひとりのアスリートとして接してくれること。
・(例)世界屈指のアスリートが、パラリンピックとオリンピックを対等のスポーツ競技会と思ってくれていること。

考え方

1 (1)簡潔《かんけつ》に言えば、「緊張感」です。具体的に、どのような緊張感であるかは、ジャンプの場面の説明から読み取りましょう。(2)「思いきりよく踏み切って空中に跳び出」した瞬間が「ふわりと長く感じられるのは、調子がいいとき」とあります。(3)筆者にとっての幅跳びとは、「私にとって最高の自己表現でもある」と書かれています。(4)「そんな」という指示語の内容は、その前の段《だん》落《らく》に書かれています。(5)筆者の思いは、一番最後の文「それが、障害者に対するイメージを変えていくことにもつながっていくと信じている」に表れています。(6)──線⑥を含《ふく》む段落のアスリートたちとのエピソードから、筆者が感激した理由を読み取りましょう。

ハイクラス 98〜99ページ

1
(1)ほんのりと柔らかい
(2)じか
(3)エ (4)エ
(5)土地の恩
(6)(私の)父
(7)まがっ(て)
(8)住んでいる土地 (9)エ

考え方

1 (1)──線①の二つあとの文で、筆者は、なまの葉っぱから匂うにおいを知っていると述べています。具体的には、次の段落で「ほんのりと柔らかい」匂いと表現されています。「生き生きした」においという表現は、字数が合わず、不適切です。(2)ここでは、葉っぱから直接匂うにおいについて述べているので「じか」があてはまります。(3)「葉」を説明している「ごわごわした濃緑」に近い意味の選択肢《せんたくし》を選べばよいです。(4)「そこに住んだからこそ」知ることができた匂いなので、かいだことのない人にとっては、知らないことなのです。(5)この匂いは住んでいる土地が教えてくれたことなので、「土地の恩」によって知ったのです。(6)筆者の父が自分の体験を伝えているという表現なので「話した」のは「(私の)父」です。(7)道を折れる＝道を曲がるという意味です。(8)「通りすがりの土地にも」と何かに付け加える表現で書かれていることに着目し、これに対応する言葉を探《さが》しましょう。(10)ア…単に思い出を語っているのではないので、不適切です。イ…「若い日の嗅覚が敏感なうちに、この匂いを知ったのはありがたい」とありますが、「とぎすますことをすすめて」はいないので不適切です。ウ…嗅覚の違いの原因を追究する内容はないので、不適切です。

17 随筆の読解④

標準クラス 100〜101ページ

1
(1)山菜やキノコの収穫(をすること。)
(2)(例)傷ついた個所から白い乳液を分泌するところから。
(3)(例)採ったキノコで手が汚れないように笹を刺して帰ったから。 (4)エ
(5)(例)キノコの採取が禁じられた立て札がない点。

考え方

1 (1)「自然観察」しながらの唯一の楽しみは「山菜やキノコの収穫」とあります。(2)四段落目の「折れたり傷ついたりした個所から白い乳液を分泌するところから、乳を連想した命名だ」から読み取りましょう。(3)「〜帰ると母に喜ばれた」とあるので、「〜」にあたる直前の部分をまとめればよいです。(4)エの「自分だけの森」「思い通り」が不適切です。(5)「それだけでも気に入っている」の「それ」が何を指しているかを読み取ります。前の部分を見ると、長野県の森にはキノコ採取を禁じる立て札があるが、山梨県の森にはそのような立て札がないと述べています。

ハイクラス 102〜103ページ

1
(1)Aエ Bオ Cイ

(2)(例)地球のほぼ全域で、さまざまな形をしたシンデレラ物語が語りつがれてきたから。
(3)(例)人としての気高さや気品というものが欠けていること。
(4)(例)王子様を「見えない人」につくりかえたこと。
(5)イ

考え方

1 (1)A…Aを含《ふく》む文に「白人たちも」とあることに着目します。B…Bのあとには、Bの前の内容を受けての筆者の意見がまとめられています。C…Cの前で、王子様は、「たましいが清らかでないと見ることのできない」とあり、「そのために」Cのあとで「ただ外見が美しいというだけでは」いけないと述べられています。(2)シンデレラ物語は「地球のほぼ全域」で語りつがれていたので「どこかで聞いたことのある話だぞ」と感じたのです。(3)直後の文に「この話には人としての気高さや気品というものが欠けている」とあることに着目しましょう。(4)三つあとの段落で、「新しく創作されたミクマク版シンデレラ物語では……」と説明されています。(5)「王子様の視線に対して受け身」とは、ただ見られているだけで、自分からは何もしないということです。

チャレンジテスト⑤・1 104〜107ページ

1 (1)(例)家の中を寒風が吹き抜けること。
(2)ア (3)イ (4)ウ (5)エ
(6)リアルな不安
(7)(例)石油が生産できなくなるまでの期限。
(8)(例)石油に生活を依存せず、食品も人間の感覚で安全を確かめられる世の中になること。

考え方

1 (1)「私が生まれ育った東京の家」も「信州の田舎」ではいまでも、「家の中を寒風が吹き抜けるのはあたりまえ」だと述べています。(2)「かなり長いこと保存することができる」のは、家の中そのものが寒く、まるで冷蔵庫の中のようだからです。(3)「私」は、これまで少し匂うような物でも食べてきたのです。(4)「私」は賞味期限や消費期限はあくまでも目安にすぎないと考えています。(5)「消費期限や賞味期限を書く場所がどこにもなかった」ということは、昔の人は食べられるかどうかを消費期限や賞味期限では判断せず、自分たちで判断したということです。(6)「心配しているふうには見えなかった」理由は、直後の文に書かれています。(7)石油を消費し尽くしてしまう期限のことを表現しています。(8)「元に戻せる」の「元」とは、消費期限や賞味期限を表示することのなかった時代であり、石油を大量に使うことのなかった時代です。

チャレンジテスト⑤・2 108〜111ページ

1 (1)Aエ Bオ Cア Dウ Eイ
(2)Ⅰエ Ⅱア
(3)う
(4)(例)競争しつつも、おたがいを高めあう魂の交流がある関係。
(5)私やあなた〜自然である
(6)エ (7)エ (8)オ
(9)(例)一般企業の中で適応できない若者。
(10)a人とのつき合い b訓練
(11)自分を発見する場
(12)評価
(13)イ

考え方

1 (1)A…当然次のようになる、という意味を含《ふく》んだ「もちろん」があてはまります。B…納得するか、あきらめるかのどちらかの意味で「あるいは」があてはまります。C…それより前の部分の内容をまとめる意見が続いています。D…生きていく心構えのわかりやすい例を挙げています。E…前の内容とは視点《してん》を切り替《か》える内容が続いています。(2)Ⅰ…ライバルの存在《そんざい》を肯定《こうてい》しています。Ⅱ…相手と心が通じ合わないことが元で起こる、大変なことが述べられています。(3)人間教育とはなにかを問う文なので、そのあとでは、人間教育について述べられているはずです。【う】のあとに「それは、……教育……ありません」という文があるので、【う】にあてはまることがわかります。(4)三段落《だんらく》目に、「おたがいを高めあう魂の交流はなくなってしまいます」とあります。これは、筆者にとって、理想のライバル関係ではないのです。(5)直後に「人間は順を追って死んでゆき」とあるので、この前で述べられている「順に死ぬ」という話題を指していることがわかります。(6)「国を左右する」とは、国をどうすることなのか考えましょう。(7)このまま大きな人間関係にまき込まれるとどうなるかが、あとに続く二つの段落で述べられているので、その内容と合うものを考えましょう。(8)必要な人間教育を受けないまま成長した人のことを表現しています。(9)直前で話題になっている若者とはどのような若者かを考えます。「一流企業に入れる優秀な若者」でありながら、「そこで適応できない人」のことを言っているのです。(10)一つ前の段落に「人とのつき合いで訓練ができていない人が多いようです」とあるので、これを訓練することだとわかります。(11)——線⑧の直後の文に「自分を発見する場でもあるのです」とあることに着目しましょう。(12)——線⑩を含《ふく》む段落では、「評価」についての筆者の考え方が述べられていることをとらえましょう。(13)イにある人たちは、人とのつき合いで訓練ができていない場合があると述べられているので、不適切です。

18 詩の解しゃく

標準クラス 112〜113ページ

1 (1)ウ (2)きのう (3)歴史 (4)エ

2 (1)ア (2)エ (3)からたちのそばで泣いたよ。みんなみんなやさしかったよ。

考え方

1 (1)普通《ふつう》の話し言葉で書かれているので口語詩で、行の音数に一定の決まりがないので自由詩です。(2)(　)の四行あとに「きょうからあしたを」とあるので、「きょう」の一日前を表す言葉が入ります。(3)直後に「(　)からきょうへ」とあることから、昨日から今日、また次の日へ…と地球の「歴史」が流れていくことを表現していると考えられます。(4)いっぺんにわたされても、子どもも困るので、子どもの成長に合わせて「少しずつ」わたそうと作者は考えています。

2 (1)連の音数が一定しています。(2)「白い白い花」と「青い青い針」のように対になる表現が見られるので、エ「対句法」が正解となります。(3)「花が咲いたよ」「とげはいたいよ」「畑の垣根よ」「秋はみのるよ」と、すべて「からたち」そのものの様子を表現している中で、第五連だけは、「からたちのそばで泣いたよ」と、作者自身の経験(思い出)を表現していることに着目しましょう。

ハイクラス 114〜115ページ

1 (1)a羽 b朝 (2)(例)アゲハ蝶が羽化すること。(3)(例)さなぎの状態の時期のこと。(4)(例)さなぎが本能的に羽化するときを知っていること。(5)ウ (6)エ (7)朝つゆ (8)Aはばたく Bイ Cク Dカ Eエ

考え方

1 (1)a…さなぎの中に「ふかくたたみこまれ」ているものを「ひきだ」すことから考えます。b…この詩に描《えが》かれている時間帯は「朝」であることから考えます。(2)この詩を通して、アゲハ蝶が羽化していく様子を描いていることをつかみましょう。(3)アゲハ蝶が羽化する前のさなぎの時期を「たえてしんだ沈黙の日日」と表現しています。(4)「やくそくのとき」がみちると自然に「アゲハ蝶が羽化」し始めることをとらえましょう。(6)「Aのように〜なB」という表現は、〜なBをAにたとえています。

19 短歌・俳句の解しゃく

116〜117ページ

標準クラス

1 (1)五・七・五・七・七　(2)A　(3)1ウ　2エ　3カ　(4)イ　(5)aA　bD

2 (1)A菜の花・春　Bさみだれ・夏　C天の川・秋　D椿・春　E残雪・春　Fすすき・秋　(2)Aや　Bや　Cや　Dけり　Eや　Fかな　(3)(例)夕暮れ時　(4)ウ　(5)エ　(6)aB　bE

考え方

1 (3)1…「金色」で「小さき鳥のかたち」のものが「散る」ことから「銀杏」とわかります。2…「くれなる」という色や、「針」があることから「薔薇」とわかります。3…「ゆらりと高し」という大きさから「向日葵」とわかります。(4)太陽のまぶしい光のことを「金の油」とたとえています。(5)Aの短歌に「畳の上」とあることから、作者が畳の部屋で寝《ね》ている状況《じょうきょう》が読み取れます。Dの「ゆらりと高し」や「金の油」をあびていることから、花の力強さや迫力が感じられます。

2 (2)「切れ字」とは、句中や句末に用いて、句の切れ目を表す語で、作者の感動の中心となる部分に用いられることが多いです。「ぞ・かな・や・けり・ず・ぬ・らむ」が、俳句でよく使われる「切れ字」なので、覚えておきましょう。(3)月が東の空に出ていて、日は西に沈《しず》もうとしている情景を描いています。(4)貧しい生活で、障子に穴が開いていますが、作者はその障子の穴から「天の川」を見て楽しんでいることに着目しましょう。(5)ア「大根」は冬、イ「金魚」は夏、ウ「名月」は秋、エ「つばめ」は春の季語です。(6)Bの俳句は、「さみだれ」によって水かさが増した大河のほとりにぽつんとある二軒の家の描写《びょうしゃ》から、自然の力のすさまじさに圧倒されている様子が感じられます。Eの俳句も、「ごうごうと吹く」風に圧倒されそうですが、「残雪や」という季語から、春の到来《とうらい》を感じることができます。

注意

2 俳句の季語が表す季節は、現代の季節とは少し時期がずれているので注意しましょう。俳句では、一・二・三月のものを「春」、四・五・六月のものを「夏」、七・八・九月のものを「秋」、十・十一・十二月のものを「冬」とします。よって、「さみだれ」は五月なので「夏」を表し、「天の川」は七月なので、「秋」を表します。

ハイクラス

118〜119ページ

1 (1)A三　B二　(2)ア　(3)Dイ　Eウ　Fア　Gエ

2 (1)Aすみれ草・春　B五月雨・夏　C風・冬　D赤蜻蛉・秋　E小春日・冬　F朝顔・秋　G雪とけて・春　H夏氷・夏　I枯野・冬　J虫の声・秋　(2)ア　(3)イ　(4)C・D・E・G・I　(5)ア　(6)ア

考え方

1 (1)A「驚きぬ」、B「なつかし」で意味が切れています。(2)「の」が繰り返されていて、その都度、作者の視点が変化しています。(3)D…作者は周囲の情景から「この山道を行きし人あり」と感じ、驚いています。E…氷は解けてもまだまだ寒い様子が描かれています。F…「わが子しのばゆ」は「わが子が思い出される」という意味です。G…作者は病気で残りの命が短く、来年の春は迎《むか》えられないかもしれないために、「今年ばかりの春」と表現しているのです。

2 (1)B…俳句での季節は、四月〜六月が夏となるので、「五月雨」は夏を表します。E…「小春日」とは、初冬の春に似た穏《おだ》やかで暖《あたた》かい日のことをいいます。よって春ではなく冬の季語です。G…季語は「雪」ではなく、「雪とけて」なので、春を表します。(2)「ゆかし」とは、心がひかれるという意味の言葉です。(3)「石を噛み居る」に着目しましょう。(4)俳句によく使われる「切れ字」は、「ぞ・かな・や・けり・ず・ぬ・らむ」です。覚えておきましょう。(5)朝顔が井戸《いど》の釣瓶にからみついていたので、作者は、朝顔のつるを切るのがかわいそうに感じ、その釣瓶を使わなかったのです。(6)村が春の喜びであふれている様子が描かれています。

20 古典に親しむ

標準クラス

120～121ページ

1 (1)ア (2)ウ (3)ア (4)エ (5)イ

2 (1)おもえば (2)においける (3)いたずらに (4)あうこと (5)おのえの (6)いずこも (7)おもうゆえに (8)からくれないに

3 (1)ゐ (2)ア (3)Ⅰさぬきのみやつこ Ⅱ根元の光る一本の竹 (4)aよろず bいいける (5)不思議に思って (6)エ

考え方

1 (1)「～べからず」は禁止を表します。(2)「～ん」は「～しようとする」という意志を表します。(3)「～けり」は過去を表します。(4)「たやすい」とは「容易である」という意味です。(5)「～なかれ」は禁止を表します。

3 (1)「ゐ・ゑ」は、原則として現代のかなづかいでは用いず、「い・え」と書きます。(2)「今は昔」は、説話文学のはじめの部分によく使われる、きまり言葉です。(3)【現代語訳】から、あらすじをつかみましょう。(4)「づ」は「ず」に、「ひ」は「い」に直します。(5)【現代語訳】を読むときに、【古文】のどの部分の訳なのかを合わせながら読むようにしましょう。(6)古文の「しう」は、現代のかなづかいでは「しゅう」となります。ほかにも、「けふ」は「きょう」、「てふ」は「ちょう」となるので覚えておきましょう。

注意

2 昔のかなづかいを現代のかなづかいに直す原則を覚えましょう。①語頭や助詞《じょし》を除《のぞ》く「は・ひ・ふ・へ・ほ」は「わ・い・う・え・お」に、②「ぢ」は「じ」、「づ」は「ず」に、③「ゐ・ゑ・を」は「い・え・お」に直します。

ハイクラス

122～123ページ

1 (1)aようよう bおおく (2)蛍 (3)ア (4)いと

2 (1)胡蝶 (2)イ (3)aうたいて bなお (4)(例)はちがぶんぶんと羽音をさせて飛ぶ様子。 (5)イ

考え方

1 (1)a古文での「やう」は、現代のかなづかいでは「よう」と書きます。(3)古文で使われる「あはれ」は、「しみじみとしている」という意味です。(4)「いと」は「とても」という意味で、「いと近うなりたる」や「いとをかし」などとよく使われます。

2 (2)古文で使われる「をかし」は、「趣がある」という意味です。「あはれ」と「をかし」は古文でよく使われる基本的な言葉なので、覚えておきましょう。(3)古文での語頭と助詞以外の「は・ひ・ふ・へ・ほ」は、現代かなづかいでは「わ・い・う・え・お」に直します。(5)作者は、春に遊ぶ虫の蝶と蜂に着目して、それらの様子から感じたことを述べています。

チャレンジテスト⑥

124～127ページ

1 (1)イ (2)ア (3)オ (4)イ (5)ウ (6)エ

2 (1)C (2)Aなし Bけり Cけり

(3)①初句切れ

②(例)寒い首筋を温かく保てるものがあれば、もっと雪を楽しむことができる。

(4)①ウ　②(を)人　(が)海

(5)①滝　②ウ

3 (1)具して

(2)②午　③牛

(3)ウ

(4)⑤顔回　⑥孔子

(5)ア　(6)イ

考え方

1 (1)A…「それも……張り出す」から、何が張り出すのかを考えます。B…何を知らずに傷つき折れるのかを考えます。(2)「枝を張らない自我なんて、ない」のだから、自己主張をし合って互いに傷つき折れることを「仕方のないこと」と考えています。(3)互いに傷つける自我を意味しています。(4)歩き回る樹だから互いに刃をまじえないわけにはいかないのです。(5)「枝」は他を傷つける刃ともなる自己主張を意味していることから考えます。(6)樹は自ら自己主張の枝を払《はら》い落しますが、自分はまだそのようなことをしていないのです。

2 (1)「滝の上に」が六字で字余りです。(2)切れ字は、感動の中心を表したり、句切れを示す言葉です。俳句によく使われるのは、「ぞ・かな・や・けり・ず・ぬ・らむ」です。覚えておきましょう。(3)①「雪たのし」で一度意味が区切れます。②「たてがみ」は首の回りにあるので、首筋《くびすじ》を温かくすることができるのです。(4)①「海笑ひけり」では、海を人に見立てた擬人法が用いられています。②人を泳がせて、海が笑っているのです。(5)滝の流れている様子が夏のすがすがしさを表しています。

3 (1)【古文】の「弟子どもを具して」に着目しましょう。(2)「日よみの午といへる文字の……牛といふ文字になれば」の部分に着目しましょう。(3)孔子の言葉の意味を理解しているかどうかを確かめていることから考えます。(4)——線⑤は、直前の「と思って」の主語と同じです。——線⑥には敬語が用いられていることからも「孔子」の言葉だとわかります。(5)それぞれ、ア…一部分を聞いて他のすべてを理解すること。イ…ぬけめなくすばやいこと。ウ…おさないころの習慣は年をとっても変わらないこと。エ…自分から進んでわざわいに入っていくこと。(6)枕草子…清少納言《せいしょうなごん》、徒然草…兼好法《けんこうほう》師《し》、土佐日記…紀貫之《きのつらゆき》、が作者です。どれも有名な作品なので覚えておきましょう。

21 長文の読解

標準クラス

128～131ページ

1 (1)イ・オ(順不同)

(2)昼休みの学校の廊下

(3)(例)勇輝に見つからないようにして、ふだんの勇輝の様子を見ようと思ったから。

(4)エ　(5)イ　(6)ア

(7)(例)勇輝が修一のことを「オヤジ」と呼んだこと。

(8)(例)父親が来てくれたことは驚きだけでなく、うれしい気持ちもあるが、それをさとられるのが照れくさいという気持ち。

(9)イ　(10)イ

考え方

1 (1)「ため息」には、勇輝の居場所がわかり、安心する気持ちが表れています。「苦笑い」には、自分を情けなく思う気持ちが表れています。(2)「昼休みの学校の廊下のようなにぎわいだった」に着目しましょう。(3)遠くから勇輝の姿を見つけていることから、修一の心情をとらえましょう。(4)女の子と話している勇輝の様子は、親と話しているときの様子とは、少し違っていました。(5)「あまりまじめそうな連中ではない」に着目しましょう。(7)直前で勇輝が言った「オヤジ」という言葉に着目しましょう。(8)父親がむかえに来たことに対する勇輝の心情を読み取りましょう。(9)「わざとゆっくりと」には、修一の勇輝に対する気遣《きづか》いが表れています。(10)「息子の背丈が父親を少しだけ越していた」から、勇輝の成長が読み取れます。また、道路に伸びる二人の影から二人の心の通い合いが感じられます。

1 ハイクラス 132〜135ページ

(1) a**ウ**　b**イ**

(2)(例)(「くださる」とは、)目上の者が目下の者に、物を与えるという(ことに敬意をこめた表現だから。)

(3) **エ**

(4) Bくだす　Cおろす

(5) **イ**

(6)(その言葉を使う人々(国、共同体)によって、)自然界や、人間界の、あらゆる物事を区別し、判断する(ための体系がちがうということ。)

(7) **ウ**

(8)(例)ヤマト言葉に、「自然」という単語がないのは、古代から日本人が、自然を利用の対象と見ず、自然と融け合おうとする生き方をしてきたからであり、その精神は現代でも、多くの日本人が自然の中で自然と一体化して生きる「隠棲の思想」を良しとする風潮に表れているということ。

(9) **ウ**

考え方

1 (1)――線部分に選択肢《せんたくし》の内容をあてはめてみましょう。(2)次の段落《だんらく》に「くださる」がどのような場面で使われるかの説明があります。その内容から目上の者から目下の者へ物を与えることだとつかみましょう。(3)直前には、「気づかない」ということが書かれていて、直後には「分ってくる」という内容が書かれています。(4)B…「くださる」と関係が深いこと、「かまわず落下させること」から「くだす」があてはまるとわかります。C…「『重荷を〜』と使う」とあることから「おろす」があてはまるとわかります。(5)**ア**、**ウ**、**エ**は、初対面や通りすがりの人との関係の例なので、「上下関係」の具体例としては不適切です。(6)「申す」「言う」は、前の段落に「例えば」とあるので、「言葉のワク」にしたがっている例だとわかります。また、言葉のワクは言葉の体系のことだという点にも注意して読み取りましょう。(7)「ヨーロッパ語にあって、日本語に欠けている言葉もある。例えば、」のあとに――線④があります。したがって、このことについて説明する例として用いられていることがわかります。(8)同じ段落の第三文、四文の内容が、今日も尾を引き、言葉のありようという姿になって現われているのです。(9)**ア**…「申す」と「言う」は、日本語にあって外国語にない例なので、不適切です。**イ**…隠棲して言葉から遠ざかってしまうとは述べられていないので不適切です。**エ**…言葉についての観念の区別が外国語と異なる理由は、別に述べられているので不適切です。

22 作文・記述の問題

標準クラス 136〜137ページ

1 (1)(例)クラスで多数決をとった結果、みんなの意見は自然と分かれた。

(2)(例)わたしは何となく不安になって、とっさに新聞を広げた。

(3)(例)ぼくは都合をつけて、積極的に町内の行事に参加した。

(4)(例)科学の論文を読むことは、兄にとってさほど難しいことではない。

2 (1)(例)美しい景色を紹介した本を見つけた。しかし、値段が高くて買うことをあきらめた。

(2)(例)ことわざの中には、失敗して落ち込んでいるわたしの心を明るくしてくれるものがある。たとえば、さるも木から落ちるということわざである。

3 (例)寒さの厳しい日が続いていますが、お体にはお気を付け下さい。

4 (例)パソコン書体は読みやすいですが、機械的で温かみに欠けるように感じます。手書き文字は書いた人の性格が表れていて、人間味を感じます。どちらも一長一短があるので、使用場面に応じて使い分けるべきだと思います。

考え方

1 (1)「自然」は名詞として使うか形容動詞として使うかでその意味が異なるので注意しましょう。(2)「とっさに」とは、その瞬間《しゅんかん》すぐにという意味を表します。(3)「都合」は、事情ややりくりの意味を表します。(4)「さほど〜ない」という打ち消しの形となることに注意しましょう。

2 (1)「しかし」を使うので、前後の文の関係が逆接になることに注意しましょう。(2)「たとえば」を使うので、あとの文が前の文に対しての例示になることに注意しましょう。どの言葉とどの言葉に関連性を持たせるのかがポイントです。

3 手紙の書き方には形式があり、前文→主文→末文という流れになります。末文には結びのあいさつが入り、相手の健康を祈《いの》ったり、返事を求めたりする文章がそえられます。

4 この文章は、パソコン書体と手書き文字を比較《ひかく》しながら、手書き文字の重要性を主張しています。このことをおさえた上で、パソコン書体と手書き文字についての自分の意見をまとめましょう。

ハイクラス

138〜141ページ

1 (例)わたしは「タイム・マシン」に乗って、過去に行ってみたいです。なぜなら、小学六年生のころのお父さんとお母さんに会ってみたいからです。そして、友達になっていっしょに遊べたら、とても面白そうだと思います。

2 (1)(例)私は本の方がすぐれていると考える。なぜなら、本は出版社によって校正や編集が行われるので、情報の信頼度がインターネットより高いからである。また、本に書き込みやマークをして自分の気付いたことを残せることも、本の特長である。

(2)(例)私はインターネットの方がすぐれていると考える。なぜなら、キーワードを検索することで、目的の情報をすぐに取り出せるからである。また、文字やイラストだけでなく映像も見られるので、情報をよりくわしく具体的に知ることができるのも、インターネットの特長である。

3 (例)人前で話すことが苦手だったが、習い事を通じて多くの人と交流し、今では人前でも自分の意見が話せるようになった。このように、若いときの苦労はあとで役に立つので、買ってでもする価値があるという意味。

4 (例)一日一日をのんびりとていねいに、自分らしく満足のいく生活を送ろうという生き方。

5 (1)(例)過去に起きたかもしれないことを想像することは、自分の歴史への参与の可能性という、私たちの前に広がる未来について想像をすることと同じであり、そのような想像をすることは人生を充実させると考えるから。

(2)(例)歴史は個人の行為によって動くものではなく、多くの人々とのかかわりにおいて変動している。そして、自分もそのような大勢の中の一人であると認識することで、人生の充実は得られるのである。

考え方

1 初めに自分の立場を明確にし、次にその立場を選んだ理由を「なぜなら」という接続語を使って述べる文の組み立てにするとよいです。

2 メモの内容をすべて使用する際に、言葉どうしの関連性に注意して、文をつなげるようにしましょう。

3 ことわざの具体例の文章と、ことわざの意味を表す文章を、適切な接続語を使って、正しく組み立てましょう。

4 ——線部分が、作者のどのような生き方を表現しているのかを読み取りましょう。「ふろふき」を自分の好きなように調理して、自分の好きなように食べることに着目するとよいです。

5 (1)直後に「どうしてかというと」とあり、この段落《だんらく》内では「なかなかに……ではないか」と、私が思っている理由が述べられています。そして、後半部分でも「過去に起きたかもしれないことを……たいせつ……それは、……知性の使い方が同じだから」と同じ内容を述べており、このような想像をすることは「今この瞬間において……人生が充実している」と考えているのです。(2)この文章で、筆者は、「自分」自身と「歴史」が少しでもかかわりがあると考えることは「人生の充実」につながると述べていることをおさえて、これと論旨《ろんし》の異なる内容を述べるようにしましょう。

チャレンジテスト⑦

142〜145ページ

1 (1)科学的真理を唯一の真理だと考える合理主義者

(2)(例)日本は神が護る国であることや日本人の優秀さによって、日米の物量の差を逆転させると信じて戦争をした(結果。)

(3)**ウ**

(4)(例)真理は科学的真理だけではなく、科学とは別の方法をとおしてみえてくる真理もまた存在するという議論。

(5)(例)科学的に説明できないものはすべて誤りであるとする信条。

(6)**オ**

2 (例)これから、中学校生活について紹介したいと思います。まず、勉強についてですが、小学校とちがって先生が教科ごとに変わります。また、授業の進度が速く、学習したことを身につけるためには、予習・復習が大切になってきます。また、テストが学期末ごとに行われ、全部で七教科もあるので、勉強するのがとても大変です。次に、学校生活についてです。部活動の種類は多く、放課後になるとそれぞれの部が活発に活動しています。ちなみに僕は野球部で、毎日遅くまで練習しています。通学は制服なので、だれが見ても自修館の生徒だとわかります。その他には、上級生に対して「先輩」という言葉を使うようになります。初めのころは恥ずかしかったのですが、このように呼ぶことに対して、今は少し大人の気分になりました。小学校とちがうことがたくさんありますが、中学校生活はとても楽しいです。

3 (例)ケイタイでの会話は話し相手が見えないため独り言を話しているようで耳触りに聞こえるだけでなく、声が大きくて不愉快にさせるし、ペースメーカーを入れている人にとっては電波による誤作動が起きる危険があるから。

考え方

1 (1)「キツネは人をだます」ということを迷信だと思っている人のことを何と表現しているかを探しましょう。(2)日本が「虚しく惨めな敗戦」という結果をむかえた原因を読み取りましょう。(3)——線③と同じ段落《だんらく》で述べられた「すぐれた子ども」についての「社会的風潮」の内容に対して、次の段落で「本当は……」と別の考え方を提示していることから、筆者はその「社会的風潮」が正しかったとは考えていないことをとらえましょう。(4)直後に「科学的に説明できないものはすべて誤りという風潮」とあることに着目します。これが戦後の日本にあった雰囲気です。(5)「このような信条」の指す内容は、直前の「それが……戦後の日本の人々の信条であった」という部分です。(6)この空欄《くうらん》部分には、「科学的にとらえることを進歩的態度とみなす精神が広がっていった」人々のことが入るので、それまでは「科学的にとらえること」をせず、自然と科学的な認識を超《こ》えた関係を築いていた人々についての言葉が適切です。

3 「まわりの人」というのがどのような人々であるかを想像して考えましょう。また、「ケイタイ」で通話している様子を思い浮《う》かべ、その時の自分の心情を考えてみるのもよいでしょう。

注意

2 中学校生活の紹介文であることに留意して、メモの順番に文を組み立てましょう。小学校と中学校の生活のちがいが伝わるように、メモの内容をくわしくする言葉を付け加えるとよいです。

総仕上げテスト①

146～147ページ

1 ①典型 ②仕業 ③会得 ④構図 ⑤温存

2 ①にな(う) ②きざ(し) ③し(いる) ④た(けて) ⑤なか(ば)

3 ①エ ②イ

4 ①ア ②カ

5 ウ・エ

6 ①オ ②カ ③ウ ④イ ⑤ク

7 イ

8 ①(例)おやすみになりますか ②めしあがって ③いらっしゃる(おみえになる) ④おこし(おいで) ⑤おっしゃる

9 ①イ ②ウ

考え方

1 ①「型」を「形」と書かないように注意しましょう。②「仕業」とは、行為《こうい》のことです。③「会得」の類義語は「習得」です。④「構」は同音異義語《どうおんいぎご》が多いので注意しましょう。⑤「温存」とは、大切に保存しておくことです。

2 ①音読みは「タン」で、「担当」「分担」などの熟語があります。②「兆し」とは、兆候のことです。③「強いる」とは、強制するという意味です。④「長けている」とは、すぐれているという意味です。⑤音読みは「ハン」で、「半分」「後半」などの熟語があります。

3 ①ア意味深長、イ深刻、ウ深海魚、エ真剣、オ深夜と書きます。②ア精算、イ作成、ウ精巧、エ精通、オ精米と書きます。

4 ①は「均＝整」という似た意味の漢字が重なる組み立て、②は「灯りを点《つ》ける」という下の漢字が上の漢字の目的になる組み立てです。アは「停＝止」、イは「高↔低」、ウは「残る暑さ」、エは「未《いま》だ納《おさ》めず」、オは「県が営む」、カは「居を転じる」という組み立てです。

5 アは五里霧中―広大無辺、イは疑心暗鬼―奇想天外、ウは竜頭蛇尾―首尾一貫、エは一挙両得―挙国一致、オは青天白日―晴耕雨読と書きます。

6 ①「紺屋の白袴」は、その道の専門《せんもん》の人ほど他人のことに忙《いそが》しくて、自分のことには構わないという意味です。②「人を見たら泥棒と思え」は、人を簡単《かんたん》に信用してはいけないという意味です。③「一攫千金」は、一度にたやすく大きな利益を得ることです。④「旅の恥はかき捨て」は、旅先では知っている人がいないから、恥ずかしいことをしても不名誉《めいよ》にはならないという意味です。⑤「自業自得」は、自分の行いの報《むく》いが自分に返ってくることです。

8 目上の人(先生)や相手を敬《うやま》う表現なので、尊敬語《そんけいご》を使います。

9 ①受け身を表しているものを選びましょう。アは可能、イは受け身、ウは自発、エは尊敬を表しています。②極端《きょくたん》な例を挙げて他を類推《るいすい》させるはたらきのものを選びましょう。アは限定、イは添加《てんか》、ウは極端な例による類推、エは限定を表しています。

総仕上げテスト②

148～152ページ

1 (1)Aカ Bイ Cエ
(2)(例)父親に腕をひっぱられたということ。〔父親に腕をにぎられた。・父親に腕を取られた。なども可。〕
(3)それだけに～らなかった
(4)ばったのよ～やまった。
(5)(例)子どもをおこったりぶったりすること。
(6)いちばんつらかった
(7)ア
(8)(例)自分の気持ちをおとなたちに伝えられず、周囲が理解してもくれないので、つらく悲しかったから。
(9)父親

2 (1)エ (2)ア (3)エ (4)ウ (5)エ (6)イ

3 (1)夏草 (2)や (3)ウ (4)ア

4 Aウ Bエ Cオ Dカ Eイ Fコ Gキ

考え方

1 (2)直後の「やい、こっちへ来い。」という父親の言葉から、周作を自分のほうへ引っぱりよせようとする父親の様子が想像できます。(3)「世の中で最も強い人」だと思っていた父親の、坑内係長に向かって平あやまりにあやまる姿を見ることは堪えがたい侮辱であり、自分がやらされるよりもっともっとたまらないことだったのです。(4)「自分をしかりつけた父親」という強い父親像と対照的な姿を指していることを念頭に置いて探しましょう。(5)前後の内容から、父親が行使する何らかの力であることが読み取れます。(6)「その目つき」は、「どうだい、おれにはかなわないだろう。」という、周平を見おろしているときの相手の様子のこと。周平は、父の情けないすがたよりも、この様子が「いちばんつらかった」のです。(7)周平は、坑内係長に頭を下げる父親に対して「違うよ。悪いのはむこうなんだ。しっかりかけあっておくれよ。」と言いたいのをがまんしています。自分は悪くないんだからあやまる義理はないという気持ちがこの態度に表れているのです。(8)直前に『何がおかしいんだい。』……おとなの前では何も言えなかった」とあることに着目します。自分がけんか相手に頭を下げないことについて理由をたずねるでもなく、笑うだけのおとなに対してのくやし涙であり、悲しみの涙でもあることを読み取りましょう。(9)父親は「いつまで泣いていやがるんだ」と周平にきついことを言いながらも、その口に駄菓子屋で買ったかりんとうを押し込んだのです。子どもの前で威厳《いげん》を保ちながらも、おとなの世界の人間関係のために子どもにくやしい思いをさせたことを、不器用ながらもわびている父親の気持ちが読み取れます。そして、周作もそんな、なんともいえない父親の心を感じたのです。

2 (1)現在の言葉を使って、自由な形式でうたわれている詩なので、口語自由詩です。(2)一行目「誰にでも……ありたい」と二行目「誰とでも……なりたい」が対句になっています。(3)「ゆききしている」とは、行ったり来たりしていること。「誰にでも親切でありたい」気持ちと、「誰とでも戦えるようになりたい」気持ちが作者の心の中を行ったり来たりして、どちらも譲らない状態を表しています。(4)「ひけをとらない」とは、相手と比べておとっていないことを意味します。(5)「脈うっている」ものは何かを読み取ります。この直前に「必ずいいものが書けそうな気がする」とあり、いいものが書けそうだという気持ちが、作者の中にいつも脈うっているというのです。(6)「本統」とは「本当」のこと。自分の本当にもつ、詩を書くことの実力や才能をささやきあっているのです。

3 (1)「夏草」は夏の季語です。(2)「や」「かな」「けり」などを「切れ字」といいます。ここで俳句の意味が切れ、作者の強い気持ちが表れています。(3)この俳句は、昔、藤原《ふじわら》一族が栄華《えいが》を夢見て(戦《いくさ》を行った)場所に夏草が生えて、そのようなことがあったなどとはわからないほどになっていることを詠《よ》んだものです。「兵」は、むかしの武将のことです。(4)松尾芭蕉の代表作は「奥の細道」という紀行文です。

4 ヒントとなるキーワードに着目し、わかりやすいものからあてはめていくようにしましょう。Aには、散る植物が入ります。Bは、野原の「たそがれ」の雰囲気《ふんいき》にあう植物を考えます。Cは、「朱」とあるので、赤い色の植物が入ります。Dは、「しだるる」とあるので、「やなぎ」だとわかります。Eは、「紫の」「ふくらむ」とあるので、「ききょう」だとわかります。Fは、「うつむいて」という花の形に着目すると、「ゆり」だとわかります。Gは、「うぐいす」が鳴くのは「うめ」の時期だとわかります。